中国五四时期自由主义

ZHONGGUO WUSI SHIQI ZIYOU ZHUYI

张胜利 ◎ 著

人民出版社

图书在版编目（CIP）数据

中国五四时期自由主义/张胜利著. —北京：人民出版社，2011.12
ISBN 978-7-01-010488-1

Ⅰ.①中… Ⅱ.①张… Ⅲ.①自由主义-研究-中国-现代
Ⅳ.①D092.6

中国版本图书馆 CIP 数据核字（2011）第 260631 号

中国五四时期自由主义
ZHONGGUO WUSI SHIQI ZIYOU ZHUYI

张胜利　著

责任编辑：张　旭
装帧设计：徐　晖
出版发行：人民出版社
地　　址：北京朝阳门内大街 166 号
邮　　编：100706
邮购电话：(010)65250042　65289539
印　　刷：北京龙之冉印务有限公司印刷　新华书店经销
经　　销：新华书店
版　　次：2011 年 12 月第 1 版　2011 年 12 月北京第 1 次印刷
开　　本：710 毫米×1000 毫米　1/16
印　　张：12.75
字　　数：220 千字
书　　号：ISBN 978-7-01-010488-1
定　　价：28.00 元

目　录

前　言　中国自由主义的命运 ……………………………… 1

　　一　中国自由主义脉络 ………………………………… 1

　　二　中国自由主义的中国品格 ………………………… 4

　　三　一种质疑 …………………………………………… 5

　　四　应有的思路 ………………………………………… 6

　　五　一种解读 …………………………………………… 8

第一章　导　论 …………………………………………… 10

　　一　与本书相关的几个概念和本书研究的问题 ……… 10

　　二　本书研究的意义 …………………………………… 17

　　三　国内外对中国五四时期自由主义研究的基本情况 … 21

　　四　本书研究的特色与难点 …………………………… 24

第二章　严复的民族自由主义思想 ……………………… 26

　　一　民族主义的目标追求是严复引进自由主义的主要原因 … 26

　　二　严复民族自由主义的内在价值冲突 ……………… 29

　　三　严复的民族自由主义包含有民族国家自由的涵义 … 32

第三章　自由主义在五四时期的广泛传播 ···················· 35

一　中国已有的自由主义积淀是自由主义在五四时期广泛传播的学理基础

　　·· 35

二　特殊的时代背景是五四时期自由主义得以广泛传播的历史条件 ········ 38

三　杜威与罗素来华对自由主义在中国的传播起到了推波助澜的作用 ······ 40

第四章　自由主义与五四运动 ···························· 58

一　自由主义者的解释 ···································· 58

二　中国马克思主义者对五四运动的认识 ···················· 63

三　文化保守主义对五四运动的态度 ························ 64

第五章　中国五四自由主义同人分析 ························ 67

一　《新青年》与《新潮》的同人编辑群体 ···················· 68

二　五四自由主义者主要成员 ···························· 70

三　中国五四自由主义同人分析 ·························· 73

第六章　五四时期中国自由主义的理论 ······················ 76

一　五四自由主义的民主观 ······························ 76

二　五四自由主义者批判的武器 ·························· 86

三　五四自由主义思想中的个人主义 ······················ 90

四　五四时期自由主义对中国传统的批判 ···················· 104

五　五四时期自由主义对封建宗法思想的批判 ················ 113

六　五四时期自由主义的妇女观 ·························· 119

七　五四时期中国自由主义的政治主张 ···················· 130

八　五四自由主义教育观 ······························ 138

第七章　"问题"与"主义"之争 ……………………………………… 156

　一　"不谈政治"到"谈政治" ………………………………………… 156

　二　问题与主义之争的经过 ……………………………………… 158

　三　对问题与主义之争的解读 …………………………………… 161

第八章　五四自由主义的歧路与中国选择马克思主义 ……………… 167

　一　五四倡导自由的同人的分化与中国思想界的重组 ………… 167

　二　五四自由主义的困境 ………………………………………… 173

　三　中国选择马克思主义 ………………………………………… 188

参考文献 ………………………………………………………………… 193

后　记 …………………………………………………………………… 199

前　言
中国自由主义的命运

一　中国自由主义脉络

鸦片战争以后，"帝国主义与中华民族的矛盾，封建主义与人民大众的矛盾，这些就是近代中国社会的主要矛盾。"[①]为此，中国无数的仁人志士向西方寻找救国救民的真理，"自从一八四零年鸦片战争失败那年起，先进的中国人，经过千辛万苦，向西方国家寻求真理。洪秀全、康有为、严复和孙中山，代表了在中国共产党出世以前中国向西方寻找真理的一派人物。那时，求进步的中国人，只要是西方的新道理，什么书也看。向日本、英国、美国、德国派遣留学生之多，达到了惊人的程度。国内废科举，兴学校，好像雨后春笋，努力学习西方。我自己在青年时期，学的也是这些东西。这些是西方资产阶级民主主义的文化，即所谓新学，包括那时的社会学说和自然科学，和中国封建主义的文化即所谓旧学是对立的。学了这些新学的人们，在很长的时期内产生了一种信心，认为这些很可以救中国，除了旧学派，新学派自己表示怀疑的很少。要救国，只有维新，要维新，只有学外国。那时的外国只有西方资本主义国家是进步的，它们成功的建设了资产阶级的现代国家。日本人向西方学习有成效，中国人也想向日本人学。在那时的中国人看来，俄国是落后的，很少人想学俄国。这就是十九世纪四十年代至二十世纪初期中国人学习外国的情形。"[②]毛泽东的这一段话形象地概括了自由主义的发生学，自由主义作为一种西方的学理介绍到中国，一开始就是一种工具，一种救国的工具。在中国，西方的自由主义思想从 19 世纪末进入国人的视野，维

[①] 《毛泽东选集》，人民出版社 1991 年版，第 631 页。
[②] 《毛泽东选集》，人民出版社 1991 年版，第 1469—1470 页。

中国五四时期自由主义

新变法运动追求富强的工具理性目的为自由主义的输入提供了契机。严格意义上的自由主义进入中国要从严复在天津《直报》上发表文章宣传变法、介绍西方的自由主义学说开始算起。发源于西方社会的自由主义是伴随着资产阶级的发展而壮大的，自由主义的应有之义，如议会政治、有限政府的政治理论、放任自由的市场经济学说、个人权利神圣不可侵犯的社会思想都是资产阶级用来与封建贵族进行斗争的思想武器。但是，自由主义进入中国最为缺乏的是自己阶级的有力支撑，维新变法运动中，中国的资产阶级还没有壮大到可以取代封建统治的程度。辛亥革命以前的中国，思想界对西方自由主义的认识皆停留在工具理性的程度，也就是将自由主义看作中国走向富强与摆脱西方列强的手段。辛亥革命前，中国资产阶级与封建势力的力量对比一直都没有改变。

辛亥革命的始胜终败虽然使国人与资本主义制度擦身而过，也使自由主义失去在中国成为一种制度设计的机会，可之后接踵而来的五四运动为自由主义在中国的传播提供了前所未有的机遇。中国在引进西方自由主义的过程中有意避开西方的古典自由主义，五四运动时期国人更是把注意力集中在西方功利自由主义上。通过对西方自由主义的考辩，中国的自由主义者对美国杜威的功利自由主义情有独钟。杜威自由主义与民主观念紧密相联，在杜威那里，民主首先是一种生活方式，自由是个人能力的最大发挥。与早期具有极端个人主义的自由主义思想相比，杜威竭力主张个人对社会公共事物的关心与参与。在五四自由主义者的眼里，这种积极有为的自由主义对当时的中国十分适合，于是，杜威的中国学生在五四时期大力介绍与传播杜威的自由主义思想，随着杜威的来华与他的学生如胡适等人在中国的名声大噪，杜威的自由主义思想在中国的知识界尤其是教育界获得了广泛的传播。

在20世纪的前半个世纪，正是19世纪资本主义危机日益积累并得以全面爆发的时期，也是古典自由主义向新自由主义转化的历史时期。随着资本主义各种矛盾的全面爆发，以批判资本主义而成长起来的社会主义得以发展，各种社会主义理论风靡全球，也深刻影响着自由主义理论。虽然中国的自由主义属于舶来品，但一经引入，就与世界自由主义的发展保持同步。各种社会主义思潮，不仅影响着中国的马克思主义者，也影响着中国的保守主义者和自由主义者等各类知识分子。几乎与胡适同时，张东荪在中国大力宣传英国费边社会主义和基尔特社会主义，与胡适相比，张东荪的自由主义容纳了更多的社会主义内容。倾向于社会主义的自由主义来自于对当时资本主义社会日益突出劳资矛盾的反省，认为中国要解决好"民生"问题，必须以社会主义为依归。但又认为，当时的中国还不能实行社会主义，因为中国面临的主要问题不是财富的分配不公，而是如何发展生产，要更多的消费者成为生产者。因此，中国的当务之急不是实施社会主义，而是如何发展资本主义，在发展资本主义的同时避免资本主义带来的各种弊端。由此可见，张东荪的自由主义具有折中主义的性质，但总体而言还是自由主义的。他还认为，社会主义在分配上追求公平，但却会限制个人自由和妨碍个性的发展，并且认为中国马克思主义者的阶级斗争和暴力革命主张必然导致专制和独裁，因此他采取严厉拒斥的态度，向往的是英国的工党政府。20 世纪 40 年代末，国共两党在战场上用武力选择中国命运的时候，张东荪力图跨越国共两党的武力对立，提出了"民主社会主义"的第三条道路。由于 20 年代到 40 年代末期中国特殊的历史背景，一部分知识分子对北洋军阀与国民党的专制统治不满，同时又反对共产党的"过激"政策，张东荪的自由主义思想在他们中间有一定的市场。

20 世纪 50 年代以后，中国自由主义的思想据点转移到了台湾。代表人物就是雷震与殷海光。他们以《自由中国》为思想阵地，继续宣传西方的民主政治思想，对台湾国民党当局压制思想自由的专制进行抨击。由于他们对传统文化采取"全盘西化"的政策，与坚持中国文化本位的"现代新儒家"产生严重的对立。60 年代以后，由于受到西方古典自由主义的推崇者哈耶克等的影响，殷海光等人对传统文化的态度有所转变，也对五四以来中国的自由主义开始反省，特别对中国自由主义的哲学基础经验论和科学主义开始反省，反省的成果集中在殷海光的著作《中国文化的展望》一书中。由于殷海光特殊的经历，他对前辈自由主义的脉络与问题结构有相当的理解，也就使他在现有的中国的政治、经济、文化的条件下认识到，如何使自由主义得到落实，将是比单纯的阐述自由主义的理念更为艰难的工作。因此，他的主要精力就放在探讨自由主义思想所肯定的诸价值与自由主义实现的背后的伦理学背景。当然他的这一工作得益于他从金岳霖、罗素、哈耶克及波普尔那里所汲取的丰富的新古典自由主义思想的营养。殷海光在逝世前为学生编纂的《殷海光选集》的《自序》中写道："在一方面，我向反理性主义、蒙昧主义、褊狭主义、独断的教条毫无保留的奋战；另一方面，我肯定了理性、自由、民主、仁爱的积极价值——而且我相信这是人类生存的永久价值。"这段话反映了殷海光对自由主义的理解，也反映了其努力的方向。

从中国自由主义的发生学来看，中国自由主义是对西方自由主义传播到中国的一种自然反应。中国自由主义者对西方古典自由主义的关注只是走马观花，马上就转为对新自由主义的青睐。中国自由主义一开始就打上了新自由主义的印记，以后的中国自由主义的发展与西方自由主义的发展几乎同步。但我们不能就此认为中国自由主义就是西方自由主义的简单翻版，虽然中国的自由主义者以反对传统著称，但他们生活在中国的传统之中，他们的血液中流淌着传统的积淀。可以说西方自由主义在中国必然产生变形，虽然由于思想的传承，它们具有一定的相似性，但在其文化的底蕴上，中国自由主义具有中国文化的品格。

二　中国自由主义的中国品格

在近代中国，中国自由主义者在引进西方自由主义的过程中首先遇到的是如何对待中国传统这一理论与现实的难题。为了推行他们所信奉的西方自由主义价值理念，中国的自由主义者不遗余力地宣传西方思想，对中国传统文化采取"全盘西化"或者叫"全盘反传统"的态度。在近代中国，他们的宣传如此有力，以至于人们常常将中国自由主义者与"全盘西化"与"全盘反传统"等量齐观，中国自由主义者在某种程度上就成为"全盘西化"与"全盘反传统"的代名词。在中国自由主义者的眼中，中国文化传统与他们广泛认同的西方自由主义思想如此格格不入，要引入西方自由主义理念，就必须对传统文化进行攻击。可以说，从自由主义传播到中国为始，中国自由主义者就对传统抱有如此态度。在严复看来，中西文化的不同，不是外在形态的不同，而是价值观念的根本不同，于是从传播西学的角度出发，他对张之洞的"中体西用"论予以拒斥，把中学与西学对立起来。由于五四时期对西学的狂热追求，反传统在五四新文化运动中也达到了顶点。由于中国自由主义者对中国文化采取"全盘西化"的态度，就始终与文化保守主义之间存在着内在的张力。到 20 世纪 30 年代，这种内在的张力终于演化成为"全盘西化论"与"中国文化本位论"的大规模论战，这种论战经久不息。中国的自由主义者对待传统虽然采取"全盘西化"的态度，但由于他们是基于工具理性而看待传统，就决定了这种"全盘西化"不是对传统的连根拔起，而是主张对传统进行根本的改造。也就可以归结为胡适的"整理国故"，胡适解释为："从乱七八糟里面寻出一个条理脉络来；从无头无脑里面寻出一个前因后果来；从胡说谬解里面寻出一个真意义来；从武断迷信里面寻出一个真价值来。"①

中国自由主义者引入自由主义的目的是为了解决中国面临的富强问题，这种

---

① 胡适：《新思潮的意义》，载《新青年》第七卷第 1 号。

对自由工具理性的理解，导致中国自由主义者的自由思想中有更多积极自由的成分，也就是自由培养出来的独立人格有利于每个人才智的充分发挥，而这又是达到国家富强与民族复兴的必要条件。在自由与个人的关系中，自由成为激励个人能力充分发挥的力量之源。对"积极自由"的追求，使中国自由主义者的价值天平向平等倾斜，虽然他们不像社会主义的追求者对平等的追求那样炙热，但相对于西方的自由主义者，他们对社会主义者的社会改革纲领更具有同情的理解。

西方自由主义者都是主张社会改良的，提倡以和平、渐进的方式对社会进行改造。在这一点上，中国的自由主义者也具有这种品格，但在实际的社会改造过程中，由于对理性的过度依赖，使中国的自由主义者表现出某些激进主义的倾向。为此，他们把对思想文化的改造看作是其他一切社会改造的先决条件，把对社会的改造完全寄托在对思想文化的改造上。

三 一种质疑

自从自由主义进入国人的视野，自由主义就成为一种显学，对自由主义的探讨与研究一刻也没有停止过。本来自由主义在西方就是一个充满歧义的概念，史华慈善意地劝说过那些把西方看作"已知"这一过于自负的假设——每当谈及西方与"非西方"的冲突，人们总是把西方看作已知量。当西方对纷繁的内在含义陷入令人迷惑、嘈杂喧闹的争论时，这些含义到了非西方世界，西方俨然成为一个明确的已知量。[1] 胡适在其《自由主义》一文中曾经指出：孙中山曾说社会主义有 57 种，不知道哪一种是真的，"自由主义"也可以有种种说法。[2] 在涉及中国自由主义时，殷海光列出了中国自由主义的六种性质：抨孔、提倡科学、追求民主、好尚自由、倾向进步、用白话文。[3] 他提出，当某种人物在某一阶段合于这一组性质的四种时，就将他放进"自由主义"栏里。欧阳哲生认为这六个条件过于宽泛，他认为中国自由主义的主要特征是：在个人与社会群体的关系中强调以个人为本位；在社会渐进与激进革命的选择中主张改良为手段；在科学探索与宗教信仰的对抗中鼓吹以"实验"为例证；在文化多元与思想统一中趋向自由选择。[4] 除了对自由主义以及中国自由主义的含义存在着争论以外，对近代中国自

---

① 参见［美］本杰明·史华慈，叶凤译《寻求富强：严复与西方》，江苏人民出版社 1990 年版。
② 参见章清《"胡适派学人群"与现代中国自由主义》，世纪出版集团与上海古籍出版社 2004 年版。
③ 参见殷海光《中国文化的展望》，上海三联书店 2002 年版。
④ 参见欧阳哲生《自由主义之累——胡适思想的现代阐释》，上海人民出版社 1993 年版。

由主义的发生学也存在争论，有一部分学者认为近代中国从来就没有自由主义，否定近现代中国有自由主义的传统，当然大部分的学者认为中国有自由主义，持此种观点的学者主要有两种观点：一种意见认为产生和兴起于戊戌变法时期，严复可以说是中国的自由主义之父，是中国近代自由主义运动真正的开创者。另一种意见认为中国自由主义思潮起源于五四新文化运动。关于自由主义的争论是多方面的，然而，争论的焦点集中在中国自由主义在中国作为一种制度设计失败的原因探求上。无论是自由主义的歧义，还是中国自由主义的发生学皆是为了说明此一问题。①

当1949年国共两党在战场上用武力决定中国的政治命运时，实际上就宣布了自由主义作为一种制度设计在中国的失败。于是，各种派别怀着各种心态对中国自由主义的失败进行探讨，中国自由主义者为了寻求自由主义的出路，也开始探求自由主义在中国失败的原因。常为学者引述的是殷海光在其《中国文化的展望》中的"先天不足，后天失调"论，"先天不足"就是现代中国自由主义的内部根基问题，"后天失调"就是其外部环境的缺失。很多学者热衷于对此进行解释。问题是假如中国没有引入自由主义过程中的这些缺失，自由主义在近现代中国就可以成功吗？我们的回答是否定的，它同样会走向失败。

四　应有的思路

对于"先天不足"，人们往往采用韦伯的价值理性与工具理性的分析范式，认为：20世纪中国自由主义思想的主要根源于西方，但是自由主义来到中国发生了重要变形，自由主义被视为救国的工具和手段加以使用，结果其内在的价值却被遮蔽，个体至上的原则被弱化，经济自由主义被忽视。此种判断本身就存在一个悖论：既然为了救国而引进了自由主义，那么救国的工具理性意义与自由主义本身就是一种正相关的关系，救国与自由主义的发展就应该相得益彰。但是历史的发展却恰恰相反。

关于"后天失调"，美国学者格里德说："自由主义之所以失败，是因为中国那时正处在混乱之中，而自由主义需要的是秩序……它的失败是因为中国人的生活是由武力来塑造的，而自由主义的要求是人应靠理性来生活。简言之，自由主义之所以失败，乃因为中国人的生活淹没在暴力和革命之中，而自由主义则不能

---

① 参见章清《"胡适派学人群"与现代中国自由主义》，世纪出版集团、上海古籍出版社2004年版。

为暴力与革命的重大问题提供什么的答案。"① 许纪霖指出："国共之间的分裂与内战，使得这一出色的社会民主主义纲领无法获得其实践的机会，中国也就从此与自由主义的中间道路失之交臂。"② 此种分析范式的问题就在于，它首先肯定了自由主义价值的普适性，肯定了中国自由主义思想的完美性。好像自由主义本身应该在中国取得成功，自由主义没有取得成功是历史的遗憾。还隐含着中国1949 年以后所走的道路是一种历史的误会。然而，真的如此吗？假如中国自由主义真如同他们分析的那样，是暴力与社会的动乱没有给自由主义以机会。那么，我们不禁要问：中国从 20 世纪中叶到现在已经半个多世纪的和平时期了，为什么自由主义还被冷落呢？显然他们的分析范式具有天然的缺陷。他们的分析虽然表面上看似高深莫测，实际违背了马克思的唯物史观的分析方法。在《德意志意识形态》中，马克思和恩格斯从现实的人出发，揭示了物质资料的生产在社会生活中的决定作用，并对自己的发现作了在当时条件下最完整的概括："这种历史观就在于：从直接生活的物质生产出发来考察现实的生产过程，并把与该生产方式相联系的、它所产生的交往形式，即各个不同阶段上的市民社会，理解为整个历史的基础；然后必须在国家生活的范围内描述市民社会的活动，同时从市民社会出发来阐明各种不同的理论产物和意识形式，如宗教、哲学、道德等等，并在这个基础上追溯它们产生的过程"③。马克思和恩格斯在人类思想史上破天荒地提供了一条从物质资料的生产方式出发来理解人类社会的存在和发展的基本线索。列宁认为，"唯物史观较之以往的历史理论有两个根本的区别：第一，以往的历史理论，至多考察了人类历史活动的思想动机，而没有考究这些动机的原因，没有摸到社会关系体系发展的客观规律，没有看出物质生产发展程度是这种关系的根源；第二，过去的历史理论恰恰没有说明人民群众的活动，只有历史唯物主义才第一次使我们能以自然史的精确性去考察群众生活的社会条件以及这些条件的变更。"④ 列宁的概括是科学的、精辟的，应成为我们考察中国自由主义的理论基础。

① 格里德：《胡适与中国的文艺复兴》，江苏人民出版社 1989 年版，第 377—378 页。
② 胡伟希、田薇：《20 世纪中国自由主义的基本类型》，《中国人民大学学报》2003 年第 5 期。
③ 《马克思恩格斯全集》第三卷，人民出版社 1960 年版，第 42—43 页。
④ 《列宁选集》第二卷，人民出版社 1960 年版，第 586 页。

五　一种解读

对中国社会性质的正确认识是马克思主义者独有的，这是中国自由主义者所不具备的。"马克思列宁主义来到中国之所以发生这样大的作用，是因为中国的社会条件有了这种需要，是因为同中国人民革命的实践发生了联系，是因为被中国人民所掌握了。任何思想，如果不和客观的实际的事物相联系，如果没有客观存在的需要，如果不为人民群众所掌握，即使是最好的东西，即使是马克思列宁主义，也是不起作用的。我们是反对历史唯心论的历史唯物论者。"① 毛泽东同志在此作的分析是针对马克思列宁主义在中国的成功而言的，但同样适合作为对自由主义在中国走向失败的原因分析。自由主义在中国之所以没有发生大的作用，是因为中国的社会历史条件没有这种需要，是因为没有被中国人民所认可，没有同最广大的人民产生联系。从马克思主义进入中国起，先进的中国共产党人就在探索中国社会的性质。"自从一八四零年的鸦片战争以后，中国一步一步地变成了一个半殖民地半封建的社会。自从一九三一年九·一八事变日本帝国主义武装侵略中国以后，中国又变成了一个殖民地、半殖民地和半封建的社会。"② 可以说，正是中国共产党正确分析了中国的社会性质才带领中国人民一步步从胜利走向胜利，终于完成了中国革命的任务。"从一八四零年的鸦片战争到一九一九年的五四运动的前夜，共计七十多年中，中国人没有什么思想武器可以抵御帝国主义。旧的顽固的封建主义的思想武器打了败仗了，抵不住，宣告破产了。不得已，中国人被迫从帝国主义的老家即西方资产阶级革命时代的武器库中学来了进化论、天赋人权论和资产阶级共和国等项思想武器和政治方案，组织过政党，举行过革命，以为可以抵御列强，内建民国。但是这些东西也和封建主义的思想武器一样，软弱得很，又是抵不住，败下阵来，宣告破产了。"③ 毛泽东的一段话简明扼要地说

---

① 《唯物历史观的破产》，《毛泽东选集》，人民出版社1991年版，第1515页。
② 《中国革命和中国共产党》，《毛泽东选集》，人民出版社1991年版，第626页。关于中国共产党人对中国社会性质的认识有一个过程。列宁最早提出中国是一个"半殖民地"和"半封建的农业国"的概念，他没有详加论述，也没有把二者放在一起，但却给了中国共产党人以启示。中国共产党人陈独秀第一个提出"半殖民地"的概念，蔡和森第一个提出"半封建"的概念。在《中国革命与中国共产党》一文中，毛泽东同志详细论述了中国社会的半殖民地半封建性质，毛泽东从十个方面揭示了帝国主义如何用一切军事的、经济的、文化的压迫手段，使中国一步一步地变成殖民地、半殖民地和半封建社会的全部过程，还从六个方面揭示了这个社会的基本特点。以此为基点，他作出了对中国革命的对象、任务、动力、性质和前途等一系列革命基本问题的科学阐述的正确结论，从而建立起了中国新民主主义革命的理论体系。
③ 《毛泽东选集》，《唯物历史观的破产》，人民出版社1991年版，第1514页。

明了自由主义在中国失败的主要原因，就是自由主义不能帮助中国人完成"对外推翻帝国主义压迫的民族革命和对内推翻封建地主压迫的民主革命，而最主要的任务是推翻帝国主义的民族革命。"①

中国人民在 20 世纪的社会变革实践中，根本就缺乏对自由主义的认同，自由主义在民主主义革命时期不能帮助中国人完成革命的任务，历史已经证明了它的失败。同样，在社会主义初级阶段，自由主义也不能帮助中国人完成现代化的历史任务，历史还将证明自由主义始终在中国不会成为一种主流思想，梦想自由主义在中国取得成功，只能是中国自由主义者的一相情愿。

---

① 《中国革命和中国共产党》，《毛泽东选集》，人民出版社 1991 版，第 637 页。

第一章　导　论

一　与本书相关的几个概念和本书研究的问题

本书研究的问题是中国五四时期的自由主义，为了研究的方便，有必要弄清与本书相关的几个概念及问题本身，它们是：自由主义、五四运动、中国五四时期的自由主义。

（一）与本书相关的几个概念

1. 自由主义

应该承认，只有非历史的概念才能赋予其恰当的定义，而涉及社会政治哲学时，没有什么概念是没有歧义的，自由主义是最充满歧义的概念之一，对自由主义给以恰当的定义是十分困难的。[①] 我们在此只是简要回顾自由主义发展的历史及其基本原则。

毫无疑问，古希腊、罗马及欧洲中世纪的社会都存在着自由主义的种子，但自由主义作为一种系统的思想、意识形态、社会制度则是近代的产物。开启自由主义思想的是文艺复兴与新教改革运动，文艺复兴为自由主义提供了人文主义与个人主义两个最重要的思想资源。按照英国学者阿伦·布洛克的观点，西方在看待人与自然的关系时存在着三种模式："第一种模式是超自然的，即超越宇宙的模

---

① 关于自由主义充满歧义的原因，李强在其《自由主义》一书中分析有三点：一是自由主义的历史性，也就是自由主义在近代以来经历了复杂的发展过程，发展过程中强调的重点不同，也就使自由主义具有不同的历史涵义；二是研究者的不同带来对自由主义的态度不同，不同的研究者根据自己的需要强调其不同的方面，从而为我们描绘出不同的自由主义画面；三是自由主义不仅是一种理论、一种意识形态，更是一种制度，一种政治运动或政党的旗帜。

式，集焦点于上帝，把人看成是神的创造的一部分。第二种模式是自然的，即科学的模式，集焦点于自然，把人看作是自然秩序的一部分，像其他有机体一样。第三种模式是人文主义模式，集焦点于人，把人的经验作为人对自己、对上帝、对自然了解的出发点。"①自由主义在西方本质上是人文主义的，把人作为目的，作为万物的尺度，突出强调人的幸福、尊严与意志，而文艺复兴开启了以神为中心向以人为中心的转变。比文艺复兴稍晚的新教改革对自由主义的兴起扮演了更为重要的角色，新教改革开启了人神直接的对话，人不需要借助于教会就能与上帝相联系，表面上提高了神的地位，实际上提高了人的地位。韦伯关于新教伦理与资本主义精神的理论揭示了只有新教伦理才能结出现代自由主义的文明之果，才能孕育出个人自由与个人主义。后来，随着新教改革的日益向前发展，又孕育出了宗教的宽容精神。这里我们很明显地发现，西方自由主义的产生完全是人价值理性的产物。在古典自由主义大师那里也无一例外地论述人的价值的优先性，特别是洛克论述了自由主义的两大基石，即个人自然权利理论与有限政府理论。人具有不可转让的权利，也就是生命、自由与财产权不可转让与侵犯，政府必须基于被统治者同意。这里我们发现自由主义者把个人的自由看得高于一切，国家的目的在于对个人自由的保护。19世纪中叶，自由主义的弊端开始显现，特别是它倡导的自由经济理念带来的贫富分化、劳动工时、卫生条件、安全条件，等等一系列问题。自由主义开始由古典自由主义向新自由主义转变，新自由主义者提出了积极自由的理念。格林的积极自由理念与古典自由主义的自由理念有三个方面的不同：自由不但是缺乏外在的限制这个消极的概念，而是一个去实现某种目标、去做某种事情的实际的权利与能力；格林的自由概念里还具有某些道德的因素，自由并不意味着去做自己希望做的事，而是做那些有意义的、值得做的事；格林的自由概念中还包含着平等主义的概念，在自由面前人人平等，自由不是某些人的特权，而是人人皆可享有的权利。也就是格林将自由的概念与权利、能力的概念相联系。毫无疑问，新自由主义强调国家在社会生活中应扮演积极的角色，批判古典自由主义的消极国家观。但无论自由主义如何变化，自由主义所追求的自由主义基本理念并没有改变，无论自由主义者如何强调国家的作用，他们依然坚持在个人自由与国家权力的关系中，个人始终是第一位的，国家的目的就是为了保全个人的自由。

---

① ［英］阿伦·布洛克著，董乐山译：《西方人文主义传统》，生活·读书·新知三联书店2003年版，第12页。

　　然而，对自由主义的不同理解并不否认自由主义理论内在的一致性。这种一致性就意味着有一些自由主义的基本理念是自由主义者所共享的，也就是一般的典型的自由主义者所共同主张的，这些原则构成了自由主义的内涵，是自由主义内在同一性的基础，构成了自由主义与其他各种意识形态相区分的最基本的特征。一是个人主义原则。自由主义的基础与出发点是个人主义，当自由主义者论及自由、民主、市场经济等概念时，重点强调人的权利、经济领域等个人的优先性。个人主义的核心是本体的个人主义，就是社会是个人的集合体，个人先于社会而存在，个人是本源，社会是个人派生的，社会的目的就在于保障个人的权利不受侵犯，除了个人的目的以外，社会与国家没有其他的目的。二是自由原则。自由原则是自由主义最核心的原则，某种程度上，自由主义就是关于自由的学说。自由有消极自由与积极自由之分，消极自由有几个特征：（1）自由具有其本身的价值，它不从属于其他价值，不是实现其他价值的手段；（2）自由的核心是个人的权利、个人的活动空间，在此它与关注集体的优先性相对立；（3）这种自由仅仅和政府控制的范围相关，而与政府权力的渊源乃至政府的形式无关；（4）自由是人类追求的众多美好的价值之一，但并不是唯一的价值。自由是个人幸福的必要条件，但并不是充足条件。在消极自由的基础上派生了积极自由的概念，积极自由包括三方面的内涵：（1）自由不仅仅是缺乏外在干预的状态，而同时意味着以某种方式行为的权利或能力；（2）自由是一种理性的自主，在这种状态下，一个人的生活由某种理性的欲望所主导，而不是由非理性的欲望所左右；（3）自由还意味着集体自决，在这种状态下，每个人都通过民主参与的方式在控制自己的社会环境中扮演一定角色。[1]自由主义者虽然高扬自由的旗帜，但决不提倡无限制的自由，自由主义追求的是在法律范围的自由，自由主义与无政府主义最大的区别就是自由主义追求自由与秩序的平衡。三是自由主义的平等原则。自由主义始终追求权利的平等、形式的平等，许多自由主义者不接受实质平等的主张。美国学者萨皮罗（J. Salwyn Schapiro）对自由主义与平等原则关系进行了高度的概括："平等是自由主义的另一条基本原则。自由主义宣布所有人一律平等。当然，不应忘记，这种平等并不意味着所有人有同样的能力、同样的道德理解力或同样的个人魅力。它的含义是所有人在法律面前有同等的权利，有权享受同等的公民自由。任何法律都不得授予一些人特权或强加给另一些人特殊的歧视；不论一项法

---

　　① 参见李强《自由主义》，中国社会科学出版社 1998 年版。

律的目的是援助、保护或惩罚，它必须对所有人一视同仁。自由主义向所有特权发起无休止的攻击，不管这些特权是基于出身、财富、种族、教义或性别。在自由主义看来，这些特权是对个人发展的人为障碍。"①四是自由主义的民主原则。自由主义民主的基础是自由，也就是民主的目的在于保护个人的自由，自由主义崇尚间接民主，自由主义在本质上不强调共同利益。五是自由主义的国家理念原则。自由主义是一种国家学说，为了防止国家对个人权利的侵害，自由主义划定了个人与国家的范围，界定国家与个人的关系，国家权力应该是有限、并受到制约的。

2. 五四运动

五四运动②有广义与狭义之分，狭义的五四运动是指 1919 年 5 月 4 日，北京的学生举行游行示威，抗议当时的政府屈辱、卖国的行为，也可称为五四事件。广义的五四运动是大致从 1915 年到 1921 年，包含了一系列的事件：1915 年袁世凯签订了丧权辱国的"二十一条"以及后来 1919 年的巴黎和会中国外交的失败，和会作出的关于山东的决议案，激起了中国民众的爱国热情与反对列强的情绪，在爱国热情的支配下，学生与知识分子掀起了一场反日的爱国主义与大规模的现代化运动，通过思想与社会的改造运动建设新的中国。在运动中，新的知识分子强调的是西方的科学与民主观念，中国的一切传统，如伦理、文学、历史、哲学等均受到了批判，自由主义、实用主义、功利主义、无政府主义及形形色色的社会主义思想风起云涌，为之提供了动力。五四事件以后，特别是 6 月 3 日后，这一运动赢得了商人、实业家与工人的同情、支持与参与，北京政府在压力下被迫

---

① J. Salwyn Schapiro, *Liberalism: Its Meaning and History*, Princeton: D. Van Nostrand Co, 1958, p.10.

② 五四运动也被称为"中国的文艺复兴"或"中国的启蒙运动"，关于这两种称呼，海外学者余英时在其《文艺复兴乎？启蒙运动乎？——一个史学家对五四运动的反思》中对此有系统的考察。在"启蒙运动"这一身份出现之前，五四运动在西方是以"中国的文艺复兴"这一身份而广为人知的。在西方宣传"中国文艺复兴"理念的主要是胡适。1926 年 11 月，胡适在英国巡回演讲时，在不同的学术机构反复讲述"中国的文艺复兴"，在一张海报上还称其为"中国的文艺复兴之父"。1933 年，在芝加哥大学的一场演讲中，胡适毫不含糊地解释他所谓的"中国文艺复兴"的涵义。"《文艺复兴》是 1918 年一群北京大学的学生，为他们所发行的月刊杂志所取的名称（按：即《新潮》的英文名字）。他们是在我国旧有传统文化中，受过良好熏陶的成熟学生；他们在当时几位教授所领导的新运动里，立即觉察到它与欧洲文艺复兴有显著的类比性。下面几个特征特别使他们联想到欧洲的文艺复兴：首先，它是一种有意识的运动，发起以人民日用语体书写的新文学，取代旧式的古典文学。其次，它是有意识地反对传统文化中的许多理念与制度的运动，也是有意识地将男女个人，从传统势力的束缚中解放出来的运动。它是理性对抗传统、自由对抗权威，以及颂扬生命和人类价值以对抗其压抑的一种运动。最后，说来也奇怪，倡导这一运动的人了解他们的文化遗产，但试图用现代史学批评和研究的新方法重整这一遗产。在这个意义上说，它也是一个人文主义运动。"最早用启蒙运动来诠释中国五四运动的是中国的马克思主义者。1936 年，几位地下共产党员在上海与北京发动了"新启蒙运动"。共产党人之所以把五四运动诠释为"启蒙运动"，是因为他们当时需要一种"新启蒙"来执行党的统一战线的路线。

在内外政策上作出让步。新知识分子的联合取得的初步胜利为思想文化的变革提供了契机，但不久之后，新知识分子的联合出现了破裂，运动逐步向政治转化，自由主义者失去了政治热情，离开了政治运动，而五四运动为共产党的产生提供了思想与干部的准备，一些知识分子逐步接受了马克思主义，共产党与国民党走向联合以推翻北京的军阀政府，西方列强由对运动的同情转为敌视。从此，马克思主义与中国实际开始结合，中国革命的面貌焕然一新。"五四运动"这个词并不是运动的发起人陈独秀、胡适等人提出来的，而是以吴稚晖为代表的一些原先曾经攻击过这一运动的人，当看到运动的效果日益显著时，为争夺运动的领导权而提出来的。当然陈独秀等人后来也使用这个词。"新文化运动"更是如此，从报刊文章的标题看，在《新青年》创刊到五四爱国运动爆发这一段时期内，哪儿也找不到"新文化运动"这个词，当时叫"新思潮运动"。从 1919 年下半年起，这个新词才流传开来。当然它的上限与下限也有不同的见解，本书所说的五四运动是专就广义而言的。

（二）本书研究的问题——中国五四时期的自由主义

按照殷海光的定义，五四运动实际上是包括新文化运动与学生运动两种运动的。自由主义是贯穿上述两个运动的精神动力，也是五四运动的一面精神旗帜。这种自由主义的要义在于：思想解放，人格独立，着重个人从旧思想、旧制度、旧社会以及大家庭里解放出来。或者更简单地讲，自由就是独立自主。"这种独立自主，包括两个主体：国民个体的独立自主，这就是个性解放运动；民族群体的独立自主，这就是民族解放运动。"① 在此，我们可以通过五四运动两大旗手——胡适与陈独秀的思想看出此要义。

陈独秀的《敬告青年》一文中写有"以供抉择，谨陈六义"，② 其中第一义便是"自主的而非奴隶的"，③ 倡言独立自主、自由平等精神："等一人也，各有自主之权，绝无奴隶他人之权利，亦绝无以奴自处之义务。奴隶云者，古之昏弱对于强暴之横夺，而失其自由权利者之称也。自人权平等之说兴，奴隶之名，非血气

---

① 殷海光：《中国文化的展望》，上海三联出版社 2003 年版，第 180 页。
② 陈独秀：《敬告青年》，任建树等编：《陈独秀著作选》，上海人民出版社 1993 年版，第 130 页。原载《青年杂志》第一卷第 1 号，1915 年 9 月 15 日。
③ 陈独秀：《敬告青年》，任建树等编：《陈独秀著作选》，上海人民出版社 1993 年版，第 130 页。原载《青年杂志》第一卷第 1 号，1915 年 9 月 15 日。

所忍。世称近世欧洲历史为'解放历史'……解放云者，脱离夫奴隶之羁绊，以完其自主自由之人格之谓也。我有手足，自谋温饱；我有口舌，自陈好恶；我有心思，自崇所信；绝不认他人之越俎，亦不应主我而奴他人：盖自认为独立自主之人格以上，一切操行，一切权利，一切信仰，唯有听命各自固有之智能，断无盲从隶属他人之理。"①

可以说，《敬告青年》实质是一篇中国自由主义的宣言书。文中，他还称引"德国大哲尼采别道德为二类：有独立心而勇敢者曰贵族道德，谦逊而服从者曰奴隶道德。"②在他看来，"法律上之平等人权，伦理上之独立人格，学术上之破除迷信，思想自由，此三者为欧美文明进化之根本原因。"③由此，他将人格自由问题诉诸伦理道德革命，把个性的解放、自由独立人格的建立，视为解决中华民族生死存亡问题的根本途径。他把中西政治制度的精神文明基础进行了一番比较："儒者三纲之说，为吾伦理政治之大原……近世西洋之道德政治，乃以自由平等独立之说为大原，与阶级制度极端相反。此东西文明之一大分水岭也。"④于是，陈独秀的结论是："盖共和立宪制，以独立平等自由为原则，与纲常阶级制为绝对不可相容之物，存其一必废其一。"⑤这就是说中国必须大力张扬自由主义。

胡适是五四运动自由主义思潮的另一位思想领袖。胡适留学美国，深受英美自由主义传统的影响。他投入五四运动虽是从文学改良入手的，但在他的文学观中所处处渗透的正是自由主义精神。以他那篇影响巨大的《文学改良刍议》的所谓"八不主义"来看，他是以文体的改革作为个性解放的一种途径，使文学成为思想自由的表现手段。他说文学应该存"高远之思想"、"真挚之情感"；"不摹仿古人"；"不作古人的诗，而惟作我自己的诗"；"不作无病之呻吟"；"务去烂调套语"，"惟在人人以其耳目所亲见亲闻所亲身阅历之事物，一一自己铸词形容描写之"；"不用典"，"自己铸造词句以写眼前之景，胸中之意"；"不讲对仗"，以免

①陈独秀：《敬告青年》，任建树等编：《陈独秀著作选》，上海人民出版社1993年版，第130页。原载《青年杂志》第一卷第1号，1915年9月15日。
②陈独秀：《敬告青年》，任建树等编：《陈独秀著作选》，上海人民出版社1993年版，第131页。原载《青年杂志》第一卷第1号，1915年9月15日。
③陈独秀：《袁世凯复活》，任建树等编：《陈独秀著作选》，上海人民出版社1993年版，第240页。原载《新青年》第二卷第4号，1916年12月1日。
④陈独秀：《吾人最后之觉悟》，任建树等编：《陈独秀著作选》，上海人民出版社1993年版，第179页。原载《青年杂志》第一卷第6号，1916年2月15日。
⑤陈独秀：《吾人最后之觉悟》，任建树等编：《陈独秀著作选》，上海人民出版社1993年版，第179页。原载《青年杂志》第一卷第6号，1916年2月15日。

"束缚人之自由"；"不避俗字俗语，提倡白话文学"。总之，就是要让文学成为真情实感的自由表达。[①]胡适后来又在《建设的文学革命论》中，把他的"八不主义"改作一种肯定的表述："一，要有话说，方才说话"；"二，有什么话，说什么话；话怎么说，就怎么说"；"三，要说我自己的话，不说别人的话"；"四，是什么时代的人说什么时代的话。"这些主张其实正是要求思想自由、言论自由的一种体现，要求独立的思想自主的表达。

胡适大力宣传自由主义思想的一篇代表作，是发表在 1918 年 6 月《新青年》"易卜生专号"上的长文《易卜生主义》。文中胡适指出：社会最大的罪恶莫过于摧残人的个性，不使它自由发展。易卜生的戏剧中，有一条极显而易见的学说，是说社会与个人互相损害：社会最爱专制，往往用强力摧残人的个性，压制人自由独立的精神；等到人的个性都消灭了，等到自由独立的精神都完了，社会自身也没有生气了，也不会进步了。[②]

由此可见，五四运动在一个相当长时期和相当大程度上是倡导自由主义的。五四早期的自由主义者既包括胡适及其所代表的自由派，也包括陈独秀、李大钊及其所代表的后来的马克思主义者，甚至包括后来被称为保守主义者的一些人物。当时，批判旧社会、旧思想以及大家庭的束缚与倡导自由、民主、科学是一致的。

五四时期自由主义者的信念是为了保障个人自由，必须实行民主政治；而为了实现民族的振兴国家的富强又必须实行民主、发展科学。这样，民主与科学既是个人自由的手段，又是民族振兴的手段，这就是五四运动大力倡导民主和科学的原因。作为自由主义者，他们为个人自由而要求民主与科学；作为民族主义者，他们为救亡图存、民族振兴而要求民主与科学。

可见，五四运动的精神动力既有自由主义，又有民族主义，当时的自由主义者们既是个体主义者，又是集体主义者，这是五四运动的一种突出的"精神现象"，很值得人们去深入分析。简单说来，是不是可以这样讲：五四时期的民族主义、集体主义的精神背景是民族文化，而自由主义个体主义的精神背景则主要是西学东渐。五四时期中国知识分子几乎皆具有双重的文化背景，既从小受诗书礼乐的熏陶，后来又受欧风美雨的浸润，于是形成了他们的那种双重精神品格，这是从主观方面来看的。从客观方面来看，五四运动的双重精神动力，来自当时面

---

① 胡适：《文学改良刍议》，载《新青年》第二卷第 5 号，1917 年 1 月 1 日。
② 胡适：《易卜生主义》，载《新青年》"易卜生专号"，1918 年 6 月。

临的双重历史任务，就是人们对五四运动的历史动因的另外一种概括：反帝反封。民族落伍，国家贫弱，军阀割据，民生凋敝，激发了反封的要求；外国侵略，列强欺凌，激发了反帝的要求。于是五四运动激烈地反封建、反列强。然而一个曾经长期为人们所忽略的问题是："反帝"与"反封"之间存在着张力。反帝的历史境遇需要的是民族主义、集体主义精神，这是当时三民主义的崛起、后来文化保守主义抬头、马列主义传播之历史依据；而反封的历史境遇需要的则是民主主义、个体主义精神，这是自由主义之历史依据。而当时中国的自由主义者却是这两种矛盾倾向的复合体，就是说他们既是自由主义者，从而激烈地彻底地反封建反传统，大肆鼓吹全盘西化；同时又是民族主义者，对西方列强心存疑虑戒备，并在内心深处潜藏着中国传统文化的深刻影响。结果是这一批人后来分化为中国现代思想史上的三大派别：自由主义西化派、文化保守主义派、马克思主义派。

二　本书研究的意义

20世纪20年代，梁启超在《五十年中国进化概论》里概述中国思想界从19世纪70年代以迄的思想史变迁时说："近五十年来，中国人渐渐的知道自己的不足了。这点觉悟，一面算是学问进步的原因，一面也算是学问进步的结果。第一期，先从器物上感觉不足，第二期，是从制度上感觉不足……，第三期新运动的种子，也可以说是从这一期播殖下来的，这一期学问上最有价值的出品，要推严复的几部书，算是把19世纪主要思潮的一部分介绍进来。可惜国里的人能够领略的人太少了。第三期，便是从文化根本上感觉不足。"[①]当严复把西方作为价值理性的自由主义以工具理性的方式介绍到中国以后，自由主义作为一种救国的思想成为显学，围绕自由主义的争论也就不绝于耳，为此，对自由主义的研究，尤其是对中国自由主义的研究本身就具有学理的意义。

五四时期是一个复杂多相的时期，各种理论交相辉映。用梁启超的话说："曾几何时，到如今'新文化运动'这句话成了一般读书社会的口头禅。马克思差不多要和孔子争席，易卜生差不多要推倒屈原。这种心理对不对，另一问题，总之这四十几年间思想的剧变，确为从前四千余年所未尝梦见。比方从前思想界是一

---

① 梁启超：《五十年中国进化概论》，李华兴、吴嘉勋编：《梁启超集》，上海人民出版社1984年版，第834页。文系梁启超1922年4月为《申报》五十年纪念而作。原载抱一编：《最近之五十年》（《申报五十年》）第二编，1923年2月上海申报馆发行。收入《饮冰室合集·文集》第十四册，第三十九卷。

中国五四时期自由主义

个死水的池塘，虽然许多浮萍荇藻掩映在面上，却是整年价动也不动，如今居然有了'源泉混混，不舍昼夜'的气象了。虽然他流动的方向和结果现在还没有十分看得出来，单论他由静而动的那点机势，谁也不能不说他是进化。"① 当然自由主义在五四时期也成为国人研究与借鉴的重要学术理论，特别是从美国回到国内的胡适带来的杜威的功利自由主义一度成为知识分子救国的极为重要的方案，杜威的来华更是把自由主义推向了高潮。但是随着马克思主义在中国的广泛传播，马克思主义成为救国救民的真理逐步被先进的中国人接受。中国知识分子由对自由主义的钟情到主流向马克思主义转化已是不争的事实，然而转化的原因始终具有研究的必要。本书将在前人研究的基础上，对五四时期的自由主义进行系统的梳理。由于就目前所能见到的资料而论，还没有对五四时期的自由主义进行专门研究的论著，这本身就具有重要的理论意义；另外从一个新的角度，也就是自由主义与中国近代历史任务的相异性上来揭示其走向失败的历史必然性，从而揭示中国人民抛弃自由主义而选择马克思主义具有历史的必然性也具有学理的意义。

20 世纪最后三年，学界比较集中地翻译了一些新的重要的自由主义经典著作，如伯克、柏林、哈耶克、霍布豪斯等的著作被介绍过来。于是关于自由主义的一些论战文章与研究著作也陆续问世。在 20 世纪末，关于自由主义的争论，即自由主义的推进者与自由主义的反对者围绕自由主义的一系列问题进行的争论日益激烈。自由主义的推进者李慎之在《弘扬北大的自由主义传统》②中，全面指认了自由主义的源起和发展，他认为自由主义并不是中国几千年文化中固有的传统，它传到中国也不过一百多年的历史，自由主义意味着人人都有追求自己的快乐与幸福的自由，都有发展自己创造性的自由，只要不损害他人的自由。在各种价值中，自由是最具有普遍性的价值。他在《北大传统与近代中国》的序言中指出："就自由的性质来说，自由主义可以是一种政治学说，可以是一种经济思想，也可以是一种社会哲学。它可以是一种社会政治制度，更是一种生活态度。只有全社会多数人基本上都具备了这样的生活态度，也就是正确的公民意识，这个社会才可以算是一种现代化的社会，这个国家才可以成为一个法治国家。"在这里，李慎之简要地表明了自己坚定的自由主义立场，也拓展了自由主

---

① 梁启超：《五十年中国进化概论》，李华兴、吴嘉勋编：《梁启超集》，上海人民出版社 1984 年版，第 833 页。文系梁启超 1922 年 4 月为《申报》五十年纪念而作。原载抱一编：《最近之五十年》(《申报五十年》)第二编，1923 年 2 月申报馆发行。收入《饮冰室合集·文集》第十四册，第三十九卷。

② 参见刘军宁《北大传统与近代中国——自由主义的先声》，中国人事出版社 1998 年版。

义的言路空间。[①]1998 年 3 月 6 日《南方周末》发表访谈录《自由主义缘何成为热点？——访徐友渔》，徐友渔从学理上梳理了自由主义作为一种"主义"的基本原则："自由主义把个人的自由、个人的权利与尊严放在第一位，只要不妨害他人，每个人都可以做自己愿意做的事，并由此派生出两点：思想、言论的自由和在法律规范下的自由。个人财产不容侵犯、剥夺，经营活动应当公正进行，取消特权，经济由市场这只'看不见的手'来调节，政府的权力不应当是无限的，各种权力应当分立与彼此制衡。我对自由主义将来在中国的前途并不看好，它太冷静与理性，恐怕敌不过民族主义之类情绪化的、狂热的东西；它提倡宽容和开放，不会形成千口一词，万人盲从的褊狭的意识形态。也正因为如此，它是当今和未来中国政治思维和社会生活中一个必不可少的纬度，我不期望它取胜，我坚信缺它不得。"随后，何家栋发表长篇论文《在历史的转折点上》，[②]认为自由主义在中国的历史最为不幸，而这种不幸是与当时西方自由主义的发展分不开的，中国没有认识西方自由主义的源头而只是认识了它的末梢，当中国向西方寻求自由主义的真理时，西方的自由主义出现了社会达尔文主义，也就是把"物竞天择，适者生存"的自然法则应用于社会，夸大个人与个人、民族与民族之间的竞争与斗争，也就在自由主义与帝国主义之间架起了一座桥梁。当五四时期的一代人向西方寻求自由主义的真意时，西方正在猛烈抨击社会达尔文主义，并对自由主义进行反思，中国的自由主义一代人就放弃了自己还一知半解的自由主义理念。何家栋通过对自由主义与社会主义关系的分析，探讨了自由主义与社会主义的异同以及它们之间的相互借鉴。朱学勤在《1998，自由主义的言说》[③]中认为："自由主义首先是一种学理，然后是一种现实要求。他的哲学观是一种经验主义，与先验主义相对而立；它的历史观是试错演进理论，与各种形式的历史决定论相对而立；它的变革观是渐进主义的扩展演进，与激进主义的人为建构相对而立；它在经济上要求市场机制，与计划机制相对而立；它在政治上要求代议制民主和宪政法制，既反对个人或少数人专制，也反对多数人以'公意'的名义实行群众专政；在伦理上它要求保障个人价值，认为各种价值化约到最后，个人价值不能化约、不能被牺牲为任何抽象目的的工具。"并且表明了对新左派的态度，"当新左派在义愤填膺地批判中国市场经济造成多少人间不公，并由此还迁怒于跨国资

---

① 参见刘军宁《北大传统与近代中国——自由主义的先声》，中国人事出版社 1998 年版。
② 参见李世涛《知识分子立场》，时代文艺出版社 1999 年版。
③ 参见李世涛《知识分子立场》，时代文艺出版社 1999 年版。

本入侵以及全球世界资本主义经济体系时，他们忘了这里的市场经济不是那里的市场经济，它还更多的受权力机制牵制，经常是'看得见的脚'踩住了'看不见的手'。那些被新左派谴责的人间不公，更多地是应归咎于那只蛮横的'脚'，而不是归咎于那只肮脏的'手'。"在这里，他不仅回击了新左派的攻击，而且以睿智的语言与恰当的分寸处理了与新左派的矛盾。任剑涛在《解读"新左派"》[1]中，分析了激进主义与自由主义者冲突的深层原因，他认为新左派目前采取的是攻势，他们把整个中国的弊病，甚至于整个世界的弊端皆归咎于自由主义，新左派以民主代替自由，以政治主导代替经济优先，以诗话的创新代替务实的制度建设，从中可以看出，他们对于传统的社会主义的亲和，对毛泽东式的社会主义的眷念，对直接民主、政治中心、激情跃动的肯定，对单纯理想主义诗意浪漫的顾盼。任剑涛强调，自由主义对现代中国有着特殊的意义，可以推进我们采取有效的经济体制，以便治理贫穷，可以使我们进入到一个适当的政治生活状态，可以引导我们朝着一个民族解放的方向发展。

当代自由主义的批评者中，甘阳首先挑起了这个"世纪之问"，认为："今日中国的一个突出的现象就在于，中国知识界主流事实上缺乏对民主的认同与担当，从而导致以下两种结果：首先是在政治上日益拥抱'政治市侩主义'，即韦伯所谓'鼠目寸光的法律与秩序市侩主义'。这种市侩主义常常滑稽地表现为一种'伪精英主义'。伪精英的典型特点如韦伯所言就是从来不明白'社会政治问题的最关键的问题并不是被统治者的经济处境，而是统治阶级与上升阶级的政治素质'，因此伪精英们老是'瞪大眼睛呆若木鸡地看着社会底层，总以为危险在于大众'。中国知识界今日极力所鼓吹的道路，即所谓重要的不是政治参与而是保证大家发财，不要多谈政治或积极自由，而要紧的是要确保消极自由——只要有权利像发达民族那样'享受同样的享乐，从事同样的职业，达到同样的居住水准'。"[2]汪晖用自由主义与新左派的对立来描述当代中国的思想冲突；青年学者韩毓海在《在"自由主义"姿态的背后》[3]一文中尖锐地批评中国的自由主义者，认为在当代的中国的自由主义者看来，市场经济保证的就是赚钱的自由，但是，根据这样的"自由"，这样的社会就有让孩子辍学的自由，就有让女人卖身的自由，就有让官员腐败的自由。所以在这样的市场"胜利"的地方，站起来的从来不是

---

① 参见李世涛《知识分子立场》，时代文艺出版社1999年版。
② 甘阳：《反民主的自由主义还是民主的自由主义？》，载香港《二十一世纪》1997年2月。
③ 参见李世涛《知识分子立场》，时代文艺出版社1999年版。

"民主"，而是畸形的"资本主义"。王小东在《自由主义与霸权——兼析中国自由主义的一些误区》①一文中，以独特的文风对朱学勤的自由主义学理进行诘难，认为中国的"自由主义者"们，攻击"民粹主义"的主要目的在于经济方面，打击"平均主义"倾向，为目前的富豪阶层的巨额财产进行辩护。刘小枫在《自由主义，抑或文化民族主义的现代性？》②长篇论文中，重点分析了查尔斯·泰勒"平等论思想"的内在悖论。汪丁丁在《自由：一段脚踏实地的叙说》③中，回应了韩毓海对当代中国自由主义者的尖锐批评，并以一种平实的论证方法，从个体本位出发解说自由主义的现实意义和理论要旨。

可以肯定地说，自由主义在 21 世纪仍然是一门显学，对中国的自由主义尤其是五四时期自由主义的研究仍然具有积极的现实意义。

三　国内外对中国五四时期自由主义研究的基本情况

（一）国内外对五四运动的研究

历史是划上句号的过去，学术研究是永无止境的远航。九十多年来，有关五四的篇章，在字数上恐怕早已过千万大关，而其中大略分来，不外三类：第一类是回忆性文字，多由当年参与运动的人士执笔或口述，而纪录的也多半是当时个人参加运动时的只鳞片爪；第二类是感怀性、纪念性的文字，对当时的一些社会、政治、文化现象抒发己见；第三类则是研究性、探讨性的文字，此类很多系后人根据前两类文字加以整理、研究，通过对史料的整理，就五四时期的政治、社会、文化等各方面进行系统性的探讨。

1989 年出版的《启蒙的价值与局限——台港学者论五四》一书，共收入 16 篇有代表性的文章，在第一篇文章中，周策纵认为：1. 在政治上说，五四运动是一个爱国运动，保障中国人的基本权利，争取"中国人的民主国家"的权利，就是说有它的最高主权。2. 五四另一个基本精神，是检讨中国的一切，以批判的态度重新估价一切。3. 五四另一个意义，是在那四五年左右思想界的自由发展。④ 他们

① 参见李世涛《知识分子立场》，时代文艺出版社 1999 年版。
② 参见李世涛《知识分子立场》，时代文艺出版社 1999 年版。
③ 参见李世涛《知识分子立场》，时代文艺出版社 1999 年版。
④ 萧延中：《启蒙的价值与局限——台港学者论五四》，山西人民出版社 1989 年版。

的研究重点在于：五四时期是否反传统？五四的精神是什么？以及五四的批判精神与对五四的批判。

海外在这方面研究的视野比较开阔，层面比较丰富多样。比如对五四新文化运动（五四运动的根本性组成部分）的渊源及其成因，就是既研究中国传统思想文化的影响，即自远至今的种种前兆，还研究外来文化（主要是西方文化）的影响。在西方文化影响中又分别研究美国、法国、日本等国思想文化给予五四运动的不同影响，还研究这些西方文化本身发展上的不同层面，并考辨其与五四运动的关系。又如对运动在各方面引起的反应，则就当时各派政治力量、各种政治人物的态度真对性的分别进行比较、探究，从而也丰富了对运动的性质与趋向的认识。再如对运动的作用与意义，既研究其积极性成果也研究其消极性影响，既研究其成功的方面也研究其不足之处，既就其对整个社会政治、经济、文化的影响作综合性的探究与评价，又就其对某一领域（如文学）的影响作深入考察。他们对五四时期与运动有直接关联的人物，也有相当广泛而深入的研究；对这一运动与中国传统文化的关系更有较多的多方向、多层次的研究。此外，海外学者还就五四运动作为一个思想文化运动将其与欧洲、北美的相关的思想文化运动的异同进行了比较研究。所有这些方面的研究，大抵都能在占有相当丰富的材料的基础上，纵横展开，力求探本溯源，这样的研究无疑是可以供我们借鉴的。这方面的成果主要有周策纵的《五四运动史》，胡秋原这样评价这本书："五四运动是民国以来政治、思想运动的一个无比重要事实。不了解五四，不能了解以后和今日的中国。周先生这一本四百七十多页的大作，是中外文献中关于这一问题最周到的一本系统著作。"[1]除此以外，还有余英时的《五四文化精神的反省》、《五四运动与中国传统》，傅乐诗的《五四的历史意义》，许孝炎的《谈五四运动》，林毓生的《五四时代的激烈反传统主义与中国自由主义的前途》，李欧梵的《五四文化的浪漫精神》。[2]人物研究有余英时的《中国近代思想史上的胡适》，殷海光的《自由主义的趋向》，[3]张朋圆的《梁启超与五四运动》，吕房上的《朱执信与新文化运动》，林丽月的《梅光迪与新文化运动》，[4]张灏的《五四运动的批判与肯定》、《重访五四：论五四思想的两歧性》、《中国近代转型时期的民主观念》、

---

① 萧延中：《启蒙的价值与局限——台港学者论五四》，山西人民出版社 1989 年版，第 5 页。
② 萧延中：《启蒙的价值与局限——台港学者论五四》，山西人民出版社 1989 年版。
③ 《中国近代思想人物论——自由主义》，台湾时报文化出版公司 1982 年版。
④ 汪荣祖编：《五四研究论文集》，台北：联经出版事业公司 1979 年版。

《中国近百年来的革命思想道路》。[1]

国内对五四运动的研究是根据中国共产党对五四运动的定性来研究的，也就是集中在五四运动是一场爱国主义运动以及五四运动中对马克思主义的传播来研究的，毛泽东说："五四运动成为文化革新运动，不过是中国反帝反封建的资产阶级民主革命的一种表现形式。"[2] 如《五四爱国运动》[3]就选取了大量的史料来说明五四运动是一场爱国主义运动，彭明的《五四运动史》[4]是这方面的代表作。他在书中详细论述了五四运动是一场爱国主义运动以及五四运动与中国共产党建党之间的关系。

（二）国内外对中国自由主义的研究

已经出版的有关中国近代自由主义研究的有代表性的著作有：胡伟希的《十字街头与塔：中国近代自由主义思潮研究》，郑大华的《梁漱溟与胡适——文化保守主义与西化思潮的比较》，刘军宁的《共和 民主 宪政：自由主义思想研究》、《北大传统与近代中国：自由主义的先声》，李世涛的《知识分子的立场：自由主义之争与中国思想界的分化》，周阳山的《近代中国思想人物论——自由主义》，格里德著，鲁奇等译的《胡适与中国的文艺复兴——中国革命中的自由主义 1917—1937》等。对中国自由主义的研究，首推章清的《胡适派"学人群"与现代中国自由主义》，本书在占有第一手资料的基础上，从 1919 年《新青年》人物的分裂一直分析到自由主义在台湾的《自由中国》时期；从横的方面来说，分析了"胡适派学人群"的发展历程；自由主义与民族主义、社会主义的关系；"胡适派学人群"与其他人群的论战。何卓恩的《殷海光与近代中国的自由主义》，重点分析了"五四之子"殷海光的自由主义思想，当然也涉及到了五四时期的自由主义。当然专门性的研究很多，如欧阳哲生对胡适的研究等，几乎每一个五四人物都有专门的研究。

研究的问题主要集中在以下几个方面：1. 近代中国自由主义的含义、特征。由于自由主义在西方就是一个充满歧义的概念，再加上历史条件、个人状况等的影响，中国人对近代中国自由主义的含义等的认识也具有很大的差异性。2. 中国

[1]《张灏自选集》，上海世纪出版集团、上海教育出版社 2002 年版。
[2] 毛泽东：《五四运动》，《毛泽东选集》，人民出版社 1991 年版，第 558 页。
[3] 参见《五四爱国运动》，中国社会科学出版社 1979 年版。
[4] 参见彭明《五四运动史》，人民出版社 1984 年版。

自由主义的发端。此问题有两种观点，即戊戌运动发端论与五四发端论。3. 中国自由主义的流派及人物。由于研究者划分标准的不同，对近代中国自由主义的流派及人物有不同的认识。胡伟希将其分为工具型自由主义、理念型自由主义与折中型自由主义。许纪霖将其分为观念的自由主义者与行动的自由主义者。任剑涛将其分为西化的自由主义与儒家的自由主义等。4. 自由主义在中国失败的原因。自由主义在中国作为一种制度设计失败以后，无论是自由主义者本身，还是自由主义的反对者及研究者，对自由主义失败的原因都进行了审视。"先天不足，后天失调"已被大多数人所认同，但对"先天不足"与"后天失调"的认识存在着很大的偏差。当然也有就其经济层面的缺失进行探讨的。

　　五四时期自由主义的全方位、专题性的研究目前还是空白，仅散见于其他专题研究中。目前五四时期自由主义研究存在的问题可以归结为：1. 原始资料多但在研究的过程中各取所需。必须看到"五四"作为一种蔚为壮观的精神事件，从它诞生的那一天起就伴随着复杂与多相，后人可以从不同角度得出不同的结论。遗憾的是，对五四简单化的处理，使其一直表现为"残缺不全"的现代性解释。2. 重视全景式的研究，轻视小范围的研究。如胡伟希的《十字街头与塔——中国近代自由主义思潮研究》就是一个对中国整个近代自由主义的研究。高立克的《五四的思想世界》是对整个五四思想的全景式的描述。但他们对于五四自由主义的研究都不深入。

四　本书研究的特色与难点

　　本研究站在马克思历史主义的立场上，在对西方自由主义深入研究的基础上对五四自由主义进行研究。研究的主要视角放在，在五四时期中国对西方自由主义的引介中，五四时期的自由主义一代人究竟汲取了西方自由主义的什么营养，当时的杜威、罗素等给中国的自由主义者提供了什么样的自由主义因子。

　　面中见点的研究方法。五四时期的自由主义虽然是一个历时较短的思想史的问题，但只有把它放在大的历史中才能透彻地研究，本研究以中外的近现代思想史为面，以中国的自由主义史为纵轴，以五四时期中国出现的各种思想为横轴，力争准确而全面地研究五四时期的自由主义。

　　本书通过对五四时期自由主义的专门研究，力争在前人研究的基础上，对五四时期的自由主义进行深入细致的研究，将填补五四自由主义研究的空白。

　　本书将从另一个侧面揭示中国五四时期自由主义的独特性，这种独特性也就决定了中国自由主义走向歧路的历史必然性，一直到现在它也不可能克服它的独特性所带来的缺陷。

　　五四时期的自由主义虽然是一个急待研究的问题，但在研究的过程中也存在着一些难题:(一)材料多任务重。五四时期是一个中国历史上少有的文化的繁荣期，各种思潮粉墨登场，各种人物走向历史的前台，自由主义思想散见于当时的期刊及各种人物的文章中，虽然为研究方便出了一些文集及一些期刊的文摘集，但要进行深入细致的研究以求有所创新，离开第一手的资料是不行的，不如此就不能准确把握五四时期自由主义的真正面目。而要对浩繁的资料进行总结是一个非常复杂而劳累的工作。(二)对五四时期自由主义的研究必须建立在对西方自由主义深刻研究的基础上，建立在对整个中国自由主义的把握上，这一切都不是一日之功。虽然面临一系列的难题，但本书作为一个初步的尝试，希望得到专家的指正。

第二章 严复的民族
自由主义思想

　　舶来品的自由主义在戊戌维新时期进入国人的视野，从此成为一门显学。梁启超对中国近代先进的知识分子思想历程的概括，已经成为人们的共识。这一概括突出了严复在引进西学中的重要地位。1902 年梁启超《壬寅新民丛报汇编》中《绍介新书〈原富〉》发表以来，学术界发表了数以千计的研究严复的论文，尤其其自由主义思想越来越受到学术界的重视。严复自由主义思想毫无疑问是中国五四时期自由主义得以繁荣的远因，为此对中国五四时期自由主义的分析离不开对严复自由主义的分析。本章以民族主义为视角，对严复的自由主义思想进行剖析，指出严复的自由主义是民族自由主义，民族主义的目标追求是其引进自由主义的原因；如何处理民族主义与自由主义的内在紧张关系是严复思考的主要问题；其民族自由主义包含有民族国家自由的含义。

一　民族主义的目标追求是严复引进自由主义的主要原因

　　民族主义是近代以来民族在其生存与发展过程中产生的，建立在对本民族历史和文化的强烈认同、归属、忠诚的情感与意识之上的，旨在维护本民族权益、实现本民族和民族国家的发展要求的思想观念或意识形态，而这种思想观念和意识形态往往会演化为民族主义运动。民族主义与现代化相伴而生，没有现代性也就没有完整意义上的民族主义。15 世纪，欧洲从中世纪向近代社会转化的过程中，民族主义日渐成为一种无法抗拒的历史潮流。它是一种同一地域、同一语言、同一风俗习惯的自在的民族向一种自为的民族过渡的过程，这种民族自觉的目的在于创建现代民族国家和塑造自强、自立的新国民。"民族主义，实制造近世国家之源动力也。"① 中国近代史上的民族主义，经历了鸦片战争以来中华民族观念逐渐形成全民族共识的发展历程，是促使中华民族精神觉醒的社会思潮。近代中国民族主义是在列强的侵扰下，由于民族危机而逐渐形成的。中国近代民族主义目标追求是与中国鸦片战争以来的历史任务相联结的，就是实现民族独立、建立近代民族国家。

严复引进西方自由主义的目的就在于要实现中华民族的独立与富强，也就是实现民族主义的目标，其自由主义实质是民族自由主义。在考察西欧资本主义文明起源时，德国著名的社会学家马克斯·韦伯曾提出价值理性与工具理性的概念。"价值理性"是一种基于某种特定的价值判断或意识形态而有意识地相信自身行为的价值，不计较其结果都要完成的态度；"工具理性"则是一种基于功利的目的而将各种可能采取的手段及其可能的后果都一一纳入考虑之列的态度。我们用"价值理性"和"工具理性"这一对概念对严复引进西方自由主义的动机分析就不难发现，严复对西方自由主义的接收与吸纳是基于工具理性原则的，就是利用西方的自由主义达到特定的合理目的——救亡图存、实现国家富强。

中国的工具和手段。在他看来，解决近代中国面临的政治危机和各种社会问题，自由主义是最好的思想武器。"严复似乎是带着一个已使他入迷的问题到达英国的，这个问题构成了他所有观察、思索的基础。……这个问题就是西方富强的秘密是什么，首先是英国富强的秘密何在？……真是这个迫在眉睫的问题，而不是闲逸的好奇心，引导严复热切的考察英国的政治、经济和社会制度，并且最终导致他全神贯注于当时英国的思想。……他在其中发现的是一个改变世界的纲领，而不仅是一个描述世界的理论。"②

严复宣传自由主义思想是从 1895 年开始的。1895 年 2 月，严复发表了第一篇政论文——《论世变之亟》。他指出："尝谓中西事理，其最不同而断乎不可合者，莫大于中之人好古而忽今，西之人力今以胜古；中之人以一治一乱、一盛一衰为天行人事之自然，西之人以日进无疆，既盛不可复衰，既治不可复乱，为学术政化之极则。"③ 严复在此并非单独比较中西文化的差异，他的目的是通过文化差异的比较，利用社会进化论的分析方法，寻找西方富强与中国贫穷背后的文化差异。严复比较之后得出的结论是：西方社会日进无疆的进化源于"力今以胜

---

① 梁启超：《论民族竞争之大势》，《饮冰室合集文集》（10），上海中华书局 1936 年版，第 11 页。
② ［美］本杰明·史华慈著，叶凤美译：《寻求富强：严复与西方》，江苏人民出版社 1989 年版，第 19 页。
③ 严复：《论世变之亟》，《严复集》第一册，中华书局 1986 年版，第 1 页。

古"，而中国历史治乱盛衰的循环源于"好古而忽今"。其认为中西文化的一个基本差异就在于西方文化有其"命脉"，就是"黜伪而崇真"的学术和"屈私以为公"的政刑。这两个方面在西方国家行得通，在中国却行不通，这一切背后的原因是中西自由不自由的区别。

严复在《论世变之亟》中以社会自由为视角对中西文化的差异进行了进一步的比较。他指出："自由既异，于是群异丛然而生。粗举一二言之，则如中国最重三纲，而西人首明平等；中国亲亲，而西人尚贤；中国以孝治天下，而西人以公治下；中国尊主，而西人隆民；中国贵一道而同风，而西人喜党居而州处；中国多忌讳，而西人众讥评。其于财用也，中国重节流，而西人重开源；中国追淳朴，而西人求欢虞。其接物也，中国美谦屈，而西人务发舒；中国尚节文，而西人乐简易。其于为学也，中国夸多识，而西人尊新知。其于祸灾也，中国委天数，而西人恃人力。"①自由与不自由的差异使中西方文化的差异存在于经济、学术、伦理道德、社会风俗等诸多方面。在此，严复将自由提到了本体论的高度。其在《原强》修订稿中指出中西方在政教上的差异，他说："西之教平等，故以公治众而贵自由。自由，故贵信果。东之教立纲，故以孝治天下而首尊亲。尊亲，故薄信果。然而流弊之极，至于怀诈相欺，上下相遁，则忠孝之所存，转不若贵信果者之多也。"②严复在此采取层层递进的方式指出中西方之间重大差别在于"尊亲"和"自由"，而"首尊亲"不如"贵自由"，其目的是为了突出自由的重要性。

严复用目的论说明自由与否所带来的国家差异，他说："自其（西洋）自由平等观之，则捐忌讳，去烦苛，决壅蔽，人人得以行其意，申其言，上下之势不相悬，君不甚尊，民不甚贱，而联若一体者，是无法之胜也……推求其故，盖彼此以自由为体，以民主为用。"③"自由为体，民主为用"是西方国家在政治、经济、文化、学术等方面优胜于中国的最根本的原因。在此，他把自由提到了前所未有的高度，在自由与民主的关系上，把自由提上了优于民主的高度。他认为西方的民主不过是"自由"的表现形式，自由是民主的内核，严复在此道出了西方自由主义的实质。在《论世变之亟》中，严复承继了西方的自然权利思想，宣扬了个人自由神圣不可侵犯的观点。他说："彼西人之言曰：唯天生民，各具赋畀，得自由者乃为全受。故人人各得自由，国国各得自由，第务令毋相侵损而已。侵

①严复：《论世变之亟》，《严复集》第一册，中华书局1986年版，第3页。
②《严复集》第一册，中华书局1986年版，第31页。
③《严复集》第一册，中华书局1986年版，第11页。

人自由者，斯为逆天理，贼人道。其杀人伤人及盗蚀人财物，皆侵人自由之极致也。故侵人自由，虽国君不能，而其刑禁章条，要皆为此设耳。"① 严复对比生命与自由的关系，认为自由是生命的本质，甚至自由比生命还要重要，失去自由，生命也就没有意义。他指出："民固有其生也不如死，其存也不如亡，亦荣辱贵贱，自由不自由之间异耳。"②

既然自由如此重要，那么中国有没有西方意义上的自由呢？在这一点上严复的回答是否定的。作为统治者，自秦以来，各朝代的政治"虽有宽苛之异"，但几乎都是"以奴虐待吾民"③。统治者对待人民犹如奴隶，人民也常以奴隶自居，完全没有自由。而古代的所谓圣贤，正是因为中国古圣贤以"不争"、"平争"立教，导致中国民智民力日劣日衰，"至不能与外国争一旦之命"④。在严复看来，中国之所以国弱种困，备受异族的侵辱，全在于自己这个族群的民智、民力、民德卑劣而无法与异族争强争胜。严复进一步引申：民智、民力、民德无法与西方竞争的原因是中国人不争自存自由，而西方人力争自存自由。严复说："所谓争自存者，谓民物之于世也，樊然并生，同享天地自然之利。与接为构，民民物物，各争有以自存。其始也，种与种争，及其成群成国，则群与群争，国与国争。而弱者当为强肉愚者当为智役焉。"⑤ 解决问题的关键在于"鼓民力、开民智、新民德"，才能从根本上使国家富强，因此必须让人民"自由"、"自利"。严复说："是故富强者，不外利民之政也，而必自民之能自利始；能自利自能自由始；能自由自能自治始；能自治者，必其能恕、能用矩之道者也。"⑥ 严复在这里用推理的方式说明，自由带来自利，自利带来富强，自由的目的在于使国家富强。

二　严复民族自由主义的内在价值冲突

严复在寻求富强的过程中，面临着自由主义与民族主义的价值冲突。民族主义追求的是国家利益至上，民族国家的利益高于一切。民族国家是个人忠诚的唯一对象，这种忠诚既包括情感上的，也包括行动上的。当国家利益和个人利益冲

---

① 严复：《原强修订稿》，《严复集》第一册，中华书局1986年版，第3页。
② 严复：《原强修订稿》，《严复集》第一册，中华书局1986年版，第23页。
③ 严复：《原强修订稿》，《严复集》第一册，中华书局1986年版，第31页。
④ 《严复集》第一册，中华书局1986年版，第203页。
⑤ 《严复集》第一册，中华书局1986年版，第1页。
⑥ 《严复集》第一册，中华书局1986年版，第1页。

突时，个人可以为国家奉献和牺牲，甚至毫不犹豫地将个人生死置之度外；至于个人的自由、权利等要求在民族国家整体利益面前退居次要地位。个人对民族国家的效忠是民族国家兴起和发展强盛的强大动力。在自由主义者看来，个人自由、人权、民主等这些普世的价值才应当是个人的首要追求。自由主义是个人价值至上主义，个人的价值主要体现在个人的自由，每个人在社会中存在的首要目标就是追求自由和人权，追求自我价值的实现，个人的存在先于民族、社会等各种社群，个人的价值也在其他任何群体的价值之上。当个人价值与民族国家价值发生冲突时，自由主义者优选的是个人价值。无论是民族主义的国家民族本位还是自由主义的个人自由本位，二者都有走向极端的危险。民族主义对集体利益的重视如果走极端，也就是民族主义所强调的对集体的认同超越了理性而具有强烈的情感色彩，民众的情感就被当权者所利用，成为统治者牟取私利的工具。另外，民族主义强调对集体的无限忠诚，可能导致对个人权利和合理利益要求的忽视和抹杀，容易走向专制主义和绝对主义。自由主义过分强调个人对于集体的优先性，将个人抽离于群体之外，仿佛个人可以孤立地存在而不需要归属和认同于某一群体，可能走向极端利己主义。

从严复在英国几年的见闻以及对自由主义的把握可以推论出，其对英国的经典自由主义是有相当深度的理解的。自由主义就其理论而言，洛克是自由主义的鼻祖和奠基人，洛克奠定了自由主义的基本原则，这就是自由主义的自然权力理论、政治权利理论、宪政理论等一系列自由主义的基本原则。虽然自由主义从产生到现在经过了古典自由主义、新自由主义的发展阶段，但这些原则是所有自由主义者所坚守的。密尔的功利自由主义与洛克自由主义相比，洛克自由主义是一种放任自由主义，而密尔虽然也坚持放任主义，但其放任主义是一种有限制的放任主义。在密尔的时代，自由主义已经暴露其危害性，密尔提出在放任主义的前提下国家政府应该充当其积极的角色。密尔是西方古典自由主义向新自由主义过渡的桥梁。如果其从学理的角度出发，应该首先翻译洛克的自由主义理论而不是密尔的自由主义理论。但民族主义者的严复却更倾向于密尔的自由主义，相对于洛克的古典自由主义，密尔的自由主义思想与当时中国的民族主义以及中国的传统文化等具有更大的契合性。密尔的思想只是对古典自由主义的修正，但其并没有违犯自由主义的基本原则，在自由、民主等价值中其还是自由优先。严复在翻译与介绍密尔的个人主义和自由主义思想时，颠倒了其思想的主次，明显地压抑了个人优先原则这一前提而张扬了个人自由应该受到限制这一附则。密尔的原著

On Liberty 现代最准确、最直接的翻译即《论自由》，但严复的译名却是《群己权界论》，实质是"论群体与个人权利界线"。在严复看来，密尔的自由即讲述个人与群体之间的关系，这明显是对密尔"自由"涵义的曲解。我们可以把这看作是严复借翻译表达自己的观点，或者在翻译的时候渗入自己的观点。严复对《论自由》中的有些关键词如"individual"，根据不同的语境而赋予不同的译法。当原著论及"个人"（individual）与"国家"（nation）或"社会"（society）的关系时，严复就将"individual"译为"小己"，以凸显后者的重要性。两者之间的关系即是："曰使小己与国群，各事其所有事，则二者权力之分界，亦易明也。总之，凡事吉凶祸福，不出其人之一身，抑关于一己为最切者，宜听其人之自谋；而利害或涉于他人，则其人宜受国家之节制，是亦文明通义而已。"① 严复对密尔自由观中划分个人和国家权利界限的观点十分赞同，也认为个人层面的"小己"与公共层面的"国群"之间要有明确的权利界限，否则就可能会造成对权利的侵害。

在《群己权界论》"译者序"中他说："学者必明乎己与群之权界，而后自繇之说乃可用耳。"② 也就是个人与群体的权利界限是自由的基础与前提，"译凡例"中，他说："中文自繇，常含放诞、恣睢、无忌惮诸劣义，然此自是后起附属之诂，与初义无涉。初义但云不为外物拘牵而已，无胜义亦无劣义也。……但自入群而后，我自繇者人亦自繇，使无限制约束，便入强权世界，而相冲突。故曰人得自繇，而必以他人之自繇为界，此则《大学》絜矩之道，君子所恃以平天下者矣。穆勒此书，即为人分别何者必宜自繇，何者不可自繇也。"③ 在中文的释义里，"自由"是贬义，而自由本身没有褒义与贬义之别，只是一个中性词而已。在另外的地方他说："特观吾国今处之形，则小己自由，尚非所急，而所以去异族之侵横，求有立于天地之间，斯真刻不容缓之事。故所急者，乃国群自由，非小己自由也。""群己并生，则舍己为群。""两害相权；己轻群重。"④ 这样的话在严复著作中还有很多，"群"是理解个人自由的基础和前提，"群"制约着严复对自由的理解，个人与群体的关系成为自由主义的核心范畴，严复始终从个人与群体的关系来解释和定义自由主义。密尔虽然是功利主义，而功利主义只是自由主义的一种表现形式而已。在密尔及其他功利主义个人主义那里，个人的权利和自由是

---

① 约翰·斯图尔特·密尔著，严复译：《群己权界论》，商务印书馆 1903 年版，第 89 页。
② 严复：《译〈群己权界论〉自序》，《严复集》第一册，中华书局 1986 年版，第 132 页。
③ 严复：《〈群己权界论〉译凡例》，《严复集》第一册，中华书局 1986 年版，第 132 页。
④ 严复：《〈法意〉按语》之八十二，《严复集》第四册，中华书局 1986 年版，第 981 页。

第一位的，只有当个人的权利和自由妨碍他人的权利和自由时，群体才通过契约的方式来制衡个人。群体是第二位的，它只有对个人的自由和权利有益时才有积极的价值与意义。所以，在密尔的自由主义学说中，群体服从并服务于个人。密尔自由主义的中心概念和范畴是"个人"，"群体"是"个人"衍生出的概念和范畴，因此它从根本上是次要和附属的。而在严复这里，群体始终是第一位的，个人只是群体的一个组成部分，只有当个人的自由和权利有利于群体的自由和利益时，个人的权利和自由才值得肯定并得到充分的尊重。正是由于"个人"与"群体"的维度关系始终潜在地制约和影响着严复的思想及言说，所以，在严复那里，"自由"和"个人"始终具有社会功利性色彩。

严复更强调"能群善群"的重要性。他在《天演论》的按语中写道："天演之事，将使能群者存，不群者灭；善群者存，不善群者灭"。[①]整个社会演化的规律是能善群者生存，而不善群者灭亡。

三　严复的民族自由主义包含有民族国家自由的涵义

在严复看来，自由主义除了指个体自由之外，还常常用以指国家、民族的自由或"自治"。西方的自由主义是在统一的民族国家的框架内由一种政治思想而发展成为一种社会政治思潮，并不包含国家独立、民族自治的内容。所谓的"自治"，在西方自由主义观念中并不一定构成"自由"的内容。严复由于关心国家独立甚于个体主义自由，因而更为欣赏作为整体的国家、民族的独立或自治，相对忽视"政府干涉我多少"（个体自由导向），而更关心"谁统治我"（自治导向）这一问题。于是，"自由"与"自治"又被等同起来，二者都服从和服务于国家富强这一终极目标。严复认为，中国首要的问题是摆脱西方列强的压迫争取国家自由与民族独立。在 1896 年的《原强》修订稿中，严复指出，国家自由与个人自由具有同等重要性，"身贵自由，国贵自主"[②]已经成为脍炙人口的名句。在密尔的《论自由》中根本没有"国家自由"的概念，对密尔来说，自由乃是个人的事情，不属于群体。严复把国家自由看成是个人自由最可靠的保障。严复在翻译的整个过程中，常常背离原著，根据自己的理解加上一些暗语，介绍西方自由主义思想时加进了自己的理解。中国是一个长期以分散的个体小生产占支配地位的

①《严复集》第 5 册，中华书局 1986 年版，第 1347 页。
② 王庆成、叶文心、林载爵编：《严复全集》第一册，辜公亮基金会 1998 年版。

封建社会，这种生产方式容易形成"一盘散沙"的社会心理状态，这种缺乏群体竞争力的状态也造成了中华民族在列强面前的劣势地位。这里还要指出，在民族面临生死存亡的关头，严复强调了群体的重要性，虽然他在《天演论》的按语中还没有提出民族、民族主义这样的概念，但他是在救亡图存的历史大背景下提出"合群"理念，这种"合群"就包含着整个民族的群体力量。因为中华民族是一个几千年来生息在同一区域、有着共同的经济文化而自然形成的群体，任何个体都与这个群体有着休戚与共、血肉相连的关系。因此，提出"合群"的理念，就会使人们逐渐认识到，只有整个民族"合以与其外争"才能"有以自存"。这不能不是随后近代中国民族主义思潮兴起的一个重要的思想源头。

严复的自由主义，其实质是民族自由主义，也就是个人自由不具有本位性，真正具有本位性的是国家和民族。虽然严复也强调个人的自由和权利，但其强调个人价值的前提是国家和民族原则，当个人的价值与国家民族的价值冲突时，个人的价值必须让位于民族国家的价值。"夫言自由而日趋放恣，言平等而在在反于事实之发生，此真无益，而智者之所不事也。自不佞言，今之所急者，非自由也，而在人人减损自由，而以利国善群为职志。至于平等，本法律而言之，诚为平国要素，而见于出占投票之时。然须知国有疑问，以多数定其从违，要亦出于法之不得已。福利与否，必视公民之程度为何如。往往一众之专横，其危险压制，更甚于独夫，而亦未必为专者之利。"[1]

严复在此看到了自由主义的一些弊端，也就是"自由"滑向"放恣"，"平等"走向"反与事实"，这些对个人与国家都是无益的，也是每一个有理性的人所不愿看到的。更难能可贵的是，其看到了"多数人的暴政"的弊端，也就是"一众之专横"比个人专制更为可怕。严复在此并非单独论述自由主义的弊端，而是通过对弊端的考察说明中国更应实现国家自由与民族自由。

严复的民族自由主义是一种西方自由主义与中国的社会现实结合在一起的自由主义。其实，世界上没有任何脱离国家民族的抽象的个人，也没有脱离民族国家的抽象的自由主义，只有赋予自由主义以民族的特色，自由主义才有其现实意义。自由主义大师哈耶克在考察民族主义与自由主义关系时说："当我们说一个民族欲求'摆脱'外国的枷锁并力图决定自身命运的时候，这显然是我们将自由概念适用于集体而非适用于个人的一个结果，因为在这一情境中，我们乃是在作为一个整体的民族不受强制的意义上使用'自由'这一术语的。一般而言，个

---

① 严复：《〈民约〉平议》，《严复集》第二册，中华书局1986年版，第337页。

中国五四时期自由主义

人自由的倡导者都同情上述民族自由的诉求，而且也正是这种同情，导致19世纪的自由运动与民族运动之间形成了持续的联合，虽说当时的联合有些勉强。"① 严复的民族自由主义代表了中国近代引进自由主义的特点，也代表了近代东方民族在引进自由主义时面临的自由主义与民族主义的痛苦选择，严复在引进自由主义过程中面临的自由主义与民族主义的内在价值冲突也是后来的继任者所面临的问题。

---

① ［英］哈耶克著，邓正来译：《自由秩序原理》，生活·读书·新知三联书店1997年版，第8页。

第三章 自由主义在五四时期的广泛传播

自由主义在五四时期得到广泛的传播，进入了发展的繁荣期，从中国自由主义的发展轨迹中可以考察出五四时期自由主义的某些特性，五四时期中国自由主义得以广泛传播是这一时代的必然结果，杜威及罗素的来华也起了推波助澜的作用。

一 中国已有的自由主义积淀是自由主义在五四时期广泛传播的学理基础

戊戌维新时期被介绍到中国的自由主义，严复的开山地位是无法动摇的，严复在他的第一篇政论文《论世变之亟》中就指出了自由与富强之间的关系，他认为西方强盛的原因在于自由。他说："如汽机兵械之论，皆形下之粗迹，即所谓天算格致之最精，亦其能事之见端，而非命脉之所在。其命脉云何？苟扼要而谈，不外于学术则黜伪而崇真，于刑政则屈私以为公而已。斯二者，与中国理道初无异也。顾彼行之而长通，吾行之而长病者，则自由不自由异耳。"[1]严复在这里把国家富强的原因归结为追求真理的精神与服务社会国家的理念，这些中外没有什么区别，区别就在于隐藏在理念背后的自由的有无，有追求真理的精神与服务国家的理念自由就得以伸张，国家就富强；反之，自由就得不到伸张，国家就贫弱。严复在其后来发表的政论文《原强》与《原强修订稿》中进一步阐述了自己的观点，他认为个人素质的高低是决定国家富强的关键，也就是"贫民无富国，弱民无强国，乱民无治国"的思想。而如何强民呢？严复认为："盖生民大要有

---

① 《严复集》第一册，中华书局 1986 年版，第 2 页。

三，而强弱存亡莫不视此：一曰血气体力之强，二曰聪明智虑之强，三曰德行仁义之强。是以西洋观化言治之家，莫不以民力、民智、民德三者断民中之高下，未有三者备而民生不优，亦未有三者备而国威不奋者也。反是而观，……各备其私，则其群将涣"。①严复把个人所应具有的力、智、德作为个人素质的最基本的条件。这三个条件的增强有赖于社会所提供的自由的竞争的环境，也就是"一洲之民，散为七八，争驰并进，以相磨奢，始于相忌，终于相成，各殚智虑，此既日新，彼亦月异"，②个人的才能在这种自由竞争的环境中得到了充分的发挥，国家也就走向了富强之路。

与严复同时代的还有谭嗣同，可以说谭嗣同虽然与严复同一时期，但他的自由主义思想与严复却不同，某些程度上是严复自由主义思想的补充，两者相得益彰。谭嗣同在他的《仁学》序言中开宗明义地说："'仁'，从二从人，相偶之义也。'元'，从二从儿，'儿'，古人字，是亦仁也。'无'，许说通'元'为'无'，是'无'亦从二从人，亦'仁'也。故言仁者不可不知元，而其功用可极于无。能为仁之元而极于无者有三：曰佛，曰孔，曰耶。佛能统孔，而孔与耶仁同，而所以仁不同。……周秦学者必曰孔墨，孔墨诚仁之一宗也。……墨有两派：一曰'任侠'，吾所谓仁也，在汉有党锢，在宋有永嘉，略得其一体；一曰'格致'，吾所谓学也，在秦有《吕览》，在汉有《淮南》，各识其偏端。仁而学，学而仁，今之土其勿为高远哉！盖即墨之两派，以近合孔耶，远探佛法，亦云汰矣。"③在此，他在阐释"仁"的意义时，将"仁"放在世界的大环境中进行考察，放在与世界其他文明相平等的地位上进行考察，完全避免了以中国文化为中心的盲目自大心态。谭嗣同在阐释自己的仁学理论的基础上，利用其理论推理，得出了个体自由与个体价值对个人的极端重要性。比严复更为可贵的是，谭嗣同将个体自由与国家的富强相分离，赋予个体自由以价值理性的意义。在此意义上，谭嗣同将个体自由与专制完全对立起来。他说："幸而中国之兵不强也，向使海军如英法，陆军如俄德，恃以逞其残贼，岂直君主之祸愈不可思议，而彼白人焉，红人焉，黑人焉，棕色人焉，将为准噶尔，欲尚噍类焉得乎？"④谭嗣同毫不讳言自己的观点，即没有自由的贫穷的中国要比富强的专制的中国要好，专制而富强的中国对

---

① 《严复集》第一册，中华书局1986年版，第11页。
② 《严复集》第一册，中华书局1986年版，第16页。
③ 《谭嗣同文选》，中华书局1981年版，第90—91页。
④ 《谭嗣同文选》，中华书局1981年版，第182页。

世界是一场灾难。所以他提出："故东西各国之压制中国，天实使之，所以曲用其仁爱，至于极致也。"①在此，谭嗣同不是关心亡国灭种的问题，而是将注意的焦点映射在"仁"上，希望"仁"通天下，在"通天下"的前提下，中国引进西方的自由主义思想，以摆脱独夫民贼的封建统治，真正走向自由民主的社会。谭嗣同的自由主义思想与严复相比较还在于他对封建伦理思想的批判，"赖乎早有三纲五伦字样，能制人之身者，兼能制人之心。"②对封建思想的批判是基于其对封建思想对个人自由个性的压抑的认识基础上的，谭嗣同的自由主义思想与严复的不同在于其对社会平等的追求，带有西方的所谓的积极自由的成分，可以在某些程度上说就是积极自由的时代体现。谭嗣同自称其思想是受儒、佛、墨及基督教的影响，他的思想带有浪漫的理想化的成分，中国的自由主义、民族主义、社会主义都能在谭嗣同的思想中找到自己需要的营养。

梁启超的自由主义思想与严复的思想如出一辙，他也是在对中国的富强与自由的追求中对自由主义进行期盼的。他的自由主义思想特征集中在他的《新民说》中，他开宗明义地提出："国也者，积民而成。国之有民，犹身之有四肢、五脏、筋脉、血轮也。未有四肢已断，五脏已祭，筋脉已伤，血轮已涸，而身犹能存者，则亦未有其民愚陋、怯弱、涣散、浑浊，而国犹能立者。故欲其身之长生久视，则摄生之术不可不明；欲其国之安富尊荣，则新民之道不可不讲。"③在民智、民德与民力方面，他把严复的思想大大地推进了一步，他以为国家的独立与富强有赖于民智、民德与民力的改进，有赖于新民的出现。自由在其新民思想中占有核心的地位，在"论自由"一节中，他写道："自由之义，适用于今日之中国乎？曰：自由者，天下之公理，人生之要具，无往而不适用者也。"④梁启超在此将自由主义看成一种普适的价值，认为它在中国的适用是不证自明的真理。梁启超在论述自由理念的过程中，弥补了严复在论述自由过程中对法律的忽视，认为民主的政治无他，就是法律保障的自由，没有法律保障的自由不是真正的自由，只是奴隶的自由。梁启超的自由主义比较偏重于欧洲大陆的理性的自由主义，尤其是偏向于卢梭的自由主义思想，他对欧洲大陆自由主义的颂扬以及对法国革命的热情歌颂就体现了这一倾向。另外，梁启超的自由主义思想与民族主义混杂在一

①《谭嗣同文选》，中华书局 1981 年版，第 183 页。
②《谭嗣同文选》，中华书局 1981 年版，第 55 页。
③《梁启超选集》，上海人民出版社 1984 年版，第 206 页。
④《梁启超选集》，上海人民出版社 1984 年版，第 223 页。

起，他认为自由主义是完成民族主义的手段。梁启超之所以醉心于民族主义，一方面是自己的民族情感的自然流露，另一方面是从民族主义在西方的演进过程中看到民族主义在西方已经成为一种主流的思潮。感情的流露与思潮的影响带来了梁启超对民族主义的强烈呼唤也就不足为奇了。梁启超始终认为，民族主义与自由主义相比，民族主义是第一位的，自由主义只是民族主义的一个手段，当革命的任务摆在中国面前时，梁启超认为中国的民智还不能实行革命，还是应该实行君主立宪政体。当辛亥革命的滔滔洪流到来时，梁启超更是退到了保皇派的角色。五四以前的自由主义思想为五四自由主义提供的精神营养是多方面的，主要在于它的工具理性的价值需求与五四时期社会巨大变革背景下的价值需求相一致。以上的分析中我们可以清晰地看出：第一，严复在引进西方自由主义的过程中，把注意的焦点集中在救亡这一工具的目的上，梁启超也与严复怀有同样的救亡情怀，而五四特殊的历史际遇给予人们一种强烈的救亡需求，这种需求就迫使人们尤其是知识分子将目光投向严复等人。第二，西方自由主义产生过程中，反对封建主义的个人主义在五四以前的中国自由主义思想中得到了发挥。比如严复的自由理念，谭嗣同的仁学思想，梁启超的新民思想，无一不是和专制主义对立起来的五四一代人正是借鉴了五四前自由主义的思想对中国的专制思想进行冲击，他们在这些思想的基础上，进一步发现了封建专制与礼教、宗法制度等的联系，从而展开了对礼教、宗法制度的批判。戊戌维新运动直到辛亥革命以前的中国自由主义思想在新文化运动中得以复活与再生。并直接成为新文化运动中自由主义者的一个灵感来源，自由主义在五四时期达到了鼎盛，进入自己的繁荣期也就不足为奇了。

二 特殊的时代背景是五四时期自由主义得以广泛传播的历史条件

中国五四时期自由主义得以广泛传播也是时代发展的需要，是中国历史发展的必然结果。中国从鸦片战争以后进入了"千年未有之变局"的时代，被称为中国历史上的"过渡时代"，而五四时代又是"过渡时代之过渡时代"。在"过渡时代"，各种思想必然为时代的人民提供可资借鉴的思想理论，而"过渡时代之过渡时代"[①]是

① 梁启超在其著名的《五十年中国进化概论》中，将中国从鸦片战争以来的历史称为"千年未有之变局"，也就是说是一个"过渡时代"，而五四时期又是一个"过渡时代"中的"过渡时代"，也就是中国历史由旧民主主义向新民主主义过渡的时代。

思想上的繁荣期，在五四时期各种思想广泛传播供国人选择也就不足为奇了，可以说自由主义的繁荣期是与"过渡时代之过渡时代"相匹配的。

首先，五四自由主义得以广泛传播是中国政治发展的结果。1911年10月10日在没有充分准备情况下爆发的辛亥革命使革命党人欣喜若狂，接着，革命得到了南方的大多数省份与北方部分省份的响应。次年元旦，革命的先行者孙中山在南京就任临时大总统，给国人一种革命已经成功的假象。然而，革命者没有看到隐藏在滔滔革命洪流下的暗流，大多数省份还在封建统治者的手里，天生的软弱性使革命党人无法将革命进行到底，两个政权对峙的过程中，北方的袁世凯利用自己拥有的新军把握着北方的实际权力。袁世凯利用自己惯用的两面派手段，以自己同意共和骗取革命党人交出政权，利用与南方抗衡的军队逼宣统退位，完成了所谓的南北统一。帝制的推翻给革命党人以革命成功的假象，民国国号的确立、汉族人掌握了权力使大多数的革命党人感到革命的任务已经完成。他们不知道革命成功的关键与否在于政权掌握在哪一个阶级的手里。在与封建阶级斗争的过程中，孙中山面对革命党内的妥协力量也无可奈何，在党内与北方封建势力的压力之下，他被迫辞去临时大总统的职务，在他离开临时大总统任时才匆匆颁布了《中华民国临时约法》。孙中山的做法表明他试图以宪法的形式来约束袁世凯的权力，但法律的空文根本起不到应有的作用。革命完成后的革命党人，一部分离开了党，或者另立新党，一部分醉心于内阁制，以为利用选举成立内阁就能掌握权力，他们多少都把民主共和国这种形式当成解决中国问题的法宝。随着宋教仁的被暗杀，资产阶级从议会政治的迷梦中惊醒，他们又匆忙发动了二次革命，面对袁世凯的势力，二次革命的失败是必然的。在二次革命中原来是革命对象的袁世凯以维护国家统一的面目出现，而革命者则成了破坏统一的罪人，历史的颠倒给革命者上了生动的一课。二次革命失败后，孙中山等人流亡国外，一场席卷全国的革命就这样失败了。失败的原因是多方面的，如中国的反动力量过于强大，中国的资产阶级相对弱小，资产阶级的软弱性，革命者的革命幼稚病等。但失败的结果说明了资产阶级不能完成历史赋予的反帝反封建的历史重任，历史证明了资产阶级革命的道路不通。历史前进的步伐不会因此次的失败而结束，相反，历史呼唤新的理论与阶级登上历史的舞台，在五四前就进入中国的自由主义思想作为当时国人的一个候选项与其他的思潮一起得以广泛传播就成为历史的必然。

其次，五四自由主义的繁荣与五四时期思想史的发展密切相关。中国鸦片战争以后向西方学习的过程中，呈现出一个从"器物"到"制度"，最后到"思想文化"这样一个发展的轨迹。鸦片战争失败后中国面临西方新的文明,以地主阶级为代表的洋务派首先发现中国在"器物"上的落后,通过洋务运动大办军用与民用工业,但是中日甲午战争中国的失败,宣告了向西方借鉴"器物"以救中国的失败。以孙中山为代表的中国资产阶级向西方寻求救国救民真理的过程中,借鉴西方的资本主义制度安排,在西方"三权分立"的基础上提出了"五权分立"的制度安排,但是,辛亥革命的失败宣告了在中国资本主义制度安排的失败。人们的视线在五四时期转向了思想文化的层面,西方的自由主义在五四时期作为思想引进的候选项得以广泛的传播。

再者,反封建的历史任务也使五四时期自由主义得以广泛的传播。自由主义在西方产生的过程中,就是高扬"人性"为己任的,中国反封建的历史任务就使自由主义的这一功能得到发挥,也就是自由主义与中国反封建的历史任务具有一定的契合性。在五四时期封建专制主义对人的独立性的压抑得以凸显,就使自由主义迎来了自己短暂的繁荣期。

三 杜威与罗素来华对自由主义在中国的传播起到了推波助澜的作用

五四时期自由主义在中国流行也与杜威与罗素的访华分不开,可以说二人的访华对自由主义在中国的传播起了一种推波助澜的作用。因为自由主义作为一种外来的文化,它要想广泛进入国人的视野本身就需要自由主义代表人物的力行。而中国自由主义的力行者大部分是接受过英美教育的人士,很多人就是留学欧美的人士,杜威与罗素的访华无疑对中国的自由主义传播起了呐喊助威的作用,在某种程度上可以说在当时对国民尤其是知识精英进行了系统的自由主义思想教育。

(一)杜威及其思想

约翰·杜威(John Dewey)是20世纪世界著名的思想大师。他对中国的影响不仅体现在他的弟子胡适等在中国所起的作用,而且还体现在他1919—1921年在中国两年多的游历与讲学中。他于1859年出生于美国佛蒙特州的一个小城镇。1879年大学毕业,开始担任中学教师,同时开始了自己的哲学研究。1881年,他的第一篇哲学论文就得到了当时的哲学权威的赏识,后来获得霍普金斯大学的哲学博士学位。1904年,他离开了芝加哥到纽约,任哥伦比亚大学哲学系与教育学院教授。杜威的一生享有很多荣誉：担任美国心理学会与哲学学会会长；出任包括中国北京大学在内的多所著名大学的名誉教授。

杜威是美国实用主义哲学的主要代表，也是美国实用主义教育思想的创始人，在西方哲学史及教育史上皆享有很高的声望。他的哲学思想来源于黑格尔的哲学、进化论和美国的本土文化，又汲取了皮尔士、詹姆士的实用主义哲学。杜威在詹姆士死后成为美国最有影响的哲学家，居于实用主义哲学的领袖地位长达四十多年。他的哲学来源于美国的本土文化，然而又反作用于美国的民族文化，对美利坚民族精神产生重大的影响，可以说他是美国精神的解释者，美国精神的代言人。他的哲学思想贯穿在他的教育思想之中，在教育史上是划时代的。在他诞辰 90 周年之际，美国《新共和》杂志的编辑们在其专刊上总结了他对美国及世界的影响，文章说："就其对现代智慧生活的影响而言，我们不知道谁堪与约翰·杜威相提并论。"[1] 对这样一个评价，美国许多学者表示了极大的认同。《新共和》杂志的一位作者认为"没有一个现代美国人能不受约翰·杜威的影响"[2]。著名哲学家怀特海（Alfred North Whitehead）指出："我们生活在受杜威影响的时代之中"[3]。杜威的亲传弟子、著名教育家克伯屈（K．H．Kilpatrich）则评价说："就杜威在哲学史上的相应地位来说，我把他放在仅次于柏拉图和亚里斯多德的位置上。至于他在教育哲学史上的地位，在我看来，他是世界上还未曾有过的最伟大的人物。"[4] 可见杜威的影响之大。

（二）杜威的中国之行与影响

杜威之所以来华演讲与当时中国和世界知识界的形势是分不开的。1914 年，第一次世界大战爆发，西方社会进入了危机之中，而中国对西方的学习则进入了高潮，中国的高潮与西方的危机形成鲜明的对照。随着洋务运动、戊戌变法与辛亥革命的失败，器物上对西方的借鉴、政治制度安排上的学习已走向困境，必须在思想文化的更深层次上进行革新已成为知识界的共识。面临西方日益分裂的文

[1] The New Republic (Oct.,1949),pp.10, 26, 转引自〔澳〕W．F．康内尔著，张法琨等译：《二十世纪世界教育史》，人民教育出版社 1990 年版，第 179 页。

[2] The New Republic (Oct.,1949),pp.10,26, 转引自〔澳〕W．F．康内尔著，张法琨等译：《二十世纪世界教育史》，人民教育出版社 1990 年版，第 179 页。

[3] 希尔普：《杜威哲学》，转引自赵祥麟主编：《外国教育家评传》（二），上海教育出版社 1992 年版，第 539 页。

[4] William W. Brichman, *John Dewey: Master Education (New York,1961)*,p.16.

明，大多数西方的思想家感到苦闷与彷徨，他们迫切需要寻找答案以拯救西方文明，他们都不约而同地把寻找的目光聚焦在古老的东方文明上，古老的中国文化与儒家文明对他们有一种莫名的吸引力。杜威、罗素、杜里舒等均愉快地接受了邀请来到中国，就连大名鼎鼎的大科学家爱因斯坦也差一点来到中国。在当时，中西方的思想家都想从对方的身上汲取时代思想的因子，以解决自己所面临的问题。时代的需要为杜威的来华提供了历史的机遇。当然杜威的来华还与他自己所拥有的其他西方的思想家所没有的客观条件有关，杜威的中国学生很多，比如胡适、蒋梦麟、陶行知、郭秉文等，并且他们已经学成回国，这些人在杜威来华以前在国内的思想界与教育界等已经拥有崇高的地位。杜威来华以前，他的学生已经在国内大力宣传杜威的实用主义，实用主义在国内思想界已有一定的影响，为杜威来华进一步传播自己的实用主义打下了一定基础。

1919 年 2 月，杜威利用休假的机会偕夫人艾丽丝（Alice C. Dewey）、女儿露茜（Lucy）到日本游历、讲学。此事很快被他的一些中国弟子得知，他们立即协商请他来华。3 月 12 日，南京高等师范学校教授陶行知致信胡适，称三个星期前已获悉杜威到日本游历讲学，如果能借便"请先生到中国来玩玩"，并帮助中国"建设新教育"，则再好不过了。胡适接陶行知信后，立即致函正在日本东京帝国大学讲学的杜威，邀他旅华讲学。当月，经协商，北京大学教授陶孟和与南京高师代理校长郭秉文受北京大学、南京高师、江苏省教育会、尚志学会、新学会等教育单位和社团的委托，赴东京盛邀杜威来华，杜威愉快地接受了邀请。他在给胡适的复信中说："我接到你的信非常欢喜。我每日总想写信把我们想到中国来游玩的事告诉你……你问我能否在中国讲演，这是很荣誉的事，又可借此遇着一些有趣的人物，我想我可以讲演几次，也许不至于对我的游历行程有大妨碍。""郭秉文博士同陶履恭（即陶孟和）教授前日来看我，他们问我能否在中国住一年，作讲演的事。这个意思狠（很）动听，只要能够两边大学的方面商量妥帖了，我也愿意做。我觉得几个月的旅行实在看不出什么道理。要是能加上一年工夫，也许我能有点观察了。"[1] 4 月，杜威结束在日本的讲学，开始了中国的行程。

杜威于 1919 年 4 月 30 日下午来到上海，一同来的还有夫人和女儿。他的学生胡适、蒋梦麟、陶行知到码头迎接并举行了隆重的欢迎仪式。杜威在上海作了两场演讲，在蒋梦麟的陪同下到杭州游玩，在途经南京的过程中在南京高等师范

---

① 《杜威博士致胡适教授函》，1919 年 3 月 28 日，《北京大学日刊》附张。

作了几场演讲，之后经天津到了北京。杜威之所以这样匆忙地来到北京，是因为在他到中国仅仅 4 天的时间就爆发了举世瞩目的五四运动，他对五四运动十分感兴趣，他想好好研究一下。他女儿后来的话可以证明："为了争取统一、独立和民主而发动的热烈奋斗，正在中国展开，这一奋斗，迷住了他们，使他们改变了回国的计划。"①

杜威在中国两年的时间里，讲演的篇目很多，内容十分庞杂。但杜威对待演讲十分认真，即使是同一个题目，面对不同的听众内容也大为不同。讲演的内容涵盖社会政治、哲学、教育等各个领域。

杜威在华讲演影响最大的还是其在北京长达十六讲的《社会哲学与政治哲学》。在这个长篇演讲中，杜威以自己的哲学思想为基础阐述了自己的政治观点。杜威认为，一种政治理论的产生来源于社会提出的问题，也就是社会在其发展的过程中遇到的难题，政治理论是治疗社会弊病的手段。社会政治理论必须根据社会的弊病对症下药。因此没有包治百病的良方，社会发生变化，社会政治理论也要发生变化。他说："凡是一时代所发生的通则，时代变了，通则当然也发生变化，所以没有一种通则，可以称为定律了。"②建立在其哲学基础上的社会政治理论完全受其哲学思想的支配，由于杜威的哲学是坚持点滴的进步，而否定质变，所以在其政治思想里坚信社会的进步是零星的，坚信社会发展的渐进性与量变，而反对质变。他说："社会哲学的发生，一定是在社会有病的时候；政治哲学的发生，一定是在政治有病的时候。"③他认为在政治哲学方面，一般有两派，也就是"一是极端的理想派。这派以为学理对于实际有极大的影响，没有学理，便什么都没有。他们的缺陷是忽略人类的习惯、自然的倾向和种种没有知识的行动。这是太理想了。二是极端的唯物派。这派以为无论什么理想都是物质的果，不是物质的因，学说也不过是一种果。这一派人无论批评什么都应用唯物历史观。他们注重生活状态、政治组织和经济上的利益，甚至批评某种美术，也说是某种生活所发生的。"④"两派的区别，大概第一派主张抛弃现制度，另制乌托邦，第二派主张求现制度的道理；第一派注重个人的反省，第二派注重研究和考察。"⑤"上

① John and Alice Chipman Dewey: *Letters from China and Japan*, ed. Evelyn Dewey, New York,1920, 序言。
② 杜威：《社会哲学与政治哲学》第 2 讲，《杜威五大讲演》，《晨报》社编 1920 年版。
③ 袁刚等编：《民治主义与现代社会——杜威在华讲演集》，北京大学出版社 2004 年版，第 27 页。
④ 袁刚等编：《民治主义与现代社会——杜威在华讲演集》，北京大学出版社 2004 年版，第 27 页。
⑤ 袁刚等编：《民治主义与现代社会——杜威在华讲演集》，北京大学出版社 2004 年版，第 29 页。

述两派，同犯一病，就是要'根本解决'。"① 在分析了以上所说的两派的观点之后，杜威认为还有第三种的哲学，"人类的生活，不是完全推翻可以解决的，也不是完全保守可以解决的。人类的责任，是在某种时间、某种环境，去寻某种解决的方法来，就是随时随地去找出具体的方法来应付具体的问题。这便是第三者的哲学。"② 所以他反对社会发展过程中的革命，反对一切以推翻现有制度的重大变革。他认为不应采取不正当的手段对现有的制度进行笼统的推翻，他认为这样做是最不经济的，是社会变革成本最大的，社会的进步应该进行因势利导的改良。

当然作为西方的哲学大师，他在关注哲学的同时，一刻也没有忘记宣扬自己的自由主义理论，他认为个人主义是西方自由主义的核心，在某种意义上可以说自由主义就是个人主义。为了给中国的自由主义以指导，他首先回顾了西方的个人主义发展的历史，他认为西方的个人主义发展分成两个阶段：一是个人为了争取自由而反对国家与组织对个人的控制的历史阶段；二是通过限制个人的自由而进行社会立法消除由于自由的滥用带来的社会不平等。基于这样的认识，他认为中国的个人主义发展也应该经过两个阶段：一是追求私利的个人主义阶段；二是利用国家权力以追求个人的平等。当然他也认为中国也可以把这两个阶段进行压缩，一举获得社会的平等。这样的理由有三：首先在于中国的传统文化与实用主义有某些相通之处。西方的民主思想与中华民族精神里的重民思想有其相似点，传统中国的务实思想也与实用主义有相似点。其次就在于杜威的新教育观在中国的实施。他认为如果自己的新教育观在中国得到大范围的实施，就能够极大地提高国民的整体素质。再次，中国的学者与科学家等知识精英集中对社会问题进行专门的探讨与研究，中国就能够实现自由与平等的双重发展。为了完成这三者，杜威对中国提出了自己的建议：由于中国没有个人主义的传统，可以考虑直接从社会集团与政府入手，也就是将其对个人的保障民主化，以机会均等的原则对民众进行教育，发展专门的知识以解决具体的问题。在此，杜威已经注意到了西方的自由主义与中国的结合，这也是对西方的自由主义进行循序渐进的改造，他"一揽子"解决方案很适合中国知识精英的胃口。

---

① 袁刚等编：《民治主义与现代社会——杜威在华讲演集》，北京大学出版社 2004 年版，第 29 页。
② 袁刚等编：《民治主义与现代社会——杜威在华讲演集》，北京大学出版社 2004 年版，第 29 页。

民主（杜威称为民治主义）也是杜威在华谈的重要内容。他以美国的民主为典范，认为其包含四个方面："（一）政治的民治主义：就是用宪法保障权限，用代议制表现民意之类。（二）民权的民治主义：就是注意人民的权利，如言论自由、出版自由、信仰自由、居住自由之类。（三）社会的民治主义：就是平等主义，如打破不平等的阶级，去了不平等的思想，求人格上的平等。（四）生计的民治主义：就是打破不平等的生计，铲平贫富的阶级之类。"他认为中国应该借鉴西方的政治经验与吸取西方的教训并重，建立真正意义上的民主社会。面对五四时期民主与科学的发展，他也提出了民主政治与科学的关系。民主是科学的前提，只有具备了思想自由、言论自由、出版自由与研究自由，科学工作者才能保持独立的人格，才能不受外界的干扰，思想才能取得进步。反过来说，只有利用科学的方法与手段，才能正确研究社会政治科学，才能建立真正的"社会科学"。实用主义就能为研究提供科学的方法。

杜威对民主政治在中国的实现寄予很大的希望，并且抱有较为乐观的态度。他甚至认为："因为中国很有古代从孟子以来的保民政策的学说可以做根基。中国向来没有个人主义的政治学说，所以很有可能把从前父母式的皇帝的保民政策变为民主的保民政策。"①

杜威不赞成极端的个人主义，但对马克思主义也进行了某些批评。他既反对传统资本主义的社会契约论，也同样认为受国家控制的经济制度会扼杀人的个性。他在思考中国问题的时候认为，由于中国的工业经济不发达，劳资之间的矛盾与贫富分化都不大，没有实现社会主义的条件，所以马克思主义在中国是行不通的。他认为在经济、社会、文化的问题中，经济问题是最重要的，因为经济问题是其他问题的基础，他建议中国应该抓住经济问题的解决以防止社会的革命。

由于杜威的来华是在五四运动的过程中，他对发展着的学生运动是持一种赞成态度的。甚至他还希望中国能够探索出一条不同于西方的发展道路。他说："是否中国在将来会完全屈从于西方国家所采纳的墨守成规和形式主义的发展模式很成疑问，这可能是中国对于世界的一大贡献。"②

杜威作为教育家向来视教育为社会发展的根本动力，当然也把教育看作是解

---

① 袁刚等编：《民治主义与现代社会——杜威在华讲演集》，《社会哲学与政治哲学》第13讲，北京大学出版社2004年版。

② 杜威：《中国政治中的新催化剂》（"The New Leaven in Chinese Politics"，Asia，Vo.20，p.270，1920.4）。

中国五四时期自由主义

决中国问题的唯一工具，杜威在众多的教育类讲演中始终强调"教育即生活，学校即社会"的教育理念。由于当时中国正处在社会转型时期，也是教育事业的更新时期，所以杜威很愿意在中国实现自己的教育思想。因此杜威大力推销自己的教育思想，比如：本能是教育的基础，要以儿童的天性为教育的出发点，男女同校等。

杜威实用主义在中国的盛行，用梁启超的话概括比较切合实际："凡'思'非皆能成'潮'，能成'潮'者，则其'思'必有相当之价值，而有适合于时代之要求者也。"① 毫无疑问，杜威的思想在世界思想史上的价值是不可否认的，但在五四运动时期是否适合中国的要求呢？当然，杜威的学生是持肯定态度的，就连一些马克思主义者在当时也受到实用主义思想的极大影响。瞿秋白的话很能代表一些人的观点与看法，他说："中国五四前后，有实验主义的出现，实在不是偶然的。中国宗法社会因受资本主义的侵蚀而动摇，要求一种新的宇宙观核心的人生观，才能适应中国所处的新环境——实验主义哲学，刚刚能用它的积极方面来满足这种需要。"②

由于杜威到中国的时间正是五四运动的高潮时期，也是中国的思想界除旧布新的时期，可以说杜威的思想之所以在中国影响巨大，是因为杜威来的恰逢其时。当然也与他的学生们所做的工作是分不开的，早在杜威来华之前，他的学生如胡适就做了有关实用主义的引介工作。

杜威的实用主义在中国五四时期的影响是巨大的，涉及社会政治、哲学教育等各个方面，对人物的影响也是巨大的。中国问题研究专家费正清曾经这样评价杜威的中国之行："杜威作为美国最著名的思想家，在第一次世界大战胜利后来到中国，受到的欢迎真是无以复加。一部分在于他的活动全是他的那些在北京和南京教育系统身居要津的学生策动规划的，另一部分是因为杜威对于现代科学、教育和民主之间的相互关系极为关切。这使得普通民众都懂得了现代科学的实验主义（或实用主义）所提出的'假设可以通过实验来确证'这个道理。用新的'科学的权威代替传统的权威'，打破了正统经典的束缚。教育不是灌输记诵的知识，而是发动学生去想，从而培养他的'个性的发展'。教育不应该仅仅是国家的一只手臂，它应该使公民们做好准备去参加代议制的自治政府……

② 梁启超：《清代学术概论》，东方出版社 1996 年版，第 1 页。
③ 瞿秋白：《实验主义与革命哲学》，载《新青年》季刊第 3 期，1924 年 8 月 1 日。

总而言之，没有任何一个现代外国思想家比杜威本人更多地把他的思想展示给中国受教育的公众。结果怎样呢？仅仅是讲了些皮毛而已。"①

杜威为五四新文化运动提供了一种可供当时的国人选择的思想武器——实用主义。他一方面希望国人利用实用主义的方法去批判和重估中国的传统文化，另一方面也提醒国人对西方文化批判的选择与吸收。杜威向他的听众展示了一种新的思想方法——理性而不盲从、进步而不激进。正是有了杜威提供的实用主义的思想方法，中国的自由主义者才对中国的传统文化进行重估，从而动摇了传统儒教的权威，为新的思想的传播打开了一个缺口；提倡个性的解放与婚姻自由，促进了家庭与婚姻制度的社会变革等。

面对如火如荼的五四运动，总的来说他抱着一种支持的态度，他认为学生运动是一种新觉悟：就是学校教育也是社会的；他对学生在运动中能够自己教育自己感到欣喜；特别是通过运动，社会的意愿得以表达，这本身就是舆论自由与社会平等的进步。面对被激发出来的学生爱国热情，他认为这些学生是一个自觉的阶级，这些学生对近代政府体制形成的弊端有着清醒的认识。但对运动中出现的暴力倾向，他提出了自己的意见，他希望运动"从偶然的归到根本的永久的事业上去，从感情的归到知识的思想的事业上去，从消极的归到积极的建设的事业上去"。②杜威之所以提出这些建议，是与他对中国实现民主的认识分不开的。他以为民主与科学是现代社会追求的价值，而民主的实现是一个缓慢的过程。而他对民主的认识又带有一种理想主义的色彩。他以为民主是一种信仰、一种生活方式、也是一种思维的习惯，民主的实现必须对国民进行普遍的教育。为了思想国民教育的普及化，杜威认为应该大力推广白话文，因为只有白话文才能被国民普遍的掌握，他认为没有一种以思想变革为基础的社会变革，中国就不能实现真正的变革，这也是他总结辛亥革命的失败得出的结论，因为辛亥革命的失败是"由于政治改革大大领先于思想和精神上的准备"。像辛亥革命那样的变革是外在的和表面的，并没有动摇整个社会的结构，在真正的社会革命到来前必须有一场真正意义上的思想革命。③

杜威对人物的影响也是多方面的。首先在于他对自由主义群体的影响，比

① 费正清：《伟大的中国革命》，世界知识出版社1999年版，第242页。
② 《杜威五大演讲·教育哲学》，晨报社1926年版，第130页。
③ 参见《杜威五大演讲·教育哲学》，晨报社1926年版。

如胡适、蒋梦麟、陶行知等。不能说杜威在华演讲后这些人才接触实用主义，但可以说正是这些人的精心安排才使杜威得以成行并且在华两年多。但也是杜威的来华扩大了实用主义与这些人的影响力。胡适说："实验主义只是一种方法，只是研究问题的方法，它的方法是：细心搜求事实，大胆提出假设，再细心求实证。"[①] "人生最神圣的责任就是努力思想得好（to think well），我就是从杜威教授学来的。杜威给了我们一种思想的哲学，一思想为一种艺术，为一种技术。"[②] 当然胡适的思想在继承杜威的基础上的一些变化也是可以理解的。陶行知的教育理论是杜威教育思想与中国实际相结合的产物。他第一个把杜威的教育思想发展成自己的一套教育理论并且把城市教育贯彻到乡村中去。他本人身体力行杜威的号召，投身于中国的基础教育事业，杜威的"教育即生活"、"学校即社会"的思想发展成为"生活即教育"、"社会即学校"的思想。杜威的影响决不限于当时的自由主义者，应该说他的影响广泛存在于当时的知识分子当中，比如梁启超，作为邀请杜威的重要人物，他在思考中国文化的转化时，认为中国人应该以杜威的哲学为基础创造一种全新的哲学体系。作为教育家的蔡元培，对杜威的在华演讲是欢迎的，蔡元培以北大校长的身份给哥伦比亚大学校长发电邀请杜威来华演讲，还给杜威颁发了北大的名誉博士学位。蔡元培的一些教育思想也受到了杜威的影响，他在多次的演说中都引用杜威的话来说明自己的观点。当然，受杜威影响的大部分是青年学生，他们在杜威的演讲中接受了实验主义。"（新潮社成员）成为杜威和罗素在中国的学生，他们在翻译杜威、罗素讲演和刊印著述目录时，尽力解释这些哲学家的复杂观点，即使有时这些观点同他们个人的和政治的观点并不一致。"[③] 早期的共产主义者也受到了杜威的影响，共产党的创始人陈独秀主持了杜威在广东的演讲，还力图将实用主义与唯物主义结合起来。在长沙的毛泽东也受到杜威影响，杜威在华演讲期间，毛泽东成立了问题研究会，列举了一百多个问题进行研究，他自己承认："在这个时候，我的思想是自由主义、民主改良主义、空想社会主义等的大杂烩。"[④]

---

① 胡适：《我的歧路》，《胡适文存》第二卷，黄山书社 1996 年版，第 9 页。
② 胡适：《实验主义》，《胡适文集》第一册，北京大学出版社 1998 年版，第 18 页。
③ ［美］本杰明·史华兹著，李国英等译：《中国的启蒙运动》，山西人民出版社 1989 年版，第 140 页。
④ 毛泽东：《学生之工作》，载《湖南教育》第一卷第 2 期，1919 年版。

（三）罗素及其思想

在五四时期来到中国的还有英国的罗素。在五四时期，"罗素热"风靡全中国，学者们竞相阅读、翻译、介绍罗素的著作，报刊杂志争着刊载罗素的讲演录，精明的商家也用"罗素之名言"来做广告。

罗素生于 1872 年，卒于 1970 年。他出生于英国贵族家庭，而且是名门望族。罗素在其《自传》的序言中写道："三种简单而又极为强烈的激情支配着我的一生：对爱的渴望、对知识的追求和对人类的苦难的不堪忍受的悲哀。"[②] 1950 年因"为思想的自由和人道主义的写作"获得诺贝尔文学奖。在有生之年，罗素一直热情投身于反对种族之间的战争，反对帝国主义以强凌弱和侵略扩张的政策。1916 年初，罗素受聘为费边社会主义者创办的伦敦经济学院的第一位讲师，他把自己的讲稿汇编成书，就是罗素的第一部著作《德国社会民主主义》，该书表明罗素的思想已经站在社会主义的门槛上。在他以后的论著中，重要的有《社会改造原理》、《政治理想》、《自由之路：社会主义、无政府主义的工联主义》，在后一部书中，罗素表明他倾向于"基尔特社会主义"。罗素在其晚年的自传中说："我曾经想象我自己是一位自由主义者、社会主义者或和平主义者，但从严格意义上说我三者都不是。"[③]

罗素在其自传中承认，自己幼年时期就从父辈的藏书中了解了中国与古老的中华文明，在他少年的想象中，中国是一片美丽、富饶、神秘的土地，那里居住着文明、善良、勤劳的中国人。当然，五四时期罗素来到中国的真正原因是第一次世界大战爆发以后，他带着对西方文明的恐惧，将眼光投向了古老的中国。正是这个时候，罗素接受了中国的邀请，来到了中国。当然罗素之所以来华与五四这样一个特殊的时代是分不开的。邀请罗素来华体现着五四时期那种放眼世界、广纳新知的时代精神。罗素在中国人尤其是知识分子中是一位渊博的学者、激进的思想家与为民请命的耿介之士。在五四运动大变革的时代，社会需要改造的方案，而罗素已经成为一个光明磊落的改造者与世界改造的指导者。罗素集当时世界伟大的数理哲学家与高尚的人格于一身。

罗素哲学的本体论方面，不是唯物主义的，也不是唯心主义的，而是多元主义的。他在"中立一元论"中认为，世界的本原既不是"物"，也不是"心"，而是

---

① 《罗素自传》（*The Autobigraphy of Bertrand Russell*）第一卷，伦敦 1967 年版，第 1 页。

② 《罗素自传》（*The Autobigraphy of Bertrand Russell*）第二卷，伦敦 1968 年版，第 38 页。

两者之间的"事情"。他在自己的认识论中,认为要建立人类的知识大厦必须依靠"感觉材料",也就是人们感知客观对象时所形成的感觉映象或感觉内容。在此基础上,罗素提出了"逻辑分析方法",这种分析方法主要表现为句法分析、命题改造和命题演绎。

罗素的政治思想首先在于他的社会主义思想,他的社会主义思想是建立在对资本主义分析批判的基础上的,而这种批判集中在揭露资本主义制度对人性的扭曲与对和平事业的破坏上。他认为人性的深处存在着两种冲动:一个是"创造性冲动",一个是"占有性冲动"。前者以创造性和自我实现为目标,既有利于自己也有利于他人;后者以占有与获取为目标,既有害于自己也有害于他人。正是人类具有创造性冲动的内在驱动力,人们都乐于参加创造性的劳动,乐于在劳动中创造有价值的事物。但是,在资本主义的生产条件下,并不是以人们创造的价值与满足社会的需要为目的,而是以追求利润为目的。在资本主义社会的普遍条件下,劳动成为枯燥的、乏味的、被迫的、艰苦的谋生手段。人的占有性冲动得到了充分的发挥,吞食着人们之间的互助等一切美德,整个社会被权欲、竞争、嫉妒、猜忌和仇怨充斥着,只有废除资本主义私有制才能使人们的创造性冲动得到充分的发挥。为此,罗素与马克思一样宣布资本主义必然灭亡,他说:"由于工业大生产非常需要组织和控制,私人资本家在乱世中的幸存已经丧失了依据。私人资本家已经获得了其他社会成员不可避免地失去的自由,这使社会权力不合理地集中在一个小阶层手中。当工业发展到一定的程度,私人资本家的这种自由从整体上说对社会贻害无穷。资本主义在本质上是过渡性的,由于生产本身实际上已经变成合作的生产,生产资料的私有制在工业时代已没有理由继续存在下去。资本主义只是对工业大生产的一种病态适应,它创造了最终将消灭它的对立面。问题只在于,劳动者是否强大到足以在资本主义的废墟上建立社会主义,还是让资本主义在其挣扎过程中毁灭整个工业文明。"[①]但关于社会主义的具体蓝图与实现蓝图的途径上,罗素与马克思是不同的。罗素自以为全面权衡了各方面的利益得失之后,选择了界于"国家资本主义"与"无政府主义"之间的"基尔特社会主义"。他的一段话很能说明问题,他说:"纯粹无政府主义的社会尽管是我们应该逐步接近的终极理想,然而在目前还没有实现的可能,即使实现了,它

---

① [英]罗素:《工业文明的展望》(*The Prospects of Industridl Civilizition*),伦敦1923年版,第62—63页。

的生命最多也不过一两年。相反的，马克思社会主义和工团主义虽然缺点很多，但据我看来是可以产生一个比现在这个世界更美好更快乐的世界的。但是，我并不认为它们就是最好的切实可行的社会制度；我担心马克思的社会主义给予国家的权力太大了。另一方面我也认为，旨在取消国家的工团主义，为了结束各生产者团体之间敌对行为，恐怕将被迫再建立一个中央权力机关。我认为最好的而又切实可行的制度，还是基尔特社会主义。基尔特社会主义既考虑了国家社会主义者保留国家的主张，也考虑了工团主义者对国家的疑惧，它根据国和国之间采取联邦主义的理由采取了企业与企业之间的联合制度。"罗素在选择"基尔特社会主义"的同时也就选择了和平改良的方法而不是暴力革命的方法。当然罗素并不反对在特定的历史条件下的暴力手段，但在总体上，至少是在西方主要的发达国家要通过和平的非暴力的手段实现社会主义，他的逻辑推理就是社会主义无法通过和平与民主的手段实现的地方也不可能通过暴力来实现。同时，罗素也从权力的角度表示对马克思主义的担忧。罗素说："权力可以定义为有意识地施加影响力所造成的结果。"（Power may be defined as the production of intended effects）[1] 罗素在论述权力的过程中把焦点集中在"权力的驯化"上，主要考虑的是生产资料公有制实现之后的问题，他试图对马克思主义的偏重于经济的状况进行补充。他认为：马克思的社会政治理论存在一个根本的缺陷，就是以人的经济动机为中心，而不是以人的权力动机为中心；马克思继承了18世纪的理性主义者和英国古典经济学家的观点，以为人的经济动机决定一切；但心理学家的研究表明，人的权力欲比经济的欲望更为根本，人的物质欲望是有限的，可以满足的，而人的权力的欲望是无限的，无法满足的。人们满足了物质的需求以后继续追求财富，不在于财富本身，而在于把财富作为一种实现权力欲的手段。随着以后社会的发展，特别是苏联社会主义出现的历史偏差，罗素宣称历史的发展证实了自己的预言。罗素作为一个和平主义者，在探讨如何保持和平的进程中，他对日益成为主流的民族主义进行了批判。罗素在批判民族主义的过程中，就是将民族主义看作一种狭隘的非理性的情感。罗素说："民族主义是人类全群本能的一种表现形式，它是一种将自己所归属的民族视为自己群的一种习惯。民族主义的本质是人们将本民族与他民族对立

————————

[1]［英］罗素著，靳建国译：《权力：一个新的社会分析》(Power: a New Social Analysis. New York, 1938)，东方出版社 1988 年版，第 35 页。

起来的一种敌对情绪。"①罗素在这里把民族主义安放在人的理性之外，是一种人的潜意识甚至是一种无意识的本能、习惯和情绪。在对待历史的发展进程方面，罗素批判了马克思的唯物史观。他认为马克思的唯物史观存在着某些缺陷，这些缺陷表现在：1. 马克思忽略了社会经济因素的间隔问题。2. 马克思低估了偶然因素在历史中的重要角色，特别是历史中出现几种对立的力量时，往往非常偶然的因素起了决定性的作用。3. 马克思低估了人类历史进程中的非理性的作用。在马克思看来，阶级矛盾压倒一切，而我们日常看到的是民族矛盾与种族矛盾。4. 马克思将"生产方式"看作是社会发展的终极原因，却没有解释"生产方式"本身的发展变化。其实，"生产方式"的发展变化也有其原因，那就是科学技术的发展变化。

　　罗素的"权力动机"与马克思的社会基本矛盾动力说有着本质的不同，首先罗素的"权力动机"说是唯心史观的表现，另外他也不能回答权力背后的基础是什么的问题。罗素在此对马克思主义的唯物史观存在着误解，马克思主义唯物史观告诉我们，人类社会的基本矛盾是生产力与生产关系的矛盾，经济基础与上层建筑的矛盾，在这两对矛盾中生产力与生产关系的矛盾是最主要的矛盾，而生产力是矛盾的主要方面。社会发展的根本动力来自于这两对矛盾的运动，生产力与生产关系，经济基础与上层建筑有一个基本适应到不适应，再到基本适应的发展过程，正是这一矛盾的运动促进了社会的发展与进步。罗素对马克思"唯物史观"的经济决定论批判的同时，提出了自己的"多元动力说"。他认为社会的发展的动因"在我看来可以分为三类：经济技术、政治理论和重要人物。我认为这三者都不能忽视，而这三者之中也没有一类可以说是单一地影响其他二类。没有那些杰出的发明家，经济技术也不会发生它所发生了的那些变化。"②罗素的多元主义的历史观是哲学上的多元主义的必然结论，从而又衍生出文化上的多元主义。持有机械决定论的人们倾向于认为世界的历史发展是一种单一的方向，各个民族、种族的历史都依同一的模式而变迁，地域的差异在终极意义上是一种时间的差异，最后都要被历史的规律所消灭。当然罗素不同意这种观点。他在认同马克思的大工业将征服全球的观点的同时，作为多元主义者在提出社会主义方案之外又附加提出了东西方文化问题，认为东方在被西方的工业大生产所征服的时候

---

① ［英］罗素：《工业文明的展望》（*The Prospects of Industridl Civilization*），伦敦1923年版，第27—28页。
② ［英］罗素著，陈瘦石、陈瘦竹译：《自由与组织》序言，商务印书馆1982年版。

不会也不可能丧失自己的文化。

其实马克思主义在强调社会基本矛盾是社会发展根本动力的前提下，同样承认其他因素对社会发展的影响，"诚然，生产力，实践、经济基础，一般的表现为主要的决定的作用，谁不承认这一点，谁就不是唯物论者。然而，生产关系、理论、上层建筑这些方面，在一定条件下，又转过来表现其为主要的决定的作用，这也是必须承认的。……当着政治文化等等上层建筑阻碍经济基础发展的时候，对于政治上和文化上的革新就成为主要的决定的东西了。"[1]

毛泽东在这里说明，对马克思主义的唯物史观的理解不能陷入机械的理解中，生产力与生产关系的矛盾，经济基础与上层建筑的矛盾是社会主要矛盾，是社会发展的根本动力，但是只能作为一般条件下的关系，并不否认在一定条件下有些变化。

（四）罗素的中国之行及其影响

罗素来华前的心境是想寻求救西方文明的良药的，他首先到了苏联，但苏联并没有给他提供所需要的现实。1920 年的五六月份，罗素对苏联从首都到乡村、从领袖到民众，从布尔什维克的理论到实践，从伟大的理想到现实的生活进行了一番细心的考察。按罗素自己的说法，访问苏联"带给我可怕的心灵痛苦，觉得西方文明的希望越来越微。正是在这种心境中。我到中国去寻求新的希望。"[2]罗素于 9 月初乘轮船从法国的马赛港启航，经过一个半月的海上漂流于 1920 年 10 月 12 日抵达上海。

罗素到上海后受到了广泛的欢迎，《申报》、《时事今报》等进行了报道，对他们的中国之行进行了广泛的宣传，他被欢迎者称为"孔子第二"。罗素在沪期间发表了两篇演讲，即《社会改造原理》与《教育之效用》。后游玩于浙江、湖北、湖南等地，在南京发表了《爱因斯坦引力新说》，在长沙发表了连续四讲的《布尔什维克与世界政治》。罗素于 10 月 31 日到达北京，11 月 7 日正式开始在北京大学的演讲，陆续进行了五次系列演讲，也就是通常所说的五大演讲，即《哲学问题》、《心的分析》、《物的分析》、《社会结构学》、《数学逻辑》。1921 年 7 月 6 日，罗素拄着拐杖到教育部会场作了《中国到自由之路》的演讲，对中国当时

---

① 《毛泽东选集》第一卷，人民出版社 1991 年版，第 325—326 页。
② ［英］罗素：《中国之问题》，纽约 1922 年版，第 14 页。

的知识界正在进行的关于社会主义的论战发表自己的见解。勃拉克小姐也发表了自己的告别演说，主要是对她的中国同龄人的祝愿与希望，标题为《少年中国的男男女女》。随后几天罗素收拾行囊离开中国。

　　罗素在北京开始的第一讲就是他擅长的《哲学问题》，在阐述这一问题时，他始终强调，哲学必须以最新的科学为依据。主张以"事情"代"物质"概念完全是根据新物理学"不讲物质、单讲事情"的合乎逻辑的发展；根据现代科学已发展到了定量化的程度，他认为应该以微分方程式来代替因果律；特别是他强调以科学的方法批判唯心主义更为五四运动提供了直接的精神营养。他说："科学的方法，是一步一步的来推论，再回到经验上来论证的。如果专尚理论，不用经验来证实，只要推论就算是对的，这种方法，对于哲学的进步上很有妨碍，我们如能打消了这种态度，才能有科学的哲学产生之一日！"①又说："无论对于什么，我们都应抱持科学的态度，知道的就可直接痛快的说个知道，如果不晓得的，也尽可以说个不知道。"罗素提倡的科学的方法与科学的态度无疑对五四运动的科学洪流注入了新的活流。罗素在其著名的五大演讲中并没有直接回答中国知识界所提出的中国问题的解决方式，当时的中国知识界正在就中国的发展道路问题进行激烈的争论。罗素认为中国的知识阶层是中国的全部希望所在，他不愿看到中国的知识阶层因自己的言论而分裂，再加上他考虑到中国问题的复杂性，不愿在自己还没有考虑成熟时而发表见解。其实，他对中国问题想得很多，他认为只有在必要的时候才发表自己的见解。

　　罗素刚刚离开中国回到英国，就在英国各大报刊上发表有关中国的言论，并于1922年在伦敦与纽约分别出版了《中国之问题》（*The Problem of China*）一书。更为可贵的是罗素是站在整个人类文明的角度对中国问题进行思考的。关于写本书的主旨，罗素说："在未来的两个世纪里，整个世界将受到中国的决定性影响，不管是好的影响还是坏的影响。"②"中国人之长处与美德能否存留于世？或者，中国为了自存必然沾染那些损人利己、以邻为壑的罪恶？如果中国人真的模仿了侵略中国的那些民族，我们整个人类社会成何体统？"③当罗素论述中国的政治经济时，他的立脚点是中国，而当他在论述文化时，他的立脚点是西方，当回答什么是当务之急时，他说："我应该说，如下三端急如星火：1.建立有秩序的政府。

① ［英］罗素：《哲学问题》，《杜威五大演讲·教育哲学》，晨报社1926年版。
② ［英］罗素：《中国之问题》，纽约1922年版，第2页。
③ ［英］罗素：《中国之问题》，纽约1922年版，第4页。

2. 在中国人自己的支配下发展实业。3. 普及教育。这种排列顺序也是这些目标的缓急次序。"①罗素认为中国要发展实业必须有一个有秩序、有威力的政府；要维护国家的统一，抵抗外来侵略也要有一个有秩序、有威力的政府；要使教育事业得到较快的发展也需要一个有秩序、有威力的政府。而当时的中国是一个分裂而混乱的国家，他认为孙中山虽然通过辛亥革命建立了名义上的共和国，但由于缺乏强大的军事实力为后盾，就无法在中国建立真正的现代政治。而袁世凯依靠自己的武力为后盾建立起来的是一种专制统治，而不是现代政治。与一般的西方学者不同的是罗素不是把中国的这种状况归结于所谓的中国人自己，而是将中国的混乱状况归结于帝国主义对中国的侵略与他们之间的利益分割。这样，结束内部的分裂与混乱而获得统一与结束外来的侵略和干涉而走向独立就成为一个问题的两个方面。如何解决这一问题，作为和平主义者，罗素希望走非暴力的道路，当然他的书主要是给西方人看的，他也是站在西方人的立场上看问题的，他希望西方列强发善心，他试图向西方人说明：中国的文明并不亚于西方文明，保护中华文明的发展符合整个世界的发展方向，一个独立统一的中国从长远角度看也符合英美各国的利益，因为英美等国的主要利益也不过是与中国做生意，一个统一而和谐的向全世界开放的工商业发达的中国更加符合整个的资本主义国家的利益。如果资本主义国家给了中国时间和机会，罗素认为中国应该首先由知识界大造舆论，化解军阀的矛盾而实现和解，然后由宪政主义者起草一部宪法；在内政方面，中国人应该抓住有利的时机，以外交手段在尽量不激怒列强的前提下全部收回所丧失的主权。这样，一个在政治上独立的中国就屹立于世界的东方了。

　　解决中国当时错综复杂的政治难题，绝非如同写一篇抒情散文那样的愉快与轻松。罗素的建议面对中国当时的时局是那样的苍白与无力。罗素了解当时西方人对中国人的态度，不要说是对待一般的中国下层人，就是普通的白人对待中国很有教养的学者，其傲慢的态度就超过了古时英国公爵对待扫街工人的恶劣态度。他还认为就连当时对自己的竞争能力最有信心，对中国最为友好的美国人，也不希望看到中国的独立，尤其看到它"以国家社会主义或列宁所称的国家资本主义的形式获得独立。"对比日本的例证，正是由于日本在日俄战争中打败了俄国才获得了西方人的尊敬，对待西方人只有两条路可走，要么屈服于他们，要么

———————————
①　［英］罗素：《中国之问题》，纽约 1922 年版，第 256 页。

中国五四时期自由主义

拿起他们的武器与他们决战。但罗素还是天真地希望西方人能够奇迹般地消除偏见，放弃他们在华的利益从而使中国获得尊严与独立。罗素也清楚地知道，中国的军阀们是一些流氓无赖，但他还是希望这些军阀们能够服从公共舆论的要求。通过和平非暴力的手段来实现中国的独立显然是罗素坚持的和平主义在中国的运用。一个具有改良主义与理性主义的思想家，面对着充满着非理性的具有暴力倾向的政治现实往往无能为力。帝国主义与中国军阀相信的都是实力，他们为了自己的私利和权势不惜毁灭一切。和平说理、纸上谈兵对于他们根本无济于事。

罗素认为，中国是一个备受欺凌的国家，中国如何迅速地工业化以建立起牢固的经济基础，这是罗素思考中国问题的出发点。要实现工业化将面临着一个工业化的发展方向问题，而五四时期中国的新知识精英正在争论中国经济的发展方向问题，这就迫使罗素不得不思考中国的经济发展方向问题，罗素认为中国的工业发展必须控制在中国人之手而不是外国人之手，这关系到中华民族的生死存亡。罗素还主张中国人必须以"国家社会主义"的方式来发展工业。他提出的理由是"在一个经济上落后但在文化上并不落后的国家，实行国家社会主义或列宁所称的国家资本主义，优点很多。首先，国家比私人更容易得到贷款；其次，通过国家更容易聘请到必不可少的外国专家；再者，国家更容易保证具有决定性意义的工业不至于受外国人的控制。也许比上述考虑更为重要的是，通过国家办企业，可以避免私人资本主义的诸多罪恶。"①

当然，作为一个重视实证的思想家，他从未迷信过任何笼统的方案与模式。他对自己的方案具有一种沉着与冷静的态度。在给中国提出"国家社会主义"方案时，他还给出了许多前提条件。首要的前提就是少年中国必须建立起一个有效能并且廉洁的政府，否则中国的"国家社会主义"必然失败。罗素还同时认为中国的"国家社会主义"在现实的操作过程中还必须抱有十分谨慎务实的态度。例如，农业、轻工业、商业等将长期留在私人的手中，即使是铁路、矿山等也只有等适当的时机才能收归国有。而且，为了更好更快地发展中国的工业，必须充分利用外国的资金与技术，包括聘请外国的专家与工人等。

同样，罗素在其离开中国的所谓的"临别赠言"中为中国提出了所谓的《中国到自由之路》(China's Road to Freedom)。这篇文章是罗素在中国的最后一篇演讲，当然也是罗素改造中国的全盘方案。在他的临别赠言中，罗素向中国提出了自己的十多条建议，包括"必须打破中国传统"、"必须以现代教育为长远之计"、"必须发展爱国主义"、"必须从政治改革入手"、"必须依靠一万果敢坚毅之

---

① ［英］罗素：《中国问题》，纽约1922年版，第260页。

— 56 —

士"、"俄国的方法适合中国"、"国家社会主义为中国之出路"、"社会主义必须保护自由"、"必须迅速掀起强大的运动"，等等。而对中国所走道路的选择上清晰的总结是："求国民的智识快点普及、发达，实业不染资本主义的色彩，俄国式的方法，是惟一的道路了。……非资本主义的产业方法有多种。有无政府的共产主义，有工团主义，有国家社会主义（即俄国所采用的），有行会社会主义（即基尔特社会主义）。无政府社会主义、工团主义、行会社会主义，只适用于产业已经发达的国家，在产业幼稚的国家，依我的意见，应用资本主义或国家社会主义，故现在若欲我答如何能免资本主义而发展实业，我必说第一步唯有国家社会主义，国家社会主义固然有很多的黑影，但是最容易促成实业与教育的进步。我相信这类方法，比较等到教育上和实业上达到和英美一样的程度，然后再来切除资本主义的流毒，总要好些。"①

罗素的思想在当时就受到各方面的批评，而这些批评又以马克思主义者的批判最为有力，如在留法的新民学会会员中就曾进行过讨论。毛泽东也用通信的方法参加了这次讨论。他在给蔡和森等人的一次复信中，曾经批评了一九二零年十月间罗素在长沙的演说，说他的理论"事实上做不到"。"做不到"就是罗素的思想与中国的实际相脱离。罗素在演说中主张"用教育方法使有产阶级觉悟，可不至要妨碍自由，兴起战争，革命流血。"毛泽东指出，现在资本家握着政权也握着教育权，"要资本家信共产主义，是不可能的事"，因为"历史上凡是专制主义者，或帝国主义者，或军团主义者，非等到人家来推倒，决没有自己肯收场的。"也就是历史上的统治阶级都不会自动退出历史的舞台，必须以革命的暴力反对反革命的暴力。因此，他说："我看俄国式的革命是无论如何的山穷水尽诸路皆走不通了的一个变计。并不是有更好的方法弃而不采，单要采这个恐怖的方法。"改良主义既然走不通只好采取马克思主义，即俄国式的方法，因此，毛泽东说："我觉得俄国的革命，和各国急进派共产党人数日见其多，组织日见其密，只是自然的结果。"②以后中国革命的实践证明了罗素理论的失败，也证明了毛泽东判断的正确。

从以上的分析中我们发现，罗素来华为中国开出的药方与中国的现实之间存在着巨大的差距，虽然罗素来华的影响是巨大的，但其思想的有限性注定在中国不能成为一种现实的制度，很快就被中国的知识分子放弃。

---

① 《中国到自由之路》，载《东方杂志》第18卷，第13号。
② 1920年12月1日，《毛泽东复蔡和森等在法诸会友的信》。

第四章 自由主义与五四运动

　　20世纪无论对于整个世界还是对于中国都是一个革命性的世纪。在这个世纪中，中国发生了翻天覆地的变化。就思想的转化而言，最大的变化就是五四时期和改革开放以来的思想变革。五四时期所表现出来的对春秋战国以来的价值重估的气概以及对西方文明的吸纳的开放精神，对于中国现代政治文化的创建起着划时代的作用，五四运动已经成为中国历史发展的界碑。五四运动作为新文化运动崛起的一个标志，是各种力量合力推动的一个结果，也是一个各种思想杂陈的文化运动。正是五四运动的多向性带来了对其解释的多元性，学术与现实需要的双重要求使五四运动的思想命题如传统、现代性、革命、民族主义、民主、个人主义、人权、科学、世界主义等解释的多样性。

　　周策纵先生的《五四运动史》的最后一章"对五四运动的各种阐释和评价"，是按自由主义、民族保守主义和共产党人三个主体进行论述的，这种分析方法一直为后来者所采用。我们借用周氏的分析框架对自由主义在五四运动中的地位进行分析。

一　自由主义者的解释

　　在五四运动中的众多思潮中，自由主义是一种最为重要的思潮，在陈独秀等人没有转向马克思主义以前，也就是五四运动的前半期，可以说自由主义思潮是广大新知识分子普遍认同的思潮。自由主义为五四运动提供了最强大的动力。健全的个人主义精神、"重新评估一切"的怀疑精神、否认专制的民主精神、反对偶像崇拜的科学精神等这些五四运动的基本精神，如果从中剥离了自由主义理念，也就不能称其为五四运动。而自由主义的一些基本理念则是在五四运动走向繁荣的。当然，把五四运动完全理解为一种自由主义运动显然也是不合适的，因为在五四运动时期，即使是自由主义大行其道的前期，它也不是唯一的思潮。五四运动确实包含着与自由主义不相干甚至于敌对的思潮，如无政府主义、以现代新儒家为代表的文化保守主义、激进主义等，这些主义相互激荡又相互冲突。

在五四运动前期，不要说众所周知的胡适、陈独秀等是自由主义者，就连鲁迅也被胡适称为一个自由主义者。而李大钊在五四前期也是一个温和的立宪自由主义者。1913年，李大钊受汤化龙的资助来到日本，在日本早稻田大学政治经济科学习。李大钊在日接受了西方自由主义思想，并成为章士钊创办的《甲寅》杂志的撰稿人。1916年，其回国后任进步党的机关报《晨钟报》的主编，参与进步党的反袁活动并成为梁启超、汤化龙领导的宪法研究会的成员。1917年初，其参与了北京《甲寅》的编辑工作。可以说，李大钊在十月革命发生前的五四运动前期一直是一个立宪自由主义者。

李大钊的自由主义思想中，自由是人的基本价值，这是完全合乎西方自由主义的真意的。他说："自由为人类生存必需之必要，无自由则无生存之价值，……人类生活史上之一切努力，罔不为求得自由而始然者"①李大钊进而认为，自由是现代文明之本，现代文明的基本特征是从专制下获得解放而达到自由，自由更是宪政民主赖以成立的精神及价值基础。

李大钊的自由主义思想中其崇尚英国的立宪自由主义为现代性的典范，"英伦者，世界立宪国之先进也。论治者每宗为泰斗"。②李大钊在对比英法革命后，认为1688年的英国"光荣革命"比法国大革命远为成功。李氏对英伦宪政赞誉道："抑知英兰绝美之政治，未尝极杀人流血之惨。迄今三岛宏规，苟为立宪国家，孰不宗为模式。即以英法相较，英无法之惨剧，而获得之政治，什倍于法。法以百年之血历史，易得者仅勉为共和。"③实质上李大钊在此时崇尚的是一种温和渐进改革的调适思想。

这种渐进改革的思想背后实质是想调和民国初期思想界激进与保守之间的冲突，可以说这种思想除了李氏之外还有杜亚泉、章士钊、高一涵和李剑农等人。1917年初，李氏加盟《甲寅》月刊，力倡调和论，在其第一篇为《甲寅》而作的《调和之美》中，把调和称其为美的源泉，认为"宇宙之美"就在于"调和之美"，

---

① 李大钊：《宪法与思想革命》，《李大钊文集》（上），人民出版社1984年版，第244页。
② 李大钊：《爱国之反对党》，《李大钊文集》（上），人民出版社1984年版，第328页。
③ 李大钊：《政治之对抗力之养成》，《李大钊文集》（上），人民出版社1984年版，第106页。

"调和"也是《甲寅》之精神。之后,其还发表了《辟伪调和》、《调和之法则》、《调和誓言》等有关调和论的文章。李大钊的调和论将中国文化的阴阳辩证法与西方的自由主义学说相结合,将两力之对立的和谐归结为宇宙、社会、人生的基本法则。"宇宙间有二种相反之质力焉,一切自然,无所不在。由一方言之,则为对抗;由他方言之,则为调和。"人类社会相反的两种倾向是相反而实相成的,以为演进之本源。"社会之演进,历史之成立,人间永远生活之流转无极,皆是二力鼓荡之结果。……欲使社会为有秩序之进步,最宜使二力同时皆有活动之机会。即使二力为空间的交互动作,勿使徒为时间的交互动作。欧洲中世纪黑暗时代,保守主义与传袭主义之势力过重,其结果者沦于腐败。法兰西革命时代,则进步主义,趋于极端,不能制止,其结果又归于爆发。是皆不能使二力为空间交互动作之结果,以致反动相寻,不能并立于空间。则求代兴于时间。至是乃不免猛烈之震动,而平流以进之秩序,遂无可望。"[①]自由主义代表人物胡适对五四运动具有独特的理解,在其晚年他常把五四运动比作"中国的文艺复兴"。其提倡白话文是受到西方的文艺复兴的启发与影响。他个人主义的认识与执着追求是与文艺复兴的价值追求一致的。19世纪二三十年代,其在出访欧洲、美国时,多次将五四运动用"文艺复兴"话语介绍给西方人,这姑且有为了让西方人便于理解的意味,但更是说明了胡适对五四运动的价值定位。

应该说胡适的这个定位是有一定道理的,《新潮》的英文名字是 *The Renaissance*,本身就是文艺复兴的英文名。这是一群北大的接受了西方思想的青年学生为自己创办的刊物所起的名字。这群学生既接受中国传统的教育,又接受了西方教育。他们给自己的刊物起这样的名字本身就说明他们对五四运动的感性认识,就是五四运动与西方的文艺复兴运动具有某种相似之处。五四运动有三个特征与文艺复兴具有相似性:首先,它是一场自觉的、提倡用民众使用的活的语言创作的新文学取代用旧语言创作的古文学的运动。其次,它是一场自觉地反对传统文化中的诸多观念、制度的运动,是一场自觉地把个人从传统力量的束缚中解放出来的运动。它是一场理性对传统,自由对权威,张扬生命和人的价值与压制生命和人的价值的运动。最后,这场运动的领导者是既了解他们自己的文化遗产,又力图用新的、历史的批判与探索方法去研究他们的文化遗产的人。在这个意义上说,五四运动又是一场人文主义运动。

---

① 李大钊:《调和之美》,《李大钊文集》(上),人民出版社1984年版,第555—556页。

　　自由主义的殷海光自称是"五四之子"，他对五四运动的理解大体延续了胡适的路子。殷海光有关五四的文章有：《五四与今日》（1945年）、《论科学与民主》（1955年3月）、《跟着五四的脚步前进》（1958年5月）、《展开启蒙运动》（1959年5月）、《"五四"是我们的灯塔！》（1960年5月）、《五四的隐没与再现——为五四运动五十周年而作》（1969年5月）等，殷海光在这些文章中，回击了文化保守主义者认为五四运动破坏中国既有文化、应对中国的祸乱负责的疑问。他认为这些疑问"不是一个真正的问题，其本身就不能成立。何以呢？五四运动曾否破坏旧文化是一回事，中国目前的祸乱怎么形成是另一回事，二者不能扯一起。""泛文化主义者对于人间任何问题之发生都归于文化因素"、"这个毛病之所以发生，系因中了黑格尔的混沌思想之毒。"[1]他将五四运动比拟为"启蒙"（enlightenment），认为中国要开展启蒙运动。并以一种世界的眼光看待中国思想现状，"今后步入核子能和太空时代的世界，尤其是一天一地朝着普遍历史（universal history）之途迈进。在这样一个激变的世界里，如果尚泥守着部族思想，从部族的观点来决定行为方向，那末我们便是往死巷子里钻。"[2]"中国近几十年来政治祸乱的病根就是一党专政。一党专政一行，则依照极少数人的见解甚至意气及好恶与夫幻想，藉着政治权力，塑造中国，扭歪中国的前进的方向。"[3]受自由主义思想的偏见，其对革命抱有某些偏见甚至于敌视，"革命是什么呢？革命是蜕变时代不安的群众，受空想家鼓动，受野心分子在幕后操纵、组织、利用，为了实现幻梦中的天国，利用一切暴烈和阴谋手段，来摧毁即成社会建构的群众运动，这样的群众运动，所激发出来的力量是巨大的、镜头是壮观的，然而结果很少不是悲剧性的。革命愈是'彻底'，它的结果将愈是悲惨。显然得很，革命是社会病态发展的产品。社会病态发展的产品，有什么值得歌颂，有什么可以神圣化的呢？"[4]革命的结果是政权的建立，而"一个独裁的政权在革命群众的肩头上建立起来的时候，也是革命群众尝到革命苦果的时候。""革命的结果就是反民主反科学。反民主和反科学的结果，就是天下大乱。国家弄到今天这样的局面，再要闹'革命'，除了'革老百姓的命'以外，再没有更真实的结果。现在还闹'革命'的人，在训练党羽时，口口声声'党国'、'党国'的。既然他们把他们的'党'放在大家的'国'之上，于是考虑'党'的问

① 殷海光：《跟着五四的脚步前进》，原载1958年5月1日《自由中国》第18卷第9期。
② 殷海光：《展开启蒙运动》，原载1959年5月5日《自由中国》第20卷第9期。
③ 殷海光：《展开启蒙运动》，原载1959年5月5日《自由中国》第20卷第9期。
④ 殷海光：《展开启蒙运动》，原载1959年5月5日《自由中国》第20卷第9期。

题，总是优先于考虑'国'的问题。"① 殷海光对革命的成见，一方面反映了革命本身运行的过程中有不符合民主与科学的行为，另一方面也是自由主义排斥革命崇尚改良的必然结果。

殷海光对五四运动的看法直接取决于其对他的先辈自由主义者胡适、陈独秀等的看法。在《自由中国》时期，其对胡适可以说是极力维护，视之为自己当然的导师，在其所写的有关五四的文章中都毫不避讳这一点。在其晚年，由于受到文化保守主义者徐复观的影响，其对胡适的看法稍微有一些变化。在其最后为五四所写的文章《五四的隐没和再现——为五四运动五十周年而作》中，表现出了对胡适与陈独秀的明显看法："胡适早年提倡独立的思想，并且教人做一个不受人惑的人。这在盲目崇拜古法圣贤的漫漫长夜里，无异于打起照明的巨灯。可惜由于上列的虚弱，他经不起时代风浪的摇撼，这一照明的巨灯被他自己减低光明。终于为重重浓雾所掩了。""胡适所受美国影响较深。他没有表现出'夫子之道一以贯之'的那种'体系'气派。恰恰相反，他劝人要'多谈些问题，少谈些主义'，开始起步，他接触到民主与科学前沿。他所说的'民主'，与开明、改良、进步不分。他的民主程序，除了发表稳健而温和的'就题言论'以外，就是跟现实调和协商，努力于缓慢的改进。""他心中充满了语言文字和历史事件等等特殊事物，支配他的展望是当时流行的社会达尔文主义（Social Darwinism）的进化论。他缺乏从数学、逻辑以及严格理论哲学的训练而可能提高和增强的抽离的思考力。于是，他的思想固因讲实效比较能够适应环境，但缺乏谨言性。他提倡'科学方法'，因此主要的限制到简单枚举的归纳法（induction by simple enumeration）。"在对陈独秀的分析中，他说："陈仲甫当时极力倡导科学。他对科学的崇拜近乎到了狂热的程度。……陈仲甫所说的'科学'之为科学主义，在他的思想演变过程中，发展成了人生观、乌托邦思想、历史哲学，甚至于一种社会改革的动力。陈仲甫是非宗教的。可是，在不自觉之间，他把他所认识的科学当作宗教。一个狂热而又不能摆脱中国传统的观念形态束缚的思想者迟早不免走上这条道路的。"②

---

① 殷海光：《展开启蒙运动》，《自由中国》第二十卷第 9 期，1959 年 5 月 5 日。
② 殷海光：《五四的隐没和再现——为五四运动五十周年而作》，《殷海光全集》第 15 册，第 1487—1489 页，台北：二桂冠图书公司 1990 年版。

二 中国马克思主义者对五四运动的认识

十月革命以后，马克思主义、社会主义逐步成为中国社会的一个重要思潮，中国马克思主义者有相当一部分是从自由主义分化而来的，他们早期一般是自由主义的信奉者。马克思主义者对五四运动的看法也有一个发展的过程。

陈独秀是新文化运动的发动者，也是五四运动的领导者，其新文化运动前期的思想显然是非马克思主义的，其对于"民主"与"科学"的认识是建立在其前期的自由主义之上的。在其1920年4月所发表的《新文化运动是什么？》和《五四运动的精神是什么？》中，其对新文化运动和五四运动进行了区分与总结，可以说其是第一个对新文化运动与五四运动进行归纳与总结的人。"新文化运动，是觉得旧的文化还有不足的地方，更加上新的科学、宗教、道德、文学、美术、音乐等运动。"[①]五四运动的精神是直接行动和牺牲的精神。我们对比当时陈独秀与罗家伦、胡适、蒋梦麟等对五四的看法后发现，陈独秀此时对五四的看法与他们没有什么区别。因为这一时期，陈独秀还不是一个马克思主义者。而陈独秀在其晚年所作的《"五四"运动过时了吗？》一文中，认为五四运动"反对旧礼教的束缚，提倡思想解放、妇女解放，以扫荡封建的残余"；"提倡科学，破除迷信，建设工业"；"提倡民权，反对官僚政治"。他重提五四的用意在于其"必须把所谓'山上的马克思主义'的昏乱思想从根铲除。"[②]举出自己和胡适、蔡元培是五四运动的代表，表示其对五四运动的理解主要是思想文化层面的。

毛泽东作为五四运动的参与者和中国共产党的主要领导者，其对五四运动的认识代表了中国马克思主义者的基本立场。毛泽东围绕五四运动在20世纪30年代初与40年代末发表了一系列文章，主要有《五四运动》（1939年5月）、《青年运动的方向》（1939年5月4日）、《一二·九运动的伟大意义》（1939年12月9日）、《中国革命与中国共产党》（1939年12月）、《新民主主义论》（1940年1月）、《反对党八股》（1942年2月8日）。他将对五四运动的评价直接纳入到自己的新民主主义理论体系之中，他在《新民主主义论》中表述五四运动的历史意义为：1."五四运动是反帝国主义的运动，又是反封建主义的运动。五四运动杰出的历史意义，在于它带着为辛亥革命还不曾有的姿态，这就是彻底地不妥协地反

---

① 陈独秀：《新文化运动是什么？》，载《新青年》第七卷第5号，1920年4月1日。
② 陈独秀：《"五四"运动过时了吗？》，《陈独秀文章选编》下册，生活·读书·新知三联书店1984年版，第597—598页。

帝国主义和彻底地不妥协地反封建主义。"2."五四运动是在当时世界革命号召之下，是在当时俄国革命号召之下，是在列宁号召之下发生的。五四运动是当时无产阶级世界革命的一部分。"3."五四运动是在思想上和干部上准备了一九二一年中国共产党的成立。"4.五四运动"是共产主义的知识分子、革命的小资产阶级知识分子和资产阶级分子的统一战线的革命运动。""六三"运动中，无产阶级、资产阶级、小资产阶级投身其中。然而作为运动右翼的资产阶级知识分子，"他们中间的大部分就和敌人妥协，站在反动方面了。"毛泽东在对五四运动的评价中，更加强调的是它的革命性质，这种革命性表现在其不妥协性、其在世界革命影响之下的发生性、革命阶级的统一与分裂等各个方面。而在对统一战线的后来分界原因分析中，他认为"革命的或不革命的或反革命的知识分子的最后的分界，看其是否愿意并且实行和工农民众相结合。他们的最后分界仅仅在这一点，而不在乎口讲什么三民主义或马克思主义。"①

在《反对党八股》中，毛泽东指出五四运动的一个弱点就是形式主义的方法。"他们对于现状，对于历史，对于外国事物，没有历史唯物主义的批判精神，所谓坏就是绝对的坏，一切皆坏；好就是绝对的好，一切皆好。这种形式主义地看问题的方法，就影响了后来这个运动的发展。"②

20世纪40年代以后，中国共产党对五四运动的阐释走向定型，随着毛泽东本人成为党和国家的领导核心，毛泽东思想成为党和国家的指导思想，他对五四运动的阐释成为历史研究以及历史教学的准绳。当然，毛泽东对五四运动的历史阐释是完全正确的，只是其没有专门提及运动前期自由主义的分化以及马克思主义与自由主义的相互合作，自由主义在五四运动中的作用被忽略了。

三　文化保守主义对五四运动的态度

五四运动的魅力就在于其"百家争鸣"的局面，不同的文化选择、思想倾向相互争鸣。正是在这种局面下，为中国思想界提供了可供选择的各种方案，如果把中国五四时期的自由主义看作外来文化中国化的话，文化保守主义就是对这种外来思想文化的应激反应。可以说，在自由主义、马克思主义、文化保守主义等的相互激荡中，各种思想逐步走向成熟，并且也在彼此汲取其他文化资源的营养，

---

① 《五四运动》，《毛泽东选集》第二卷，人民出版社1991年版，第559—560页。
② 《反对党八股》，《毛泽东选集》第三卷，人民出版社1991年版，第837页。

并在接受其他思想的批判中发现自己的不足并走向成熟。

新文化运动中的文化保守主义人士主要有三种人：第一批是严复、林纾等与前清有着历史联系的一代学者，他们捍卫儒家伦理，明确反对用白话文取代文言文；第二批人以《东方杂志》的杜亚泉、钱智修等为代表，他们主张"中西调和"论，表现为文化上的保守主义；第三批人以梁启超、梁漱溟、张君劢为代表，这一批人有的亲赴西方考察，有的在西方留学，他们对西方物质文明经过一战后出现的弊端具有切实的认识，认为中国文化具有不可替代的作用。

为了表明自己的观点，1922年1月，文化保守主义者创办了《学衡》杂志。《学衡》对新文化运动的批评意见，主要为：提倡重视传统与历史，对传统持"同情的理解"，反对新文化运动鄙弃传统的态度；文学无新旧之分、无贵族贫民平民之别，反对新文学运动，反对以白话文替代文言文，反对一味偏向西方文化，尤其反对专取西方一家之说。

1925年7月，章士钊创办了抗衡新文化运动的《甲寅》周刊。章士钊批评新文化运动的理由是：文化具有其特殊性；新旧只是人们的主观感受，其实质只是几种既有的思想在不断循环，造成循环的是人类的厌旧与笃旧两种心理，文化无所谓新与旧；"新文学"概念不存在；新文化运动的"运动"方式追求的文化为一般民众所共喻是不可能的，其结果必然是"欲进而后退，求文而得野"；捍卫文言文的正统地位，反对新文学，反对以白话文取代文言文。

徐志摩在论述新文化运动与文化保守主义的关系时说："前几年的所谓新思潮只是在无抵抗性的空间里流着；这不是'新人们'的幸运，这应该是他们的悲哀……早年国内旧派的思想太没有它的保护人了，太没有战斗的准备，退让得太荒谬了；林琴南只比了一个手势就叫敌营的叫嚣吓了回去。新派的拳头始终不曾打着重实的对象；我个人一时间还猜想旧派间竟许永远不会有对垒的能耐。但是不，《甲寅周刊》出世了，它那势力，至少就销数论，似乎超过了现在任何同性质的出版物。我于孤桐一向就存十二分的敬意的，虽则明知在思想上他与我——如其我配与他对称一次——完全不是同道的。我敬仰他是因为他是一个合格的敌人。在他身上，我常想，我们至少看了旧派思想的部分表现。有组织的根据论辩的表现。"[1]中国文化保守主义在文化价值上关注传统文化的保存，认为中国文化有其自存的文化价值。虽然在新文化运动中他们退居于边缘的地位，但其毕竟是

---

① 徐志摩：《守旧与"玩"旧》，收入《中国新文学大系·文学论争集》，良友图书印刷公司1935年版，第230—231页。

一种真实的存在，一种有其独特价值的文化选择。

　　五四运动早期，自由主义处于思想主流的地位。五四运动后期，其主流派是自由主义与激进主义的联盟。文化保守主义不过是一条非主流的支线。当然，五四时期的流派之分并非如此清晰，当时的思想之争还包含了思想以外的其他因素，如人缘、地域、师承等因素。当时的自由主义与激进主义并不存在一条明显的鸿沟。早期的《新青年》同人对个人主义、思想解放有着一致的认同。

第五章　中国五四自由主义同人分析

中国五四自由主义的集中地具有以杂志集中的特点，这区别于西方在阐述自由主义理念时所采取的划时代思想家的阐述方式，像洛克、孟德斯鸠、卢梭等，他们都是阐述自由主义基本理念的大师，他们都是以自己的鸿篇巨著、以具有严密逻辑的思维方式来阐述自由主义，而中国五四自由主义者虽然也有胡适的一些论文的出现，但并没有西方那样的鸿篇巨著。所以我们分析五四自由主义者时，我们以当时的《新青年》和《新潮》的编辑等为分析对象。

"自由主义者较少进行有组织的活动，这也是很自然的，因而他们在许多场合很难被认为是一个派系。当问什么是我们所称的'自由主义者'的共同立场时，我们发现，他们在不同程度上都提倡思想和言论自由。虽然他们中有一些在哲学方面或许被认为是激进的，但在行动方面他们都倾向注重民主的方法。一些曾受过英法自由主义和立宪自由主义影响的知识分子和作家如严复、章士钊等，则回避参加新的改革运动，并常常抛弃他们早先的信念。其他具有自由派观点的著名知识分子领导人如蔡元培、吴稚晖等，深受无政府主义和虚无主义思想的影响。他们从未对自由主义作过系统的阐释。在对自由主义和西方民主主义理论的研究中，只有极少数对之是比较精通的，如张慰慈、高一涵、陶孟和等。在这些自由派作家中，胡适是表述得最清楚和拥有最广泛读者的作家。杜威的其他弟子如蒋梦麟和陶行知也是很有影响的自由派教育家，杜威的著作和讲演吸引了大多数青年知识分子的注意。在五四事件后的一段时期，实验主义者实际占据了中国阵营中的领导地位。"[1]

---

① ［美］周策纵，周子平等译：《五四运动：现代中国的思想革命》，江苏人民出版社 1999 年版，第221—222 页。

一 《新青年》与《新潮》的同人编辑群体

1915年9月15日创刊的《新青年》,1926年7月25日终刊。第一卷《青年杂志》编辑未具名,但主撰为陈独秀应该是没有问题的。第二、三卷具名"陈独秀主撰"。《新青年》创刊号(《青年杂志》第1卷第1号)以崭新的面貌出现,封面格调清新,红色印刷的刊名:中文"青年杂志"四字靠封面右侧,法文"LA JE UNESSE"则高悬正中,下面为一排黑头发的中国青年学生,坐在一长桌边,桌上放着纸与笔,好像正在聆听陈独秀的讲演或讲课。封面正中则为英国人安德鲁·卡内基的头像——卡内基是著名的所谓"艰苦力行之成功者"的典型,第1号内即有他的传记(彭德尊撰)。第1卷第3号陈独秀的《抵抗力》一文中还特别引用了卡内基的名言"遇难而退,遇苦而悲者,皆无能之人也"。此名言正是主撰陈独秀当时心灵的写照。

从第一卷至第三卷(1915年9月15日至1917年8月1日),作者主要是皖籍学者。四、五、六卷(1918年1月15日至1919年11月1日),由同人轮流编辑,作者主要为北大教员和学生。七、八、九卷是过渡阶段,从第七卷(1919年12月1日)重新由陈独秀主编,到第八卷(1920年9月1日)开始为中共上海发起组所主控,逐步从同人刊物向党刊过渡,作者则是原北京同人和上海编辑部同人并存。1923年6月复刊后的《新青年》(季刊),是中共中央的纯理论机关刊物,作者主要为中共党内年轻的理论家。我们分析自由主义同人特征主要集中在一卷至六卷。

从一卷到三卷,《新青年》撰稿人、编译者、通信类作者共计约70人,他们绝大部分是皖籍作者,如陈独秀、胡适、高一涵、江叔潜、陈遐年、高语罕、刘文典等。其他作者如易白沙、谢无量、苏曼殊、吴稚晖、章士钊等虽非安徽人,却多在安徽生活、工作过,或与陈独秀共过事、有过交往。因此,《新青年》前3卷可视为由陈独秀主撰的,以陈独秀为首的皖籍革命知识分子为主体的"圈子杂志"。

第四卷公告称:"本志自第四卷一号起,投稿章程业已取消,所有撰译,悉由编辑部同人公同担任,不另购稿。其前此寄稿尚未录载者,可否惠赠本志?尚希投稿诸君,赐函声明,恕不一一奉询,此后有以大作见赐者,概不酬资。"[①] 这里的公告实际承认了一个事实,1918年1月,《新青年》杂志从四卷1号起改由

---

① 《本志编辑部启事》,载《新青年》第四卷第3号,1918年3月15日。

北京大学的 6 名教授轮流编辑，从而改变了此前以安徽人为主体的地方性刊物的小格局，以最具号召力和影响力的全国性同人刊物的崭新面貌出现在读者和世人面前。1917 年 10 月 16 日刘半农致钱玄同信提到："先生试取《新青年》前后所登各稿比较参观之，即可得其改变之轨辙。……譬如做戏，你，我，独秀，适之四人，当自认为'台柱'，另外再多请名角帮忙，方能'押得住座'；'当仁不让'，是毁是誉，也不管他。"① 四个"台柱"大概就是《新青年》"四大笔"说的由来。正是基于这一事实，胡适在《中国新文学大系·建设理论集导言》中写道："民国七年一月《新青年》复活之后，我们决心做两件事：一是不作古文，专用白话作文；一是翻译西洋近代和现代的文学名著。那一年的六月里，《新青年》出了一本'易卜生专号'，登出我和罗家伦先生合译的《娜拉》全本剧本，和陶履恭先生译的《国民之敌》剧本。这是我们第一次介绍西洋近代一个最有力的文学家，所以我写了一篇《易卜生主义》。在那篇文章里，我借易卜生的话来介绍当时我们新青年社的一班人公同信仰的'健全的个人主义'。"

《新青年》四卷共 6 期的轮值编辑，依次是：陈独秀、钱玄同、刘半农、陶孟和、沈尹默、胡适。五卷共 6 期的轮值编辑，依次是陈独秀、钱玄同、刘半农、胡适、沈尹默、陶孟和。六卷共 6 期的轮值编辑，依次是：陈独秀、钱玄同、高一涵、胡适、李大钊、沈尹默。其中的高一涵和李大钊，顶替的是预备出国的陶孟和、刘半农留下的空缺。

陈独秀是《新青年》的灵魂人物。从在创刊号发表《敬告青年》，到最后一期刊出《世界革命与中国民族解放运动》，在数百位作者中，他是唯一与《新青年》相始终的作者。他办刊的基本思想是："凡是一种杂志，必须是一个人一团体有一种主张不得不发表，才有发行底必要；若是没有一定的个人或团体负责任，东拉人做文章，西请人投稿，像这种'百衲'杂志，实在是没有办的必要，不如拿这人力财力办别的急于要办的事。"② 陈独秀对杂志的看法说明《新青年》始终是一种政治思想性很强的刊物，只不过其各个时期所表现的思想不同而已。

受陈独秀等人的影响，北大学生傅斯年、罗家伦、顾颉刚、徐彦之等进步学生也不甘寂寞，也想办杂志，致力于思想启蒙。1918 年 12 月 3 日，傅斯年、罗家伦等在《北京大学日刊》上刊登了《新潮杂志社启事》，公布了该社当时的 21 名社员的名单及其组织章程和职员名单，正式挂出了"新潮社"的牌子，宣告该

① 刘半农：《刘半农致钱玄同》，载《中国现代文艺资料丛刊》第 5 辑，上海文艺出版社 1980 年版，第 303 页。
② 陈独秀：《随感录七十五·新出版物》，载《新青年》第七卷第 2 号，1920 年 1 月 1 日。

社正式成立。在新潮社的首届职员中，编辑部的 3 位依次是傅斯年、罗家伦和杨振声；干事部的 3 位依次是徐彦之、康白情和俞平伯。

1919 年 1 月，《新潮》第 1 期出版，傅斯年等人明确表示他们在一切理论及实践领域的思想原则，即"最先是自己，其次是理，最后是上帝"。由于新潮社是以北大学生为主体的社团组织，其思想演进的主体不像《新青年》那样以彼者的视角去看待社会青年，而是以自者的视角重视自己的生活，他们既是自由主义的倡导者，更是自由主义理念的实践者。

傅斯年在《〈新潮〉发刊旨趣书》中提到他们坚守的要点。他们的根本目的就是思想革命，传统思想成为他们的首要敌人。他们提倡个性解放，倡导妇女解放，反对吃人的封建礼教，鞭笞固有的家庭制度，揭露社会上种种的不良现象。他们多是从旧家庭中走出来，小时候又经历过私塾的教育，因此深知其中的弊端，批判也更能切中要害。他们倡导文学革命。思想革命是目的，文学革命是武器。他们主张废文言，接受了周作人的"人的文学"的观点，摒弃"文以载道"的传统，肯定人的个性和尊严，竭力发扬文学为人生的作用，因此，在杂志的编撰上他们试图从理论的说明和小说诗歌的创作实践方面坚守这一点。

由于是学生，他们自然也不会忘记对学术的关注。他们主张学术思想的解放，鼓吹西方的科学思想学说，提倡用科学的方法解决问题，刊登介绍杜威、罗素、尼采等各种不同思想学说的文章。他们受胡适的影响很大，这主要体现为对实用主义的偏好，不仅介绍此类的文章多，而且他们所作的文章也喜用实用主义的观点分析问题和提出看法。这正符合了他们创办杂志时所抱定的宗旨：批评的精神、科学的主义和革新的文词。

二 五四自由主义者主要成员

为了对五四自由主义者进行分析，以下对以《新青年》和《新潮》为代表的自由主义群体进行简单的介绍。主要介绍其姓名、出生年份、籍贯、职业、职务、教育背景、国内国外党派渊源等。

陈独秀：1879 年生，安徽怀宁人，《新青年》月刊主编主撰，北京大学文科学长，《每周评论》编委，清末秀才，曾经在杭州中西求是书院学习。五次短期赴日本学习、游历。

蔡元培：1868 年生，浙江绍兴人，北京大学校长，清末进士，翰林院编修，曾赴德国、法国留学，同盟会成员。

高一涵：1884 年生，安徽六安人，《晨钟报》、《甲寅日报》、《新青年》、《每周评论》编辑，北京大学教授，曾在日本明治大学政治科学习，同盟会成员。

陶孟和：1889 年生，天津人，北京高等师范大学、北京大学教授，《新青年》编委，曾在日本东京高等师范、英国伦敦大学学习。

李大钊：1889 年生，河北乐亭人，《晨钟报》总编辑，《甲寅》日刊编辑，北京大学图书馆主任兼经济学教授，《新青年》、《每周评论》编辑，天津北洋法政专门学校毕业、日本早稻田大学政治科肄业，进步党成员。

马君武：1881 年生，广西桂林人，广西体用学堂毕业，曾赴日本留学，同盟会成员。

刘半农：1891 年生，江苏江阴人，上海中华书局编辑，北京大学预科教授，常州中学教师。

吴稚晖：1865 年生，江苏武进人，《中华新报》创办人，清末举人，曾短期赴日本、英国、法国游历，同盟会成员。

胡适：1891 年生，安徽绩溪人，北京大学教授，中国文化教育基金董事会成员，上海中国公学美国哥伦比亚大学哲学博士。

沈尹默：1882 年生，浙江吴兴人，北京大学教授，《新青年》编委，曾在日本京都帝国大学学习。

沈兼士：1885 年生，浙江吴兴人，北京大学教授，曾赴日本留学，同盟会成员。

周作人：1885 年生，浙江绍兴人，北京大学教授，曾赴日本留学。

鲁迅：1881 年生，浙江绍兴人，北京政府教育部佥事，北京大学、北京师范大学、女子师范大学兼职教员，《新青年》编委，南京水师学堂，江南陆师学堂附设矿务铁路学堂学习，曾在日本东京弘文学院、仙台医学专门学校学习，光复会成员。

陈大齐：1886 年生，浙江海盐人，北京大学教授，日本东京帝国大学文学士，同盟会成员。

钱玄同：1887 生，浙江吴兴人，北京高等师范学校、北京大学教授，《新青年》编委，家塾教育，曾在日本早稻田大学文学系学习，同盟会成员。

蒋梦麟：1886 年生，浙江余姚人，上海商务印书馆编辑，北京大学教授、代理校长，清末秀才，上海南洋公学学习，美国哥伦比亚大学哲学博士，同盟会成员。

王星拱：1889 年生，安徽怀宁人，北京大学教授，英国伦敦大学毕业，同盟会成员。

黄凌霜：1897 年生，广东台山人，北京大学学生。

王光祁：1892 年生，四川温江人，北京大学学生，后任《群报》、《川报》驻京记者，少年中国学会执行部主任。

傅斯年：1896 年生，江西永丰人，北京大学学生，《新潮》编委。

罗家伦：1897 年生，浙江绍兴人，北京大学学生，《新潮》编委。

康白情：1896 年生，四川安岳人，北京大学学生，《新潮》编委。

孙伏园：1894 年生，浙江绍兴人，北京大学学生，新潮社成员。

陈衡哲：1890 年生，江苏武进人，当时留学美国。

任鸿隽：1886 年生，浙江归安人，当时留学美国，重庆府中学堂学习，同盟会成员。

杨昌济：1871 年生，湖南长沙人，湖南一师等校教员，北京大学教授，曾先后在日本、英国留学，英国厄北淀大学学士。

朱希祖：1879 年生，浙江海盐人，北京大学教授，曾在日本早稻田大学学习。

顾孟余：1889 年生，北京人，北京大学教授，曾在德国柏林大学学习，国民党员。

张申府：1893 生，河北献县人，北京大学学生，《每周评论》、《新青年》编委。

易白沙：1886 年生，湖南长沙人，讨袁失败后，流亡日本，创办《甲寅》杂志，南开大学、复旦大学教授，1915 年《新青年》创刊后，易白沙在《新青年》杂志上发表《孔子平议》等文章。

刘文典：1889 年生，安徽合肥人，北京大学教授、安徽大学校长、清华大学国文系主任，《新青年》杂志编辑部英文编辑。

李次山：1887 年生，1906 年赴安庆求学，1911 年毕业于安徽官立法政学堂，中华民国成立，任省议员。日本避难，1917 年回国。1919 年创办"联合通讯社"，次年《新青年》出版纪念劳动节专号，李主编《上海劳动状况》达 7 万言。

彭一湖：1887 年生，湖南岳阳公田镇人，1905 年幼时寄读于岳州金鹗书院。日本早稻田大学学习，上海《晨报》编辑。

张慰慈:1890 年生，江苏吴江人，留学美国，哲学博士。曾任北京大学、法政大学、上海东吴大学法律学院、中国公学政治学教授，安徽大学图书馆长等职。

吴虞:1874 年生，四川华阳人，早年留学日本，四川《醒群报》主笔，鼓吹新学。1910 年任成都府立中学国文教员，不久到北京大学任教。

高语罕：1888 年生，安徽寿县人，早年赴日本留学，入早稻田大学就读，1920 年冬加入社会主义青年团。

当然，以上所列举的三十六人并不能包括五四时期中国自由主义的全部，但都是具有代表性的一些人物，通过对这些人物的分析可以探知中国五四时期自由主义的基本状况。

三　中国五四自由主义同人分析

从这些人的地域分布可以看出，他们中有一部分是安徽人。虽然陈独秀进入北大以后，《新青年》由"圈子"杂志转化为"同人"杂志，但其本人的安徽人身份并没有转变，所以一部分原来的安徽作者也就随即成为《新青年》移居北京后的作者，这些人有：高语罕、李次山、刘文典、王星拱等。还有一部分人的地域属于中国南方的江浙地区，这些人包括：张慰慈、朱希祖、孙伏园、鲁迅、周作人、沈尹默、刘半农等，这一部分人首先得益于中国自鸦片战争以来，中国南方被迫形成的被动开放形式，迫使中国南方接触到西方文化，当然也包括西方的自由主义思想。其次，中国自由主义的西方引进性质决定了留学生起巨大的推动作用，而当时的中国南方的留学生占据主要地位。再次，辛亥革命爆发在中国的南部，孙中山等革命家在南方的存在无疑也推动了中国接受西方思想的步伐。

从年龄结构看，五四中国自由主义者主要出生在 19 世纪 80 年代，那时的他们三十多岁，正是人生的黄金时期，如《新青年》的编辑群体。一些学生则出生于 19 世纪末期，如"新潮社"成员。"新潮社"成员的年龄在 1919 年《新潮》创刊时，除像周作人这样的教员在 30 岁以上，其余大部分社员，无论是北大的还是校外的，基本上是二十几岁的青年。这些社员虽然在个性、爱好、志向方面有差异，后来的生活经历也不尽相同，可在当时都具有积极上进、思想活跃、喜好新事、关注国危的特点。群体的主要代表人物都在国内高等教育机构和其他文化事业单位供职，成员包括一小部分在校的大学生。其他社会阶层和行业的人士则十分罕见。

中国五四时期自由主义

五四自由主义者既受过旧式教育又受过新学教育，大多数都到过国外留学或避难，清末民初参加过辛亥革命、二次革命。袁世凯篡权、北洋军阀专制后，他们都认识到：欲救亡图存、富国强民，必先冲破封建思想文化的禁锢，宣传和培植民主主义的新思想、新道德、新文化；要开展政治革命、政党政治，必先开展思想文化革命，实现国民觉悟和进行国民运动。

五四自由主义者骨干力量大部分具有留学的经历，五四前期的自由主义者一般具有日本留学经历，后期的一般具有美国留学经历。甲午战争以后，日本对中国的知识界具有相当大的吸引力，曾是中国变法维新的榜样，中国知识分子竞往日本求学。1915 年 1 月，教育总长汤化龙条呈"教育政策三十条"，即主张多选取青年子弟派往日本留学。"二十一条"事件后，汤化龙拟定的《养成师范人材条陈》即已提出仿照德国制度。这个象征性的转向表明，日本已不再是中国学习的榜样了。先后留日的鲁迅、周作人兄弟，1915 年时在日本的李大钊、陈独秀等，在五四期间都以反日著称。在大量留日学生变得排日的同时，许多留美学生在这前后陆续回国并且发挥了重要的影响。顾维钧在政界的迅速上升和胡适在学界的"暴得大名"，在某种程度上象征着一种在那时还是潜在的权势转移——美国在华影响的上升和日本在华影响的下降。

五四自由主义者的年龄决定了其受到几方面的教育影响，在少年时期他们受到的是中国的传统教育，青年时期接受到了日本、美国等西式教育，他们是中西教育的复合体。这就决定了他们的矛盾性，就是他们思想上的西方性和情感上的传统性。

被陈独秀称为"四川只手打倒孔家店的老英雄"的吴虞，主攻"非孝"、"非礼"，写下《家族制度为专制主义之工具论》、《说孝》、《道家法家均反对旧道德说》等文章。在"非孔"时，其采用的是以道、法诸家之矛攻儒家之盾的方法，也就是用一件古董去反对另一件古董。他由于与父亲翻脸，被赶出家门，然而也是一个封建专制主义者，当他面对女儿时，他所骂的封建主义的东西就从骨子里冒了出来。以致钱玄同后来斥之为没有身体力行自己的反儒主张，不过是孔家店里的老家伙。胡适对中国旧家庭、旧道德破坏人的个性的一面看得一清二楚，然而其也生活在中国传统之中，他对母亲非常孝顺，在婚姻问题上，他也顺从母亲的意愿，娶了一位他并不喜欢的半文盲的小脚女人为妻，还执子之手，与子偕老。这在一个以恋爱自由、婚姻自由为时髦的时代，一个大名鼎鼎的新派人物，竟然因为孝道而维持一桩包办婚姻，说明自由主义者无时无刻不是生活在传统之中的。

所以胡适非常清楚，自己还远远没有解放，何以去解放别人？其实，五四自由主义者大体在理智方面选择了西方价值，而在情感方面却丢不开中国的传统。

　　他们的这些行为意味着他们对近代西方自由主义产生的历史语境缺乏直接的体验；他们的许多自由主义观念是经日本转口输入、经过日本思想界过滤的产物，而不是西方社会原生态的东西。如果再考虑到他们当中许多人去日本属于临时政治避难性质，在日本居留时间较短，踪迹漂泊不定，实际无法在正规大学接受专门系统的教育，上述的估计还要再打一些折扣。不过，通过研究《新青年》同人的相关论著可以看出，这个时期的自由主义观念混杂于多种近代西方社会思潮之中，《新青年》同人群体的自由主义倾向主要通过他们的"泛西化"主张得到体现。他们当中大部分人所理解的"自由"，是"freedom"而不是"liberty"；他们对"人权"、"国家"等概念的解说还主要建立在自然神秘主义（"天赋人权"）的哲学基础之上，而且还带有"西学中注"的色彩。换言之，《新青年》同人对西方国家的现代化成就有一种整体的认同，但是由于各种条件的限制，他们当中许多人对近三百年来西方思想界的分化和各思想流派的理论分野尚缺乏深入的了解，对自由主义的理解和认知还相当有限，对自由主义的信仰并不坚定。因此，一旦接触到现实政治的抉择问题，特别是在第一次世界大战和苏俄十月革命之后，在如何评价西方国家的现代化成就和如何看待十月革命的意义问题上，他们便发生了迅速的分化，许多人放弃了自由主义主张，转而成为新保守主义者或共产主义者。《新青年》同人群体对近代西方自由主义理论与实践的隔膜，以及由此所造成的信仰危机，与他们的年龄结构、知识结构和新文化运动时期自由主义的传播途径有着紧密的关系。

第六章 五四时期中国自由主义的理论

五四自由主义者大量借鉴西方的自由主义思想对中国的传统文化进行批判，力图建立一个自由主义宪政国家。他们借鉴的西方自由主义思想是西方各种思想的大杂烩，当然主要是美国革命与法国革命所产生的思想，借鉴的哲学主要是以杜威为代表的实验主义（实用主义），推行的个人主义思想主要表现为易卜生主义。自由主义者以此为武器对中国以儒家文化为代表的传统文化、宗法思想、妇女贞节观念等进行批判，试图以英美为蓝本建立资产阶级宪政国家。从其借鉴的批判的思想武器到其设计的资产阶级国家的宪政蓝图等都不适合中国的国情，注定走向失败。

一 五四自由主义的民主观

严格意义上的民主观念来源于西方，汉语音译"德谟克拉西"的民主观念，流行于中国新知识界，得益于中国五四时期自由主义者的大力宣扬。五四时期，中国的自由主义者以《新青年》、《新潮》等为阵地，大力宣扬民主思想。五四自由主义者的民主思想主要是以卢梭为代表的法兰西激进民主思想，五四自由主义者对民主概念的理解是模糊的，具有不同的涵义。

（一）五四自由主义者以前所未有的姿态宣扬民主

1915 年 9 月，陈独秀在《青年杂志》创刊号上，首先以前所未有的气魄表示对青年的赞扬，表示了对陈腐朽败者的厌恶。"新陈代谢，陈腐朽败者无时不在天然淘汰之途，与新鲜活泼者以空间之位置及时间之生命。人身遵新陈代谢之道则健康，陈腐朽败之细胞充塞人身则人身死；社会遵新陈代谢之道则隆盛，陈腐朽败之分子充塞社会则社会亡。"①陈独秀把建设新社会的希望寄托在年轻人的身上，并且提出了新青年的标准，也就是：自主的而非奴隶的、进步的而非保守的、进取的而非隐退的、世界的而非锁国的、科学的而非想象的。大胆声言"科学"与"人权"（民主）"若舟车之有两轮"，"国人欲脱蒙昧时代，羞为浅化之民也，则急起直追，当以科学与人权并重"。新文化运动的战士以义无反顾的精神，用民主和科学作为自己的思想武器和判断是非的标准，批判与之不相容的旧思想、旧道德和旧文化。五四自由主义者是把民主和科学作为改造社会、挽救颓势的良方提到国人面前的。以反孔面貌出现的五四自由主义者必然受到封建卫道士的攻击和非难，陈独秀遂于 1919 年初发表《〈新青年〉罪案之答辩书》，内称："本志同人本来无罪，只因为拥护那德谟克拉西 (Democracy) 和赛因斯 (Science) 两位先生，才犯了这几条滔天的大罪。要拥护那德先生，便不得不反对孔教，礼法，贞节，旧伦理，旧政治。要拥护那赛先生，便不得不反对旧艺术，旧宗教。要拥护德先生，又要拥护赛先生，便不得不反对国粹和旧文学。大家平心细想，本志除了拥护德赛两先生外，还有别项罪案没有呢？若是没有，请你们不用专门非难本志，要有气力有胆量来反对德赛两先生，才算是好汉，才算是根本的办法。"②正如陈独秀所说："西洋人因为拥护德、赛两先生，闹了多少事，流了多少血，德、赛两先生才渐渐从暗中把他们救出，引到光明世界。我们现在认定只有这两位先生，可以救治中国政治上、道德上、学术上、思想上一切的黑暗。若因为拥护这两位先生，一切政府的压迫，社会的攻击笑骂，就是断头流血，都不推辞。"③

《新青年》同人如李大钊、胡适、鲁迅、钱玄同、刘半农、周作人，以及北大校长蔡元培等许多新文化先驱，《新潮》、《晨报》副刊、《湘江评论》、《星期评论》、《少年中国》、《觉悟》、《学灯》、《新生活》等许多刊物，都致力于民主与科学的宣传。影响所及，无论政治、经济、社会、教育、宗教以及文学艺术等各方面，都发出民主的呼声。恰如李大钊所说："现代生活的种种方面，都带着 Democracy 的颜色，都沿着 Democracy 的轨辙"，"Democracy 就是现代唯一的权威。现在的时代，就是 Democracy 的时代"。④这些文章鲜明地表示了他们的目的和态度。

---

① 《青年杂志》第一卷第 1 号。
② 陈独秀：《〈新青年〉罪案之答辩书》，载《新青年》第六卷第 1 号，1919 年版。
③ 陈独秀：《〈新青年〉罪案之答辩书》，载《新青年》第六卷第 1 号，1919 年版。
④ 李大钊：《劳动教育问题》，载《晨报》1919 年 2 月 14、15 日。

中国五四时期自由主义

从严复引进西方自由主义以来，中国的自由主义知识分子对西方自由主义的追求一刻也没有停止过，五四以前的自由主义皆是采取托古的方式对自由主义的理念进行介绍，康有为用《周易》"群龙无首"的说法来附会西方民主，他说："群龙无首之义，必如瑞士之公议内阁，主议长而不立总统，乃为至公。"[①] 康有为在 1905 年访美时，更是将华盛顿比作中国的尧、禹，牵强附会地认为尧、禹就是民主的楷模。梁启超则想从中国的古代圣贤那里发掘近代民主的种子，将孟子思想与西方民主思想相提并论："《孟子》言民为贵，民事不可缓，故全书所言仁政，所言王政，所言不忍人之政，皆以为民也。泰西各国今日之政殆庶近之。"[②] 被称为中国自由主义之父的严复更是把中国的贵民思想与西方的民主思想等量齐观。五四前的中国自由主义者力图在中国的传统文化中发现西方自由主义民主思想的种子以实现两者的对接，甚至于作出西方思想来源于中国的结论。这种介绍西方思想的方式有策略上的考虑，中西两种政治思想是不同的文化体系，这样做可以减少介绍西方民主思想的阻力争取更多的同盟者；这也是一种思想体系进入另一种思想体系的自然的发展过程，也就是中国当时的思想界对西方思想的认识还处于模糊阶段。

与五四以前的自由主义者相比，五四自由主义者没有祭起先王前圣的大旗，抛弃了"托古"故伎，而是以战斗的姿态直接宣扬西方的自由主义民主。如《新青年》中一则通讯说："大同之异于小康者，仅传贤传子之不同，其为君主私相授则一也。若据此以为合于今之共和民选政制，是完全不识共和为何物，曷足与辩哉！"[③] 这种见解虽然还没有批判中国的"礼运大同"思想，但却揭示了"礼运大同"与现代民主间的本质差别。陈独秀大力肯定中西文化的差异："欧洲输入之文化，与吾华固有之文化，其根本性质极端相反。数百年来，吾国扰攘不安之象，其由此两种文化相触接相冲突者，盖十居八九。凡经一次冲突，国民即受一次觉悟。"[④] 五四自由主义者采取的不是纵向的移植，而是横向的移植，唯一依凭的就是西方的民主理念。五四自由主义者在推崇西方民主的过程中沿袭了自严复以来的引进西方理念的工具理性特征，就是移植西方民主理念的目的在于唤起国民觉悟从而实现民族的解放。在五四时期发表的有关民主思想的文章中皆可以看

---

① 康有为：《忧问》。
② 梁启超：《读〈孟子〉界说》，《饮冰室合集：文集之二》。
③ 《再答吴又陵（孔教）》，载《新青年》第三卷第 5 号，1917 年版。
④ 陈独秀：《吾人最后之觉悟》，载《青年杂志》第一卷第 6 号，1916 年版。

到这样的工具理性特征，如刘叔雅的《佛兰克林自传》、《美国人之自由精神》，高一涵的《关于共和国家的观念》、《共和国家与青年的自觉》、《民约与邦本》、《国家非人生之归宿论》、《自治与自由》、英人戴雪（A.V.Dicey）的《英国言论自由之权利论》、《读弥尔的〈自由论〉》、《斯宾塞的政治哲学》等，这些文章都以大无畏的精神直接宣扬西方的民主。

　　五四自由主义者引进西方自由主义理念的直接性带来正反两个方面的作用，一方面这种方式容易起到振聋发聩的作用，特别是在青年中产生重大影响，另一方面这种方式必然会带来与传统文化的决裂，后来五四自由主义者走向了对传统文化的基本否定与此有一定的关系。

（二）五四自由主义民主的主要来源

　　五四同人分裂前，他们信奉的主要是自由主义民主，陈独秀以人权（民主）说为武器，仿效法、美等国模式，要求在中国"组织西洋式之新社会"。他在1915年11月提出："美利坚力战八年而独立，法兰西流血数十载而成共和，此皆吾民之师资。"[①] 1919年底，他仍认为："社会经济的民治主义，那一国都还没有实行；政治的民治主义，英美两国比较其余的国家，总算是发达的了。"因此要求："我们现在要实行民治主义，是应当拿英美做榜样。"[②] 李大钊早期思想当时所热烈追求的民主政治，是"唯民主义为其精神，代议制度为其形质之政治。"[③] 即企求的仍是以代议政治为特征的欧美式的民主共和国。而他这时提出的唯民主义的主张，其主体仍然是"由中流社会之有恒产者，自进而造成新的中心势力，以为国本所托。"[④] 即把实现民主政治的希望仍寄托在民族资产阶级身上。可以说，对西方自由主义民主的追求在20世纪初期的中国启蒙思想家身上表现得很明显。政治上对民主的热烈追求和社会现实之间的巨大反差，不能不使他们感到彷徨、失望以致悲观。应当指出，这种失望和苦闷，也蕴含着对新的出路的思考和探索。李大钊在经过了自己深刻的观察和思考后说："中国人今日的现象全是矛盾现象。举国的人都在矛盾现象中讨生活，当然觉得不安，当然觉得不快，既然觉得不安不快，当然要打破此矛盾生活的阶级，另外创造一种新生活，以寄顿吾人的身心，

---

　　① 陈独秀：《抵抗力》，载《新青年》第一卷第3号。
　　② 陈独秀：《实行民治的基础》，载《新青年》第七卷第1号。
　　③《李大钊文集》（上），人民出版社1984年版，第157—158页。
　　④《李大钊文集》（上），人民出版社1984年版，第157—158页。

中国五四时期自由主义

慰安吾人的灵性。"①"另外创造一种新生活"反映了历史的要求，它也将由历史的发展给予正确的回答。正是在这历史转换的契机上，民主和科学的内涵获得了新的发展。

伴随着文艺复兴而兴起的西方自由主义推动了西方现代国家的兴起，中国五四自由主义民主理念没有沿袭西方的洛克自由主义民主的发展路径，而主要是介绍借鉴了法国卢梭的自由主义民主理念。

卢梭的民主思想主要是人民主权思想，他相信，人与人之间本来是平等的，只是人类社会打破了这种大自然建立的人与人之间的平等关系，只有人民与主权者的统一才能建立真正的国家主权，社会契约的宗旨是"要寻找出一种结合的方式，使它能以全部共同的力量来卫护和保障每个结合者的人身和财富，并且由于这一结合而使每一个与全体相联合的个人又只不过是在服从自己本人，并且仍然像以往一样的自由。"②人民主权的要义就是强调人民与国家权力的关系，主权权力是绝对的、神圣的、不可侵犯的，任何公众决定、任何一种根本法律都不能约束人民共同体。

卢梭的民主思想对中国的影响，最早可以追溯到早期的中国改良主义思想家。康有为、梁启超在理论上承认人类社会历史最终要进步到民主共和的阶段，当时的中国国情只可实行孟德斯鸠的君主立宪政体。戊戌变法失败以后，梁启超曾经撰文介绍卢梭的民约论，1903 年其写下了《近世欧洲四大家政治学说》，用最多的篇幅介绍了卢梭的民约论，是最早系统介绍卢梭的论著之一。

五四运动的总司令陈独秀曾于 20 世纪初叶多次到日本，在日本受到了自由民权运动的精神领袖中江兆民等人影响，开始景仰法兰西式民主，曾学习法文，译介法国激进民主主义论著。他 1915 年在《新青年》撰文《法兰西人与近世文明》，标示了那一时期新知识界对西方民主的选择方向。陈文开始就对法兰西文化大加赞扬："可称曰'近世文明'者，乃欧罗巴人之所独有，即西洋文明也，亦谓之欧罗巴文明。移植亚美利加，风靡亚细亚者，皆此物也。欧罗巴之文明，欧罗巴各国人民皆有所贡献，而其先发主动者率为法兰西人。近代文明之特征，最足以变古之道，而使人心社会划然一新者，厥有三事：一曰人权说，一曰生物进化论，一曰社会主义，是也。"而"此近世三大文明者，皆法兰西人之赐。世界

①《李大钊文集》(上)，人民出版社 1984 年版，第 537 页
②［法］卢梭著，何兆武译：《社会契约论》，商务印书馆 2003 年版，第 23 页。

而无法兰西，今日之黑暗不识仍居何等"。① 陈独秀认为，法国人在与民主政治直接相关的"人权说"方面建立了不世之功："法兰西革命以前，欧洲之国家与社会，无不建设于君主与贵族特权之上，视人类之有独立自由人格者，唯少数之君主与贵族而已；其余大多数之人民，皆附属于特权者之奴隶，无自由权利之可言也。自千七百八十九年，法兰西拉飞耶特 Lafayette 美国独立宣言书亦其所作之'人权宣言'La declaration desdroits del hommes 刊布中外，欧罗巴之人心，若梦之觉，若醉之醒，晓然于人权之可贵，群起而抗其君主，仆其贵族，列国宪章，赖以成立。……人类之得以为人，不至永沦奴籍者，非法兰西人之赐而谁耶？"② 在《新青年》同期刊载高一涵的论文《共和国家与青年之自觉》，"至共和国之政治，每视人民之舆论为运施；故生此时代之人民，其第一天职，则在本自由意志 (Free Will)，造成国民总意 (Genelal Will)，为引导国政之先驰。"③ 他鼓励青年吸取法国哲人卢梭的"天然自由"精神，"欲政府不侵我民权，必先立有凛然难犯之概；欲政府不侮我人格，必自具庄严尊重之风。"④ 为了增进青年对法兰西式民主的认识，陈独秀还翻译法国学者薛纽伯著《现代文明史》第三章关于"新思想"部分，刊于《青年杂志》第一卷第 1 号。《新青年》杂志的副题就是法文"La Jeunesse"（青年），随后出现的颇具影响力的《新潮》杂志英文副题"The Renaissance"，意即文艺复兴。这都在一定意义上表明了它们的价值取向。

五四时期中国自由主义者对卢梭钟情的原因是多方面的，主要是卢梭的思想契合了中国的国情。作为自由主义鼻祖的洛克思想的阐述发生在自由资本主义刚刚兴起的时期，整个资本主义发展需要的是财产保护制度以及自由竞争的经济环境，而在卢梭生活的法国，当时的资本主义已经有了一定程度的发展，资本主义自由竞争的弊端已经显露无遗，如何借鉴西方的民主制度又避免其带来的负面影响是摆在中国知识界也包括五四自由主义者面前的重要课题。而以卢梭为代表的法国式的民主主要代表的是小资产阶级的利益要求，这种要求就契合了五四自由主义者的心理。以卢梭为代表的法国式民主本身具有一种浪漫激进的特色，这种浪漫激进也契合了五四自由主义者的激进心态。这种自由主义民主的激进心态一方面为五四同人的分裂埋下伏笔，当其自由主义群体在面对一种新的民主形式时

---

① 陈独秀：《法兰西人与近世文明》，载《青年杂志》第一卷第 1 号，1915 年版。
② 陈独秀：《法兰西人与近世文明》，载《青年杂志》第一卷第 1 号，1915 年版。
③ 袁伟时：《告别中世纪：五四文献选粹与解读》，广东人民出版社 2004 年版，第 120 页。
④ 袁伟时：《告别中世纪：五四文献选粹与解读》，广东人民出版社 2004 年版，第 120 页。

就会产生不同的理解与态度，后来李大钊与陈独秀的思想转向与此有关。另一方面这种激进心态导致对西方自由主义一些理念的分析缺乏理性的认识，对西方自由主义缺乏辩证的分析。

（三）五四自由主义民主的内涵

严格意义上的民主观念来源于古希腊时期，古希腊的城邦又以雅典的民主为代表，当时的雅典有三种人的分别，就是公民、有自由权的妇女儿童和外乡人、没有自由权的奴隶。民主专指公民参与城邦管理的政治权利，民主的希腊语是demokratia，由人民 (demos) 和权力 (kratia) 组合而成，全意为"人民的权力"，包含人民拥有权力和人民行使权力两层内蕴，与少数人充任人民主宰的独裁政治相对应。现代民主的基本含义是"人民是国家权力的主人"，而中国封建社会民主的含义是"做民之主"，也就是做人民的主人、为民做主，和西方民主的含义恰恰相反。进入近代以来，"人民生活中发生的各种事件，到处都在促进民主。所有的人，不管他们是自愿帮助民主获胜，还是无意之中为民主效劳；不管他们是自身为民主而奋斗，还是自称是民主的敌人，都为民主尽到了自己的力量"。①五四自由主义者对民主的理解是多方面的。首先，民主本身就是一个发展变化的词就是在西方也有不同的理解；另外，当时民主作为一个外来词，对此理解有一个逐步加深的过程，当时还处于模糊的阶段；再者，五四自由主义者为了论述的需要，不去刻意定义民主的含义，在不同的语境中使用不同得含义，为说明不同的问题提供方便。

五四自由主义者的民主的第一种含义是"人权"、"平等"。在《新青年》的前身《青年杂志》第一卷中，"民主"被界定为"人权"、"平等"。"奴隶云者，古之昏弱对于强暴之横夺，而失其自由权利者之称也。自人权平等之说兴，奴隶之名，非血气方刚所能忍受。"这里显然借鉴了西方自由主义的"自然权利"学说，每个社会成员都能"脱离夫奴隶之羁绊，以完其自主自由之人格"。在创刊号上，陈独秀并未明确提出"科学与民主"的口号，当时的主张是欲使中国摆脱蒙昧时代，羞为浅化之民，则应急起直追，以"科学与人权"并重。在《新青年》的创办者陈独秀看来，"民主"的含义之一即是"人权"，并把民主与科学比作一辆车的两只轮子，缺一不可。此外"民主"还含有"平等"之意，"等一人也，各有自

_____

① 托克维尔：《论美国的民主》上卷，商务印书馆 1988 年版，第 7 页。

主之权，绝无奴隶同人之权利，亦绝无以奴自处之义务。"①吴景超在《平等论》中驳斥了"人是不能平等的：因为人的价值，有高低之分。"他说："人的价值，只有有无之分，没有高低之别。"他还驳斥了"世上的人，贫富不均，富人有钱，便可役使贫民，贫民受他的役使，莫敢谁何。"在西方自由主义者那里，民主本身就有"平等"的含义，法国政治学家托克维尔在《论美国的民主》中就认为民主就是一种平等的趋势，"平等的逐步发展，是事所必至，天意使然。这种发展具有的主要特征是：它是普遍的和持久的，它每时每刻都能摆脱人力的阻挠，所有的事和所有的人都在帮助它前进。"②五四自由主义者所大力借鉴的法国的卢梭也十分注重平等，他在自己的论著《论人类不平等的起源和基础》和《社会契约论》中皆重点论述了人类的平等问题。他认为要实现人类自由，就离不开平等，离开平等，自由便不会存在。基于这样的认识，他提出应该使人尽量的平等，特别是财产的平等，因为人是生而平等的，只是由于后来的财产占有的不平等带来了人的不平等。可以说五四自由主义者把民主理解为人权与平等，抓住了民主最初的含义，对于当时的中国青年一代具有警醒的作用，因为当时的中国人的深切感受主要来自于深受压迫的不平等与缺乏最基本的生存权利。

五四自由主义的"民主"另一个涵义被界定为"法律上之平等人权，伦理上之独立人格，学术上之破除迷信，思想自由。"③西方自由主义民主理念是与独立人格和法律保障紧密联系在一起的。洛克认为：政府权力的目的就是保护个人的私有财产，为实现此目的就必须实行法治，即政府只能以正式公布和经常有效的法律，而不是以临时的命令和未定的决议进行统治。自由实行法治，政府的权力才能受到限制，人民的自由、生命、财产权利才能得到有效地保障。"法律的目的不是废除和限制自由，而是保护和扩大自由。"④孟德斯鸠尤其关注言论自由，并将其作为政治自由最重要的标志。因为只有让人们敢想敢说，敢于议论政治和法律，才是真正的自由。"要享受自由的话，要保全自由的话，也应该使每一个人能够想什么就说什么。"⑤陈独秀根据自己对民主的理解，他说："世界上有一种政府，自己不守法律，还要压迫人们并不违背法律的言论，我们现在不去论他，我

①《青年杂志》第一卷第 1 号。
②［法］托克维尔:《论美国的民主》上卷,商务印书馆 1988 年版,第 7 页。
③《新青年》第二卷第 4 号, 1916 年 12 月 1 日。
④［英］洛克:《政府论》下篇,商务印书馆 1981 年版,第 36 页。
⑤［法］孟德斯鸠著,张雁深译:《论法的精神》,商务印书馆 1997 年版,第 322 页。

们要记住的正是政府一方面应该遵守法律，一方面不但要尊重人们法律以内的言论自由，并且不宜压迫人民'法律以外的言论自由'。"1916年袁世凯复辟帝制，尊孔复古，《新青年》在此背景下反对定孔教为国教，"中外学说众矣何者无益于吾群？即孔教亦非绝无可取之点，惟未可以其伦理学说统一中国人心耳"[1]，强调思想、学术上"百家平等不尚一尊"。[2]

民主的本质是一种社会制度，在五四自由主义者那里，"民主"有时被界定为代议制制度，也就是杜威在五四时期宣扬的"民治主义"，并认为该制度适合中国国情。1919年5月，杜威来华演讲，其"五大演讲"风靡一时。《每周评论》刊发了杜氏的《美国之民治的发展》，由于杜威的影响，五四自由主义者对民主的理解开始转化。在其演讲中，杜威对"民主"重新解释，超越了传统自由主义对民主的认知，将其民治主义分为政治的民治主义、民权的民治主义、社会的民治主义和经济的民治主义。胡适将其老师所用的democracy随即由"民主"转向了"民治"，实质上杜威的民治主义已经融入某些社会主义的价值诉求。杜威在其北大演讲《社会哲学与政治哲学》中，根据法国自由主义的演进认为：自由主义本质是增进自由、平等，而以自由、平等、博爱为口号的法国大革命反而增进了不平等。种种劳动界的不平等不是由于不自由而恰恰是自由太甚的缘故。所以应该干涉自由，使自由与平等并存。

由于杜威的影响，陈独秀在1919年11月发表了《实行民治的基础》一文，其以杜威的民治理论为基础，对民主观念和民主制度进行重新阐释。他认为，民治主义的原意是参与政治，与专制主义是相对立的。随着社会的进步，民治主义的涵义也得到了扩张，逐步由政治的民治主义扩展到社会、经济、道德、文学、思想的民治主义。较之政治的民治主义，社会经济的民治主义就更为重要，经济是政治的基础，社会经济问题不解决，社会政治问题也就不可能解决。至于杜威所解释的民治主义，他觉得不够彻底。"我们既然是个'自由民'不是奴隶，言论、出版、信仰、居住、集会这几种自由权，不用说都是生活必须品。宪法我们也是要的，代议制也不能尽废；但是单靠'宪法保障权限'，'用代议制表现民意'，恐怕我们生活必须的几种自由权，还是握在人家手里，不算归我们所有。我们政治的民治主义的解释：是由人民直接议定宪法，用宪法规定权限，用代表制照宪法的规定执行民意，换一句话说：就是打破治者与被治者的阶级，人民自身同时

---

① 《新青年》第二卷第 6 号，1917 年 2 月 1 日。

② 《新青年》第三卷第 1 号，1917 年 3 月 1 日。

是治者又是被治者。老实说：就是不要消极的被动的官治，积极的实行自动的人民自治。必须到了这个地步，才算得真正民治。"①既然给定了真正民治的概念，那么当时的中国是否是真正的民治呢？中国现实的民治状况怎么样呢？"我们中国社会经济的民治，自然还没有人十分注意。就是政治的民治，中华民国的假招牌虽然挂了八年，却仍然卖的是中华帝国的药，中华官国的药，并且是中华匪国的药"。②面对这种状况，虽然大家至今看了还不大顺眼，但是我决不因此灰心短气。原因是"一是中国创造共和的岁月，比起欧美来还是太浅，陈年老病那有著手成春的道理。二是中国社会史上的真算得与众不同，上面是极专制的政府，下面是极放任的人民，除了诉讼和纳税以外，政府和人民几乎不生关系。……虽然和我们理想的民治隔得还远，却不能说中国人的民治制度，没有历史上的基础。三是中国人工商业不进化和国家观念不发达，从坏的方面说起来，我们因此物质文明不进步，因此国民没有一致团结力；从好的方面说起来，我们却因此没有造成像欧洲那样的资产阶级和军国主义。……因此可以证明我们的国民性里面，确实含着许多社会经济的民治主义的成分。我因为有这些理由，我相信政治的民治主义和社会经济的民治主义，将来都可以在中国大大的发展，所以我不灰心短气，所以我不抱悲观。"③

对于中国没有建立现代民治的原因，陈氏进行了分析，他认为："一是改建共和未久。二是我们从前把建设共和看得太容易，革命以前宣传民治主义的工夫太做少了。三是共和军全由军人主动，一般国民自居在第三者地位。四是拥护共和的进步、国民两党人，都不懂得民治主义的真相，都以为政府万能，把全副精神用在宪法问题、国会问题、内阁问题、省制问题、全国的水利交通问题，至于民治的基础——人民的自治与联合——反无人来过问。五是少数提倡地方自治的人，虽不迷信中央政府，却仍旧迷信大规模的省自治和县自治，其实这种自治，只算是地方政府对于中央政府的分治，是划分行政区域和地方长官权限的问题，仍旧是官治，和民治的真正基础——人民直接的实际的自治与联合——截然是两件事。"④关于如何实行民治，陈氏给出了自己的良方："我们现在要实行民治主义，首先要注重民治的坚实基础，……多干实事，少出风头，把大伟人、大政治

---

① 《陈独秀文章选编》（上），生活·读书·新知三联书店1984年版，第430页。
② 《陈独秀文章选编》（上），生活·读书·新知三联书店1984年版，第430页。
③ 《陈独秀文章选编》（上），生活·读书·新知三联书店1984年版，第430—431页。
④ 《陈独秀文章选编》（上），生活·读书·新知三联书店1984年版，第431页。

家、大政客、大运动家、大爱国者的架子收将起来。"不然的话就会出现"无论北洋军人执政也罢，西南军人执政也罢，交通系得势也罢，北方的安福部得势也罢，南方的安福部（就是政学会）得势山罢，进步党的内阁也罢，国民党的内阁也罢，旧官僚的内阁也罢，我可以断定中国的民治，仍旧是《北京民治日报》的民治，不是杜威博士所讲《美国之民治的发展》的民治。"[①] 接着，其又分析了民治作为宪法、国会、内阁、省制的基础的重要性，他说："我不是说不要宪法，不要国会，不要好内阁，不要好省制，不要改良全国的水利和交通，也不是反对省自治、县自治。我以为这些事业，必须建筑在民治的基础上面，才会充分发展，大规模的民治制度，必须建筑在小组织的民治的基础上面，才会实现，基础不坚固的建筑，像那沙上层楼，自然容易崩坏；没有坚固基础的民治，即或表面上装饰得如何堂皇，实质上毕竟是官治，是假民治，真正的民治决不会实现，各种事业也不会充分发展。"[②]

陈氏的这篇取法杜威的民治主义文章，表达了一种更为激进的民主观念。在民主理念层面，肯定了杜威带有社会主义倾向的"社会经济的民治主义"；在民主制度的层面，基于美国地方自治的传统，设计了中国地方自治与同业联合的民主之路。这种"民治"式的民主观念，较之反对君主制度的民主具有了更为复杂的内容，其核心意义在于"经济平等"和"多数支配"。

1919年12月，陈独秀代表《新青年》编辑部发表了《本志宣言》，宣言在主张抛弃罪恶的军国主义与资本主义的同时勾画出了未来生活的美好图景，这种新社会是诚实的、进步的、积极的、自由的、创造的、美的、善的、和平的、互助的、劳动而愉快的、全社会幸福的。

可以说，五四自由主义的民主观坚持的是资产阶级民主思想，然而其形式在不断地演进，演进的过程就为其向社会主义民主转化准备了条件。

二 五四自由主义者批判的武器

五四自由主义者借鉴的西方思想武器在五四以前有的就已经进入国人的视野。比如在1919年以前二十多年的时间里，由于严复的大量翻译，西方的功利主义、进化论、实验主义就被介绍到了中国。这些思想在五四以前就已流行，严复

---

① 《陈独秀文章选编》（上），生活·读书·新知三联书店1984年版，第432页。
② 《陈独秀文章选编》（上），生活·读书·新知三联书店1984年版，第432页。

翻译有赫胥黎的《天演论》、亚当·斯密的《原富》、穆勒的《群己权界论》、穆勒的《名学》、斯宾塞的《群学肄言》、孟德斯鸠的《法意》等，那些五四时期的中国自由主义者主要受这些著作的影响。

当然，除了五四前介绍的西方思想以外，五四期间被介绍到中国的主要是杜威的实验主义与罗素的思想。五四时期所有的思想对中国的自由主义者都有不同程度的影响，但最为流行的还是实用主义与功利主义原则。在《新青年》创刊号发刊词中陈独秀提出了对人生问题的功利主义和现实主义的见解，他还表示了对约翰·穆勒和孔德的推崇。① 他在随后的文章中用功利主义的观点分析了东西民族的根本差异。② 因此，为了使中国人恢复活力，他提倡采用实用主义作为中国的教育原则。③ 在五四时期，宣扬功利主义与实用主义的还有高一涵等。④ 当然，在五四时期宣扬实用主义最为得力的还是胡适。

胡适基本上汲取了杜威的观点，胡适用杜威哲学的三个特征理论来分析中国传统哲学，胡适认为中国传统哲学分为儒、墨两大派，完全具备杜威所概括的三大特点：调和新旧思想、产生辩证的方法与主张二元的世界观。从而得出了结论："无论从中国历史或西洋历史上看，哲学是新旧思想冲突的结果。而我们研究哲学，是要叫哲学当作应付冲突的机关。"⑤ 胡适的哲学思想与杜威是一脉相承的，他不仅继承了杜威哲学的起源说，而且就中西哲学起源的区别上也是相同的。但是胡适并没有单纯地对杜威的哲学进行继承，而是利用杜威的哲学理论对中国社会进行分析，他不仅对中国传统哲学进行分析，也对中国历史上的诸子百家进行分析，还利用杜威的哲学对当时中国引进的各种思想与主义进行分析。

由于胡适生活的特殊年代，决定了他治学具有强烈的"经世治用"的色彩，早在美国期间，他就说："今日吾国之急需，不在新奇之学说，高深之哲理，而在所以求学论事观物经国之术。"⑥ 胡适认为"归纳的理论"、"历史的眼光"、"进化的观念"对当时的中国具有神奇的疗效；为了尽到社会的责任，他以为对待哲学应该"求博而不务精"。1915 年 5 月 28 日的日记对他的哲学的态度具有生动的写

---

① 参见陈独秀《敬告青年》，载《新青年》第一卷第 1 号，1915 年 9 月 15 日。

② 参见陈独秀《东西民族根本思想之差异》，载《新青年》第一卷第 4 号，1915 年 12 月 15 日。

③ 参见陈独秀《今日之教育方针》，载《新青年》第一卷第 2 号，1915 年 10 月 15 日。

④ 参见李亦民《人生唯一之目的》，载《新青年》第一卷第 2 号，1915 年 10 月 15 日；高一涵：《功利主义与人生》，《新青年》第二卷第 1 号，1919 年 9 月 1 日。

⑤ 曹伯言、季维龙：《胡适年谱》，安徽教育出版社 1989 年版，第 304 页。

⑥ 《胡适留学日记》（一）第三卷，《胡适作品集》第 34 册，第 150 页。

照："吾生平大过，在于求博而不务精。盖吾返观国势，每以为今日祖国事事需人，吾不可不周知博览，以为他日为国人导师之预备。不知此谬想也。吾读书十几年，乃犹不明分功易事之义乎？吾生精力有限，不能万知而万能。吾所贡献于社会者，唯在吾所择业耳。吾之天职，吾对于社会之责任，唯在竭吾所能，为吾所能为。……自今以往，当屏绝万事，专事哲学，中西兼治，此吾所择业也。"①他始终认为学者就应该以自己的学识报效国家、服务社会，他对一般学者的希望在于一方面要做研究的学者，另一方面要做改良社会的实行者。

胡适不仅认同实用主义的"实用"理念，而且也以"实用"的态度来裁减实用主义。也就是说他并不是把实用主义作为一种系统的理论来把握，而是根据中国的国情对实用主义进行透彻的分析与把握，从中汲取他认为有用的东西并且加以推演。面对西方的实验主义大师，他对自己的导师杜威更是推崇备至，他写的介绍西方实验主义的《实验主义》一文，主要介绍了杜威的思想。1952 年杜威逝世时，胡适毫不掩饰地承认：杜威先生的思想影响了他的一生。在他的哲学思想中，"生活"和"经验"最基本的概念，是他的实验主义哲学理论与方法得以成立的基础。对这些概念的重新解释，可以使哲学的范围、作用与方法得以改变，从而划清与其他流派哲学的区别。胡适注重从方法论的角度把握实验主义的意义，他认为，实验主义本来就是一种方法，一种批判观念与信仰的方法，而且实验主义也只是一种方法，一种研究问题的方法。当他谈到杜威对他的影响时，他说："他只给我们一个哲学方法，使我们用这种方法去解决我们自己的问题。他的哲学方法，总名叫做'实验主义'；……国内敬爱杜威先生的人若都能注意于推广他所提倡的这两种方法，使历史的观念与实验的态度渐渐地变成思想的风尚与习惯，那时候，这种哲学的影响之大，恐怕我们最大的想象力也还推测不完呢。"②胡适将实验主义注重效用的认识论变成了实验主义的方法论，它带来了两方面的问题：一方面使实验主义深奥的、复杂的、晦涩的哲理得以变为简单的、可操作的方法与工具。毫无疑问有利于实验主义的传播。但另一方面任何哲学都是本体论、认识论与方法论的有机统一。胡适重视方法论而忽视本体论与认识论就使他的哲学陷于片面，沦落为一种工具主义。胡适自称自己是一个实验主义者，他的一生都在力图实行实验主义，无论是谈政治，提倡白话文的新文学，还是考证

---

①《胡适留学日记》（三）第九卷，《胡适作品集》第 36 册，台北：远流出版事业股份有限公司 1986 年版，第 78 页。

②胡适：《杜威先生与中国》，《胡适文存》第一集第二卷，黄山书社 1996 年版，第 278 页。

《红楼梦》，都打上了实验主义的标签。

由于实验主义把现实的效用看作追求的终极目的，其哲学的任务就在于为达到最优的效用提供简便而有效的方法。为此，实验主义拒斥高深晦涩、与实际无关的形而上学的思辨，将重点放在眼前的具体问题与解决这些问题的方法上。实验主义不关注世界的本原问题，它把这一问题看作与自己无关或者认为探讨这一问题毫无用处。实验主义关心的只有效用，为达到一定的效用，可以找到各种的手段与方法。所以可以说实验主义就是把获取行为的最高效用作为自己的最高任务，就是研究为了达到这种最高效用的方法论哲学。

胡适一生信仰实验主义，他对杜威实验主义的真正兴趣就在方法论上，而不是真正的哲学学理。胡适理解的杜威哲学方法，就在两个方面：一个是假设性，一个是历史性。假设性就是任何真理都必须经过验证，没有一成不变的真理；历史性就是任何事物都与发生的具体的时空相关。前者构成一种实验的态度，而后者构成一种历史的态度。所谓"实验的态度"就是认为在真理问题上，没有一成不变的真理，只认为是一种特征的假设。"假设真不真，全靠它能不能发生它所应该发生的效果。从前崇拜科学的人，大概有一种迷信，以为科学的律例都是一成不变的天经地义。他们以为天地万物都有永久不变的'天理'，这些天理发现之后，便成了科学的律例。但是这种'天经地义'的态度，近几十年来渐渐地变更了，科学家渐渐地觉得这种天经地义的迷信很可以阻碍科学的进步，况且他们研究科学的历史，知道科学上许多发明都是运用'假设'的效果；因此他们渐渐的觉得，知道现在所有的科学律例不过是一些最实用的假设，不过是现在公认为解释自然形象最方便的假设。"① 总之，实验主义只是承认那一点一滴的进步，步步有智慧的指导，步步有自动的实验，这才是真的进化。

"历史的态度"就是"凡对于一种事物制度，总想寻出他的前因后果，不把他当作一种来无影去无踪的孤立的东西。""历史的态度"包含两个方面：一方面就是不要把任何制度与学说看作一个孤立的东西，而是把它看作一个中段，前面是它发生的原因，后面是它自己的结果。把事物的来龙去脉弄清楚，历史的分析历史问题，不能苛责历史。另一方面，"历史的态度"还要求拿一个学说和制度所发生的结果来评判它的价值，也就是要表现出很强的评判精神。胡适说："我们现在且莫问那绝对究竟的真理，只须问我们在这个时候，遇着这个境地，应该

---

① 胡适：《实验主义》，载《新青年》第六卷第 4 号，1919 年 4 月 15 日。

怎样对付他，这种对付这个境地的方法，便是‘这个真理’。这一类‘这个真理’是实在的，是具体的，是特别的，是有凭据的，是可以证实的。因为这个真理是对付这个境地的方法，所以它若不能对付，便不是真理；所以说它是可以证实的。"①这时对"历史的态度"最好的分析，由"历史的态度"透视出来的批判精神演化为一场批判运动。

胡适作为一个社会转型时期的思想家，他必须回答历史观念问题。胡适早年就接受了"进化论"的影响。他在学理与分析社会历史的时候运用"进化论"的思想方法。在文学领域，他就运用"进化论"思想对"文学革命"进行分析，在伦理道德的分析上，他也应用这一思想。胡适利用"进化论"的思想对"天不变，道亦不变"的历史观进行猛烈的抨击。指出"三纲五常"的封建道德之所以有点道理，就是因为在封建社会还有点用处，但随着社会的变化，"三纲"便少了君臣一纲，"五伦"也就少了君臣一伦。古时的天经地义也就变成了废话了。胡适以进化论的观点对传统道德进行评判，认为它们随着社会的发展，已经失去了存在的理由，当然也就在变革的范围了。胡适接受进化论的观念，原因是多方面的。一是他在美国留学期间正是美国的经济繁荣时期，美国的繁荣与欧洲的经济萧条形成鲜明的对照，美国的经济繁荣强化了胡适的进化论思想，也强化了胡适的改良观念；二是他系统接受了杜威的实验主义思想，"杜威最为显著的特点是，他毫不掩饰地完全接受进化论。他认为心灵和肉体都是在为生存而斗争的过程中由低级形式发展而来的器官。他在每个领域的起点都是达尔文主义。"②同时，胡适还把握了进化论与实验主义的相通之处，他认为：实验主义从达尔文主义出发，故只能承认一点一滴地不断改进是真实可靠的进化。

三 五四自由主义思想中的个人主义

中国的自由思想从产生到演进，由于个人思想的不同，社会历史条件的不同，从而也带来了自由思想的不同。但是自由的原始本义并没有改变，即自由是指主体从束缚中解放出来。自由的外延虽然在不断的扩大，由个体自由向着国家自由、民族自由、经济自由、政治自由等不断地迈进，但自由首要的最基本的还是指个体自由。个体的自由是指个体的思想、言论和行动由自己独立作主，从外

---

① 胡适：《实验主义》，载《新青年》第六卷第 4 号，1919 年 4 月 15 日。
② ［美］威尔·杜兰特：《哲学的故事》，文化艺术出版社 1991 年版，第 530 页。

界束缚中解放出来。人们虽然向往自由，不断地争取自由，但是人们的自由无不受社会历史条件的制约，所以自由历来都是相对的，而不是绝对的。然而，自由的真谛并不在于它是否受束缚，而在于表现它的主体的自主自决性。

（一）个人主义的真谛——反对对个性的奴役

个体意识的觉醒，是现代性的根本特征，也是人类从蒙昧时代走向文明时代的重要表现。近代欧洲的文艺复兴、宗教改革以迄发展的历史，就是个人主义逐步发展的历史。无怪乎布克哈特将文艺复兴的表征归结为"种族的个体"向"精神的个体"的自由人格的发展。他说："在中世纪，人类意识的两方面——内心自省和外界观察都一样——一直是在一层共同的纱幕之下，处于睡眠或者半醒状态。这层纱幕是由信仰、幻想和幼稚的偏见织成的，透过它向外看，世界和历史都罩上了一层奇怪的色彩。人类只是作为一个种族、民族、党派、家族或社团中的一员——只是通过某些一般的范畴，而意识到自己。在意大利，这层纱幕最先烟消云散；对于国家和这个世界上的一切事物做客观的处理和考虑成为可能的了。同时，主观方面也相应地强调表现它自己；人成了精神的个体，并且也这样认识自己。"[①] 布克哈特把这种意大利性格的个人主义归结为中世纪精神与现代精神的分水岭。

文艺复兴以迄兴起的个体精神，使人类个体突破共同体之束缚并得以发展，也就是特殊性的独立与分化。黑格尔将现代性的成长过程归结为主体"特殊性"的分化过程，由于家庭向市民社会的过渡使主体自由得以生成，特殊性的独立与分化是现代社会区别于古代社会的基本表征。"主体的特殊性求获自我满足的这种法，或者这样说也一样，主观自由的法，是划分古代和近代的转折点和中心点。这种法就它的无限性说表达于基督教中，并成为新世界普遍和现实的原则。"[②] 根据黑格尔的理论，特殊性与主体自由的原则，在东方与西方、古代与现代政治生活方面的差异表现得尤其明显。在东方和古代，将整体分为若干等级是社会发展过程中的客观的自然的历史过程，而个人分属于的等级则是由统治者的意志所决定的，这时的主体由于其特殊性没有被接纳于整体的组织之中，表现为一种对整体的腐蚀力量。而在西方和现代，主体的特殊性被接纳于整体之中，其权利得以

---

① ［瑞士］布克哈特：《意大利文艺复兴时期的文化》，商务印书馆 1981 年版，第 125 页。
② ［德］黑格尔：《法哲学原理》，商务印书馆 1996 年版，第 126—127 页。

承认，整个市民社会就变得富有生机。

英国法学家梅因（Henry S.Maine）用契约来概括现代性的根本属性。在概括个人在现代性的关系时他说："所有进步社会的运动，到此处为止，是一个'从身份到契约'的运动。"①"从身份到契约"形象地说明了现代性就是个人从家庭依附的逐步消亡代之而起的是个人义务的增长，个人逐步代替家族而成为法律运作的基本单位。用以代替家族之间相互关系的是个人之间的契约。个人主义的原则，把个人从家庭的束缚中分离出来，是一种从集体走向个人的运动。

个人主义作为这个历史概念，对之的理解也是多方面的。卢克斯（Steven Lukes）在历史地考察西方个人主义的语义史的基础上，概括了个人主义的基本思想：人的尊严、自主性、隐私、自我发展、抽象的个人，以及政治个人主义、经济个人主义、宗教个人主义、伦理个人主义、认识论个人主义和方法论个人主义。进而卢克斯认为，个人主义的核心价值构成了其基本要素：人的尊严是平等思想的核心，自主性、隐私和自我发展代表了自由的三个层面。"在历史上，抽象的个人观代表着一种巨大的伦理进步。它是朝着普遍伦理学的方向所迈出的决定性的一步。因为在这里，人仅仅因为是人而第一次被认为是某些权利的持有者。……理解个人的这种方式在历史上是进步。它对于击败传统的特权和等级制度，瓦解不适当的社会秩序，以合法权利的形式建立普遍人权，都是一个重要的武器。近代民主社会形式上合法的结构，是抽象个人的保护者。这种形式上合法的结构，提供了形式的平等（先于法律）和形式的自由（反对非法的或专横的待遇）。这些都是重要的和必不可少的收获"②

在这方面，《简明大不列颠百科全书》对"个人主义"概念的解释是很有代表性的："个人主义（individualism）是一种政治和社会哲学，高度重视个人自由，广泛强调自我支配、自我控制、不受外来约束的个人或自我。创造这个词的法国政治评论家西历克西·德·托克维尔把它形容为一种温和的利己主义，它使人们仅仅关心自己家庭和朋友的小圈子。作为一种哲学，个人主义包括一种价值体系，一种人性理论，一种对于某些政治、经济、社会和宗教行为的总的态度、倾向和信念。个人主义的价值体系可以表述为以下三种主张：一切价值均以人为中心，即一切价值都是由人体验的（但不一定是由人创造的）；个人本身就是目的，具有最高价值，社会只是达到个人目的的手段；一切个人在某种意义说在道义上是平

---

① ［英］梅因：《古代法》，商务印书馆1995年版，第97页。
② ［英］卢克斯：《个人主义：分析和批判》，中国广播电视出版社1993年版，第157—160页。

等的。下述主张最好地表达了这种平等：任何人都不应当被当作另一个人获得幸福的工具。个人主义的人性论认为，对于一个正常的成年人来说，最符合他的利益的，就是让他有最大限度的自由和责任选择他的目标和达到这个目标的手段，并且付诸行动。另外，作为一种总的态度，个人主义包括高度评价个人自信，个人私生活和对他人的尊重。从消极的意义讲，个人主义反对权威和对个人的各种各样的支配，特别是国家对个人的支配。"

如果说个体意识的发展是人类由蒙昧走向文明的精神表征，那么宗法农业社会的中国政治文化则缺乏这种现代意义上的个体意识。处于中国政治文化主流的儒家文化所包含的威权主义政治伦理、家族主义宗法伦理、轻商主义经济伦理无不对个体意识产生抑制作用。道家虽具有"为我"的精神，但这种精神是一种消极的抗议，老庄的崇尚自然、清心寡欲与西方自由主义的发展自己个性的个人主义有着本质的区别。

（二）个人主义的中国化

个人主义在西方具有纷繁的涵义，其在五四时期受到青睐，五四自由主义者对个人主义的理解也是不同的。早期新文化运动中，对个人主义的解读，是一种英美式的个人主义。在没有转向马克思主义以前，新文化运动的总司令陈独秀是个人主义的信奉者和倡导者。在《东西民族根本思想之差异》中，陈氏将个人主义归结为西方政治文化的根本精神，并且热情讴歌这种个人主义，他说："西洋民族，自古迄今，彻头彻尾个人主义之民族也。英、美如此，法、德亦何独不然？尼采如此，康德亦何独不然？举一切伦理、道德、政治、法律、社会之所向往，国家之所祈求，拥护个人之自由权利与幸福而已。思想言论之自由，谋个性之发展也。法律之前、人人平等也。个人之自由权利，载诸宪章，国法不得而剥夺之，所谓人权是也。人权者，成人以往，自非奴隶，悉享此权，无有差别。此纯粹个人主义之大精神也。自唯心论言之，人间也，性灵之主体也；自由者，性灵之活动力也。自心理学言之，人间者，意思之主体；自由者，意思之实现力也。自法律言之，人间者，权利之主体，自由者，权利之实行力也。所谓性灵，所谓意思，所谓权利，皆非个人以外之物。国家利益，社会利益，名与个人主义相冲突，实以巩固个人之本因也。"① 在此，陈独秀指出了中西政治思想的根本差异就在于个

---

① 陈独秀：《东西民族根本思想之差异》，载《青年杂志》第一卷第 4 号。

人主义的本位性与家族主义的本位性。中国的宗法制度之恶果，在于损坏个人独立自尊之人格，窒碍个人意志之自由，剥夺个人平等之权利，养成依赖性而残害个人之生产力。要彻底改变这种状况，就是要以个人主义易家族本位主义。他的这种以个人主义代替家族本位主义就显示了其英美自由主义的个人主义的特质。

高一涵用自由主义政治理论将个人主义放在国家与个人的关系中进行解释，认为个人主义（小己主义）是西方国家强身的原因以及中国复兴的根本。他主张："人则有独立之人力、心思，具自主、自用之能力。物可为利用者，而人则可为尊敬者也。人之所以为人，即恃此自主、自用之资格也，故能发表独立之意见。此人品之第一要义也。"[①]在论述个人与国家的关系中，他强调："共和国民，其薪向之所归，不在国家，乃在以国家为凭藉之资，由之以求小己之归宿者也。国家为达小己之薪向而设，乃人类创造物之一种，以之保护小己之自由权利，俾得以自力发展其天性，进求夫人道之完全。质言之，盖先有小己后有国家，非先有国家后有小己。为利小己而创造国家，则有之矣；为利国家而创造小己，未之闻也。欧洲晚近，小己主义，风靡一时。虽推其流极，或不无弊害，然其文明之所以日进不息者，即人各尊重一己，发挥小己之才猷，以图人生之归宿，而其社会国家之价值，即合此小己之价值为要素，所积而成。吾国数千年文明停滞之大原因，即在此小己主义不发达一点。……今日吾辈青年，正当努力以与旧习俗相战，以独立自重之精神，发扬小己之能力。而自由、权利二者，即为发扬能力之阶梯。……一己之天性，完全发展，即社会之一员，完全独立。积人而群，积群而国，则安固强盛之国家，即自其本根建起，庶足以巍峨终古，不虞突兴突废矣。国家社会，举为小己主义所矣。"[②]

李亦民在《人生唯一之目的》中认为个人主义主要是为我主义和快乐主义，"为我"与"快乐"是人生的目的。他批判了中国传统的政治文化特别是儒家文化中重群体轻个人、重道德轻功利之弊，要求以个人主义的价值观代替传统价值观。他说："撒格逊民族以个人主义，著闻于世。其为人也，富于独立自尊之心，用能发展民族精神，以臻今日之强盛。我国惩忿、窒欲之说，人人最深。凡事涉利己者，皆视为卑卑，不足道，必须断绝欲求，济人利物，乃能为世崇仰。不知自我欲求，所以资其生也。设无欲求，则一切活动，立时灭绝，岂复有生存之必要？顾欲以人力禁制之，于是日言'合群'，日言'公益'。而所谓'合群'、'公

---

① 高一涵：《共和国家与青年之自觉》，载《青年杂志》第一卷第1号。
② 高一涵：《共和国家与青年之自觉》，载《青年杂志》第一卷第1号。

益'者，尽变为涂饰耳目之名词。"李亦民进而指出个人主义是一种无法遏制的历史潮流，必须划分个人与群体的界限。"人情之不可遏抑。遏抑之，乃不能不走于偏宕。若决江河，沛然莫之能御也，曷若顺人性之自然，堂堂正正，以个人主义为前提，以社会主义为利益个人之手段。必明群己之关系，然后可言'合群'；必明公私之权限，然后可言'公益'也。"李氏疾呼："青年乎！汝知汝所受之教育，为为人之教育乎？忠孝节义，全非植根本于一身。由身外之人，课汝以片面之义务。汝知汝所受之境地，为痛苦之境地乎？自由意志，毫无发展之余地。如知之也，其速决汝大方针曰'为我'，以进于独立自主之途；其速定汝大目的曰'快乐'，以遂汝欲求意志。"

在新文化运动追求个性解放的思潮中，尼采那种狂放不羁、特立独行的个性在整个知识界得以风行，成为青年人反对封建礼教、追求个性解放的重要思想资源。新文化运动的领袖们包括陈独秀、胡适、李大钊、鲁迅等人，皆是其思想的信奉者和传播者。

陈独秀在其《敬告青年》中，对尼采的个人主义就大加赞赏，指出了贵族道德和奴隶道德的区别，倡言个人主义的自主人格。他说："德国大哲学家尼采（Nietzsche）：有独立心而勇敢者曰贵族道德（Morality of Noble），谦逊而服从者曰奴隶道德(Morality of slave)。"在其《人生真义》一文中，他介绍了尼采的超人哲学，指出："那德国人尼采也是主张尊重个人的意志，发挥个人的天才，成功一个大艺术家，大事业家，叫做寻常人以上的超人，才算是人生目的；甚么仁义道德，都是骗人的说话。"胡适对中国传统价值的评估就来源于尼采的思想，李大钊在《介绍哲人尼杰》中对尼采的思想大加盛赞，并且将其视为中国道德复兴的有力思想武器。他说："尼杰者，乃欲于其自己要求与确信之上，建设真实生活之人也。对于弱而求强，缺而求全，悲惨而严肃深刻之生活，奋往突进，以薪人性之解放与向上，有虽犯百战而莫辞之勇，内对一己之自我与生活，为敏锐之省察，外对当时社会之实状，为深刻之批判，以根究人性之弱点与文明之缺陷，而以匡救其缺点与缺陷为自己之天职。彼固爱自己、爱社会、爱文明，而又酷爱生命者也。"李氏认为，尼采的学说对于当时的青年与中国具有莫大之意义。"倡言超人哲学，鼓吹英雄主义，赞美力之享受，高唱人格之权威，宣传战争之福音，而欲导现代文明于新理想主义之域。其说颇能起衰振敝，而于最拘形式，重因袭，囚锢于奴隶道德之国，尤足以鼓舞青年之精神，奋发国民之勇气。"①

　　五四自由主义者的个人主义思想，是中西文化激荡的结果。现代中国的个人主义发展史，虽然是一部西学东渐的历史，但西方语境下的个人主义，必定受到中国文化的强烈影响与制约，也就是其必须具有一种西学东化的历史过程。

　　五四自由主义的个人主义表现的形式虽然有多种，但总体是个性主义，也就是发展自己的个性，从封建礼教、宗法思想等的奴役中解放出来。梁启超在其《欧游心影录》中说："国民树立的根本义，在发展个性。《中庸》里头有句话说得最好：'唯天下至诚唯能尽其性'。我们就借来起一个名叫做'尽性主义'。这尽性主义，是要把各人的天赋良能，发挥到十分圆满。"② 除了个性主义以外，五四自由主义的个人主义还表现为一种功利主义。"功利主义者，谓趋乐避苦，为人生终极之目的。事无所谓善恶，趋大乐，避大苦者，谓之是，谓之善，否则谓之非，谓之恶。第此所谓苦乐，不以个人苦乐为计算，而以世界人类苦乐为计算；不以现在苦乐为计算，而以现在与将来之苦乐为计算，此功利主义之要旨也。"③

　　自由主义的功利主义思潮刺激了荀学、墨学和佛教的复兴，梁启超等人发现，西方的功利主义与荀子的性恶论、墨子的"交相利"和佛教的苦乐观具有某种相似性。梁氏非常欣赏霍布斯对人性的判断："善者何？快乐而已，恶者何？痛苦而已。故凡可以得快乐者，皆善也。凡可以得痛苦者，皆恶也。然则利益者万善之长，而人人当以为务者而已……利己一念，实万念之源也。霍氏因论人生之职分，以为当因势利导，各求其利益之最大者，以就乐而避苦，此天理自然之法律，亦道德之极致也。"④ 功利主义在五四时期风靡整个知识界得益于《新青年》杂志的宣传。陈独秀在其《人生真义》中说："执行意志、满足欲望（自食色以至道德的名誉，都是欲望），是个人生存的根本理由始终不变的。"⑤《新青年》刊登的《人生唯一之目的》说得更加直接：人生的唯一目的，乃是求生，追求幸福和快乐。何谓快乐者？满足感性，满足欲求之意志也。毛泽东在读蔡元培翻译的德国哲学家泡尔生的《伦理学原理》时，做了上万字的批注，其中写道："吾于伦理学上有二主张。一曰个人主义，一切之生活动作所以成全个人，一切之道德所以

---

　　① 李大钊：《介绍哲人尼杰》，《李大钊文集》（上），人民出版社 1984 年版，第 189 页。
　　② 梁启超：《欧游心影录》，《梁启超全集》第 5 册，北京出版社 1999 年版，第 2980 页。
　　③ 陈达材：《物质文明》，载《新潮》第一卷第 3 号，1919 年 3 月 1 日。
　　④ 梁启超：《霍布士案》，《梁启超全集》第 1 册，第 498—499 页。
　　⑤ 陈独秀：《人生真义》，载《新青年》第四卷第 2 号，1918 年 2 月 15 日。

成全个人，表同情于他人，为他人谋幸福，非以为人，乃以为己……故个人、社会、国家皆个人也，宇宙亦一个人也。故谓世无团体，只有个人，亦无不可。"①

根据张灏先生的研究，自我分为精神与生命两个不同的层面，这是轴心文明的产物。"自觉意识把个人生命分成二元：精神生命与躯体生命。各个轴心文明对这二元生命有不同的称谓，对二者之间的关系也有不同的解释，但都有一个共同倾向，那就是生命有两个层次：精神生命在价值上高于躯体生命。"②在儒家学说之中，自我分为精神与躯体、公与私不同的范畴。小我与个人的私欲有关，它是一个原初的、本能的自我，大我则是在精神上被提升了的自我，代表着公共价值、公共利益，乃至于超越的世界。按照钱穆先生的解释，小我为私，与天地万物相隔，只有自我与天地万物打通，方是还复大我③。杜维明先生对儒家的自我观念是这样认识的："在社会需求的波涛中沉没的自我，是儒家所说的'私'（隐私、小我和作为封闭系统的自我）。相反，真我是热心公益的，大我是成为开放系统的自我。作为一个开放系统，自我——在这个词的真实意义上——是不断扩展且总是充分为世界接受的。"④

最早正式提出小我、大我概念的是梁启超。他在 1900 年提出："同是我也，而有大我小我之别焉。"所谓大我，乃是"一群之我"，而小我乃是"一身之我"。⑤1904 年，在其所作的《余之死生观》中，其以进化论的观点，详细阐述其大我小我论："何谓大我？我之群体是也。何谓小我？我之个体是也"。"死者，吾辈之个体也；不死者，吾辈之群体也。"⑥梁氏是在群与己、国家与个人的框架之内提出大我与小我，自此这对概念开始出现。到"五四"新文化运动，经过蔡元培、易白沙、胡适等人的进一步扩展，成为流行的词语。1919 年，胡适在《新青年》发表《不朽：我的宗教》一文，阐释了自己的大我与小我论："我这个'小我'不是独立存在的，是和无量数小我有直接或间接的交互关系的；是和社会的全体和世界的全体都有互为影响的关系的；是和社会世界的过去和未来都有因果关系的……这种种过去的'小我'，和种种现在的'小我'，和种种将来无穷

① 毛泽东：《伦理学原理批注》，《毛泽东早期文稿》，第 147、151 页。
② 张灏：《重访轴心时代的思想突破：从史华慈教授的超越观念谈起》，载《知识分子论丛》第 7 辑，江苏人民出版社 2008 年版。
③ 参见钱穆《阳明学述要》，台北：兰台出版社 2001 年版，第 8 页。
④ 杜维明，曹幼华等译：《儒家思想新论：创造性转换的自我》，江苏人民出版社 1995 年版，第 55 页。
⑤ 梁启超：《中国积弱溯源论》，《梁启超全集》第 1 册，第 417 页。
⑥ 梁启超：《余之死生观》，《梁启超全集》第 2 册，第 1373 页。

的'小我',一代传一代,一点加一滴;一线相传,连绵不断;一水奔流,滔滔不绝——这便是一个'大我'。'小我'是会消灭的,'大我'是永远不灭的。'小我'是有死的,'大我'是永远不死,永远不朽的……故一切'小我'的事业,人格,一举一动,一言一笑,一个念头,一场功劳,一桩罪过,也都永远不朽。这便是社会的不朽,'大我'的不朽。"①

(三)五四个人主义的主要表现——易卜生主义

五四初期,自由主义在知识分子中广为流行。陈独秀就强调了个人自由,反对各种形式的奴役。他在《青年杂志》创刊号上对具有自由思想的人进行了描述,在《敬告青年》中,他满怀激情的讴歌了"青年如初春,如朝日,如花卉之新发于硎,人生最可宝贵时期也"。怎样判断"孰为新鲜活泼而适于今世之争存,孰为陈腐朽败而不容留置于脑里"呢? 陈独秀提出了"自主的而非奴隶的,进步的而非保守的,进取的而非隐退的,世界的而非锁国的,实利的而非虚文的,科学的而非想象的"六条标准。应该承认,这六条标准是一个有机的整体,自主、进步、进取、开放、务实、科学严谨密不可分,也是当时乃至今世青年必须具备的素质。但是六条标准的中心是什么? 那就是"自主的而非奴隶的",自主即为自己作主,也即是具有思想、行动、言论自由的新一代青年。接着他对个性自由进一步论述道:"解放云者,脱离夫奴隶之羁绊,以完其自主自由之人格之谓也。我有手足,自谋温饱;我有口舌,自陈好恶;我有心思,自崇所信"。"自谋温饱、自陈好恶、自崇所信"也就是个人以经济自由为基础,从而实现言论自由及信仰自由。人的自主之权包含了相互依存的两个方面,即"绝无奴隶他人之权利,亦绝无以奴自处之义务也"。也就是说作为一个人,被别人奴役当然不是一个自由的人,而奴役别人,别人是不自由的,而自己也是不自由的。在这里,陈独秀明确地敬告青年,每一个人都要有独立自主,掌握自己命运的权利,既没有去奴役他人的权利,也没有充当奴隶的义务。他对那种数千年奴隶社会和封建社会熏陶而成的,去奴役他人,又常常"以奴自处"的双重分裂人格表示了极大的鄙夷和愤怒。他对那种缺乏独立人格精神的思想和行为非常鄙夷和憎恶,予以严厉的斥责:"忠孝节义,奴隶之道德也;轻刑薄赋,奴隶之幸福也;称颂功德,奴隶之文章也;拜爵赐第,奴隶之光荣也;丰碑高扬,奴隶之纪念物也。"陈独秀在这里对

---

① 胡适:《不朽:我的宗教》,《胡适文集》第二卷,第 529—530 页。

整个封建社会具有奴隶性格的人进行了具体的分析：道德的要求就是忠孝节义，以奴自居；幸福就是能得到统治者的同情从而实行轻刑薄赋的政策；无聊的文人为充当统治阶级的走狗而为统治者歌功颂德；拜爵赐第的光荣，就是爬到主人的地位去奴役他人丰碑高扬以作功业的纪念，实质上是以奴自处和奴役他人一生的明证。其言辞之辛辣攻击之犀利，如同鲁迅对"吃人"礼教的批判，把个性的自由提到了前所未有的高度。在《新青年》第2期上发表了他翻译的赛默尔·史密斯的"阿美利加"（美国国歌）。该刊还翻译印发了美国埃德蒙·伯克在众议院所作的支持美洲殖民地人民抵抗斗争的演说。

　　自由主义的个人主义在五四时期表现为易卜生主义。易卜生主义在五四时期因胡适的大力倡导而风行一时。其实在胡适以前，鲁迅就曾经宣扬过易卜生主义，在他的《文化偏至论》中，他就将易卜生与尼采、叔本华等归为19世纪个人主义的代表，并推介了易卜生的剧作《国民公敌》。1918年6月，在胡适轮值主编的《新青年》第四卷6号上推出了"易卜生专号"。为了大力宣传易卜生主义，卷首发表了胡适介绍易卜生的《易卜生主义》，其后还刊登了易卜生的三部代表作，也就是罗家伦与胡适合译的《娜拉》、陶履恭译的《国民公敌》和吴弱男译的《小爱友夫》，以及袁振英撰写的《易卜生传》。其后，在《新潮》第一卷5号亦刊载潘家洵译的易氏名剧《群鬼》。在胡适及《新青年》、《新潮》的推介下，易卜生的思想和戏剧在新知识分子中广为流传。

　　胡适的《易卜生主义》一文是介绍易卜生思想和艺术观的论文。胡适把易卜生的思想概括为现实主义和个人主义。文中把易卜生的人生观概括为写实主义——真实地写下了家庭社会的黑暗腐败以警醒世人，从而引起家庭社会的革命，这就是"易卜生主义"。易卜生的写实主义看似破坏性的，实为建设性的，就是破坏一个旧的家庭而建设一个新的家庭。同时，易卜生面对个人还有一个完全积极的主张：就是个人主义的主张，个人必须充分发展自己的天才性，必须充分张扬自己的个性。胡适在文中引用易卜生致朋友书信中的主张："我所最期望于你的是一种真正纯粹的为我主义。要使你有时觉得天下只有关于我的事最要紧，其余的都算不得什么。……你要想有益于社会，最好的法子莫如把你自己这块材料铸造成器。……有的时候我真觉得全世界都像海上撞沉了船，最要紧的还是救出自己。"[①] "这样生活，须使各人自己充分发展：——这是人类功

_____

[①] 胡适：《易卜生主义》，载《新青年》第四卷第6号，1918年6月15日。

业顶高的一层；这是我们大家都应该做的事。"① 什么是易卜生的"救出自己"的 "为我主义"，胡适解释道：社会是由个人构成的，多救出一个人就是多准备一个 再造新社会的分子。孟子所谓"穷则独善其身"，就是易卜生所说的"救出自己" 之意。

胡适认为：社会最大的罪恶莫过于摧残人的个性，使个性不能自由发展。而 发展个性，必须具备两个条件，就是个人自由意志的实现与个人自担干系、自负 责任。世间只有奴隶的生活是不能自由选择和不用自负责任的。个人自由权的丧 失，又不负责任，就是无人格的奴隶。胡适认为自由独立的人格是现代文明的基 础。胡适说："自治的社会，共和的国家，只是要个人有自由选择之权，还要个 人对于自己所行所为都负责任。若不如此，决不能造出自己独立的人格，如同酒 里少了酒曲，面包里少了酵，人身上少了脑筋，那种社会国家决没有改良进步的 希望。"② 胡适把这种个人主义的人格内化在易卜生的作品中，他对易卜生的作品 大加赞赏。他称赞抛却丈夫儿女而"救出自己"的娜拉（《玩偶之家》）、追求自 由而自负责任的哀梨（《海上夫人》）和特立独行而向社会腐败宣战的斯铎曼医生 （《国民公敌》）。胡适以斯铎曼医生的一句格言来概括易卜生思想的宗旨："世上 最强有力的人就是那个最孤立的人"。

由于胡适及《新青年》、《新潮》的大力推介，易卜生的个人主义风靡五四知 识界，娜拉更成为新青年追求个性解放和女子解放的精神楷模。

傅斯年认为传统中国文化熏陶下的人是最缺乏"个性"的人。因为，在长期 封建专制文化下所形成的社会价值取向，在处理社会、个人的关系中始终是个人 服从与服务于社会的，教人如何服从社会、顺应社会的。从人生下来之时起，家 长就教训他应当怎样应世，怎样舍己从人，怎样做你爷娘的儿子，在这种价值取 向中就没有个人作自己的主人。一句话说来，极力的摧残个性。这种泯灭个性的 结果就是为家庭牺牲个人，为社会牺牲个人，"不认个性之存在，而以为人奴隶 为其神圣之天职"③。表现在学术上，就表现为经常引用前代名家的名言来论证 自己的学术思想及引用前人的名言与人进行辩论，但从来不敢直率地表露自己的 观点。为什么会这样呢？就是因为个人缺乏独立性，独立性的缺乏带来了社会责 任心的缺乏，自己缺乏最基本的立场，带来了缺乏对善恶的辨别能力。由于缺乏

---

① 胡适：《易卜生 主义》，载《新青年》第四卷第 6 号，1918 年 6 月 15 日。
② 胡适：《易卜生 主义》，载《新青年》第四卷第 6 号，1918 年 6 月 15 日。
③ 傅斯年：《中国学术思想界之基本误谬》，载《新青年》第四卷第 4 号，1918 年 4 月 15 日。

"个性"的人，就使中国人多投机主义，缺乏远大理想。在傅斯年看来，投机主义除了表现在"混社会"的油滑之外，最主要的是表现在缺乏独立性带来的社会关系中没有主见、看风使舵上："他们既不会拼命发挥自己的主义，也决不会拼命反对别人的主义——只会看风使舵。……民国元年，遍天下都是革命党，到了四年，遍天下都是官僚派；这类滑稽的风气迁流，确是中国人易于改变的征验。"[1]傅斯年列举民国初年的社会政风现象来证明投机主义在中国社会中的盛行，他将其称为"识时务的应世上策主义"。这种投机主义就是完全的应世，没有任何的立场，什么香吃什么，谁对自己有利就站在谁的立场上。由于具有"个性"的人的缺乏，表面看来个人从属于社会，实际上是一盘散沙，缺乏集体主义精神。傅斯年把中国社会与西方近代社会做了比较，认为中国社会"有社会实质的绝少，大多数的社会，不过是群众罢了"。为什么十个中国人所成就的事业，竟有时不敌一个西洋人呢？"这固然有许多缘故，也因为西洋人所凭托的社会，是健全的，所以个人的能力，有机会发展。中国人所凭托的社会，只是群众，只是有名无实，所以个人的能力，就无从发展。把矿物做比喻，西洋社会，是多边形复式的结晶体，中国社会，是附着在岩石上半沙半石的结合"[2]。"个性"的缺乏就带来思想上的盲从，特别是做古人的奴隶。生活在古人特别是儒家孔子的阴影中，不知创新，言必孔子，言必圣贤，惟上惟大，这也是国民劣根性表现出的重要内容之一。他指出，中国思想和学术传统都以好古、仿古为真理，迷信权威，盲从古人，不思创新。一旦有人越雷池半步，就会视为叛逆，遭受围攻。特别是社会上这种因循守旧的风气一旦形成，本来不正常的行为就认为十分的正常，想去"开辟人荒"简直是"难于上青天"。这种情况即使到了近代在本质上仍没有丝毫改变，"老实说，一千年来中国人的思想，总算经过无数的变化了，然而脾胃的本质依然如故。唐朝诗赋是时尚的，他们就拼命弄诗赋；宋朝制艺是时尚的，他们就拼命弄制艺；明朝八股是时尚的，他们就拼命弄八股；现在英文是时尚的，他们就拼命弄英文。现在的学生学英文，和当年的童生学八股，其心理乃毫无二致。"[3]

（四）五四个人主义的局限

　　五四时期个人主义、利己主义的背后具有一个人类和社会作为正当性的价

---

[1] 傅斯年：《白话文学与心理的改革》，载《新潮》第一卷第 5 号，1919 年 5 月 1 日。

[2] 傅斯年：《社会——群众》，载《新潮》第一卷第 5 号，1919 年 5 月 1 日。

[3] 傅斯年：《白话文学与心理的改革》，载《新潮》第一卷第 5 号，1919 年 5 月 1 日。

值目标追求。五四自由主义思想家在论述自由主义个人主义时，同样需要回答个人、社会、国家等的关系问题。易白沙的《我》认为："以先后论，我为先，世界次之，国家为后……以轻重言，世界为重，国家次之，我为轻。"[1]吴康在《新潮》上撰文，论述利己主义与人道主义并不冲突："利己心者何？谓一切幸福之取得，以有利于己身为目的者也。自字面观之，似与人道相反。其实不然，人必能利己，而后能利人之道，必以利己主义为其基础……则发达利己之心，实为完成人道主义之根本。人道主义其鹄的，利己主义其经程也。"[2]陈独秀认为："社会是个人集成的，除去个人，便没有社会；所有个人的意志和快乐，是应该尊重的。执行意志，满足欲望（自食色以至道德的名誉，都是欲望），是个人生存的根本理由，始终不变的。……社会是个人的总寿命，社会解散，个人死后便没有联续的记忆和知觉。""个人生存的时候，当努力造成幸福，享受幸福；并且留在社会上，后来的个人也能够享受，递相授受以至无穷。"[3]尽管陈独秀还是在传统的群己关系中讨论人生的意义，但他从功利主义的立场肯定了个人欲望和追求幸福的合理性。个人的幸福并不具有终极的意义，最终还是要到社会的大框架中去评估，让个人的幸福转化为公众的幸福，让未来的人类也能享受。关于这一点，高一涵说得最为明确："俾最大幸福，得与最大多数人类共享之，是即乐利主义之旨归也。"[4]为了国家的富强，需要引进进化论和功利主义，但功利主义背后的利益至上和快乐至上，一旦走出学理，又很容易产生流弊。梁启超对边沁就像对待杨朱一样，态度是异常矛盾的。梁启超在引进边沁的功利主义学说的时候，就表示出强烈的担心："天下不明算学之人太多，彼其本有贪乐好利之性质，而又不知真乐利之所存，一闻乐利主义之言，辄借学理以自文。于是竞沉溺于浅夫昏子之所谓利，而流弊遂以无穷。边氏之论，几于教揉升木焉。故教育不普及，则乐利主义，万不可昌言。吾之欲演述边沁学说也久矣，徒坐此，兢兢焉。"[5]1913年，杜亚泉在《东方杂志》撰文，指出物欲主义思潮已经泛滥成灾："今日之社会，几纯然为物质的势力，精神界中，殆无势力之可言……既为物质的势力所奄有，处其中者，以充满其肉欲为惟一之目的，物质生活之向上，遂有一

---

① 易白沙：《我》，载《新青年》第一卷第5号，1916年1月15日。
② 吴康：《论吾国今日道德之根本问题》，载《新潮》第一卷第2号，1919年2月1日。
③ 陈独秀：《人生真义》，载《新青年》第四卷第2号，1918年2月15日。
④ 高一涵：《乐利主义与人生》，载《新青年》第二卷第1号，1916年9月1日。
⑤ 梁启超：《乐利主义泰斗边沁之学说》，《梁启超全集》第2册，第1048页。

跃千里之势。"① 从以上中国五四时期个人主义反对封建奴役的作用中我们可以看出，中国五四时期的个人主义在反对封建思想对人的奴役上确实起到了唤醒个人意识的作用。在某种意义上可以说，西方文艺复兴、宗教改革以及启蒙运动的发展史就是个人主义的演进史。而借鉴于西方的个人主义与中国的传统文化存在着内在的冲突，因为中国的传统文化强调的是整体主义，中国传统文化里以群体作为价值主体，形成了一种群体本位的价值系统。整体主义原则是中国封建社会最重要的价值原则，它认为整体的利益高于个人的利益，而群体中的个人是微不足道的。这里所说的群体在中国的封建社会中主要是宗法家族，在宗法家族中，以血缘、亲情等为纽带把个人联系在一起。而个人主义者往往强调个人的价值优先，当个人价值与社会价值冲突的时候，个人主义者就偏向于个人的价值。

个人主义价值与中国反对帝国主义的历史任务存在着内在的紧张关系，个人主义的产生面临的历史任务就是以人性反对神性，而个人主义在中国面临的任务则是反对帝国主义。反对帝国主义要求建立强有力的政治权威以集结整个中华民族的力量以对抗凶残的帝国主义，而这需要的恰恰是集体主义，而个人主义的学理与现实都印证了其对力量的涣散作用，本来在半殖民地半封建的中国，个人的力量就小，那么面对凶残的帝国主义仅仅靠个人主义的力量注定要失败。个人主义的最核心的原则是强调个人从价值的优先性，即由个人构成群体、构成阶级、构成国家。因此，群体的自由、阶级的自由、国家的自由取决于个人的自由。但是如前面所分析，现代社会政治的核心是民族国家，个人首先是某个特定地域、民族政治共同体中的个人，是某种"环境"中的个人。按照马克思的分析，个人首先具有的是自然属性，即个人是生命肉身的个人，要维系这种自然属性，个人就必须要吃穿住行，而满足这种需要的唯一方式便是生产劳动。在生产劳动中，个人将不可避免地结成社会关系，构成社会群体。正是在此意义上，马克思才认为"全部社会生活在本质上是实践的"，"人的本质不是单个人所固有的抽象物，在其现实性上，它是一切社会关系的总和"，"因此个人的存在首先是社会关系的存在，社会环境的存在。"② 因此，当生存的社会秩序发生严重危机，国家和民族处于危难的时候，如何从理念和行为两个层面来整合社会资源，为个人的存在创造一个和谐稳定的"社会环境"，就成了价值上的优先选择。从这个意义上，社会的存在在价值上又

---

① 杜亚泉：《论社会变动之趋势与吾人处世之方针》，《杜亚泉文存》，上海教育出版社 2003 年版，第 284—285 页。

② 《马克思恩格斯选集》第一卷，人民出版社 1995 年版，第 56 页。

是先于个人的，这也是自由主义所强调的"自发秩序"生长的前提。

四　五四时期自由主义对中国传统的批判

五四时期的自由主义者利用自由主义思想对中国的儒教——孔子学说进行评判，它上起辛亥革命乃至明清之际的评孔思潮，下启 20 世纪二三十年代乃至现代的评孔论战。在中国漫长的几千年的封建社会，孔子思想与封建统治者的联系是错综复杂的，经过统治阶级改造制作的孔子思想在漫长的中国封建社会成为统治阶级万古不变的意识形态。匡亚明对此有精密的分析："中国封建社会的历史，从某一方面说即是各个封建王朝兴替的历史。孔子的学说帮助各王朝的统治者延长回旋，实际上就是延长了封建社会的寿命，使中国社会长期不前。不仅如此，在中国封建社会这块土壤上生长起来的孔子思想，有一种顽强的力量保证着全部社会生活的再生产，就是说，保证在生产方式、社会结构、意识形态、中外关系等各方面把未来永远复制成过去的模式。在这个停滞不前的'信而好古'的'模式'中，儒家的所谓'道'或'道统'，就成了被封建地主阶级利用来巩固封建社会制度本身的精神支柱，这是比巩固一家一姓的统治更为严重的问题。"[①] 正是基于这样的理解，五四自由主义者对以孔教为核心的中国传统文化进行批判。

（一）反传统思想与之前的文化革新运动的关系

五四自由主义的反传统思想与清末辛亥革命中文化革新运动两者之间有着天然的承继关系。鸦片战争开启的中国近代的每一次政治运动的发生都伴随着文化革新运动的兴起，社会精英力图提供新的文化力量与新政治运动相匹配。维新时期的康梁思想，本质上脱不出中国古代改革的"托古改制"的巢穴。期间，虽有个别人如谭嗣同的思想有要冲破封建罗网的伦理纲常的萌动，但仍没有达到全盘反传统的地步，在整个社会上也不可能形成一种反传统的文化潮流，20 世纪初，伴随着拒俄运动和苏报案的相继发生，革命形势的迅猛发展带来革命言论的日益高涨，一种反传统的革命的文化开始真正出现。

1902 年起，国内革命青年所创办的杂志如雨后春笋般出现，革命言论风行，这些革命刊物，主要集中在排满思想上，但其言论相当广泛，这些言论就包括检

---

① 匡亚明：《孔子评传》，齐鲁书社 1987 年版，第 387 页。

讨与批判封建文化。

1901年的《国民报》上有一篇《说国民》的文章,认为中国要摆脱内权与外权的压制,就"必先脱数千年来牢不可破至风俗、思想、教化、学术之压制。"[1]讨论现代教育的《游学译编》中的《教育泛论》认为现代教育有两大要义,就是贵我与通今,利用这两个要义看待中国的儒家学说是不近人情,而法古学说足以亡种。在《劝同乡父老子弟航洋有学书》中直接对儒家文化进行批判,指出:"为不儒然后可以办事,儒则重心于奴隶也。于是遍览累朝之儒臣怒媚外种者十之八九,是除孔孟之外,凡所谓儒者,皆奴隶之学也"[2]如果说这些还回护孔子的话,而《童子世界》中《法古》的文章中,将批判的矛头直指孔子,"孔子至圣之号,是为独夫民贼所用,……孔子在周朝虽然很好,但是如今看来,也是很坏,……孔子虽好,必不能合现在的时候了。"[3]1904年的《警钟时报》讨论了孔学儒教的问题,在《孔学与政治无涉》中认为:儒家并非宗教,只是一个学派,而孔子非宗教家;中国自古以来独尊儒术的结果是有阻碍学术自由、塞竞争以阻进步之路;历史上儒学屡为统治者所利用;儒家学说中有许多不合理的地方,特别是"区等级而别尊卑,薄事功而尚迂阔,重宗法而轻国家。"[4]在《孔学不能无弊》中重点分析的孔学之弊是:信人事而不信天事;重文科而不重实科;有持论而无诘驳;执己见而非异说。[5]

以上所考察的还是一些相当稳健的反传统言论,由章士钊和陈独秀创办的《国民日日报》中批判传统文化的文章很多,其中有代表性的是《箴奴隶》。说当时的中国人就是奴隶,因为"感受了三千年奴隶之历史,熏染数千载奴隶之风俗,只领无数辈奴隶之教育,揣摩数千载奴隶之学派,子复生子,孙复生孙,谬种流传,演成根性。"中国三千年的历史是"独夫民贼"的专制。风俗是"纲常主义"和"偶像崇拜";教育是"无廉耻无感情无竞争心";学派上儒学是"薄今爱古之性质,孔子亦不免微倾于奴隶",法家"惨刻寡恩"是收买奴隶的代表学派,道家的"知雄守雌"和"知荣守辱"更是贿买奴隶代表。在众家中对儒家的攻击尤甚,那些"鄙夫乡愿学究","伪孔子之名以招摇于天下",而为独夫民贼所收买

---

① 张彤、王忍之编:《辛亥革命前十年时论选集》第一卷(上),生活·读书·新知三联书店1978年版,第20页。
② 《游学译编》第四册,光绪二十九年六月十五日,1903年2月12日。
③ 张彤、王忍之编:《辛亥革命前十年时论选集》第一卷(上),生活·读书·新知三联书店1978年版,第532页。
④ 《警钟时报》,1904年5月4日。
⑤ 参见《警钟时报》,1904年12月12日。

利用，故此"孔子遂为养育和种奴隶之乳姬"。①

从以上分析可以看出，五四前后的新文化运动中的反儒反孔运动，恐怕是清末革命派中这一派的直系。20世纪初以来，伴随着革命运动和革命思想的产生，一种反传统思想也随之出现，一种要求文化革新的思想就成为革命思想的重要组成部分。这些反传统思想已经认识到要改变中国政治就必须改造中国文化，其讨论的范围相当广泛，包括了政治制度、学术思想、社会伦理、风俗习俗等各个方面，表现了比较彻底和全面的思想解放要求。在传统文化中，代表中国政治体制和社会伦理正统的儒家学说受到的批判最为激烈，成为攻击的主要目标。这些革命者在批判传统文化所使用的武器是进化、竞争、自由、民主、科学、平等、个性、实用等近代西方自由主义的价值观，也就是这一代知识分子已经开始摆脱传统文化价值。这代表着辛亥革命期间的一股激进的文化革新的思潮，也就成为五四自由主义者对传统文化认知的渊源。

（二）批判孔教在于批判封建专制对个性的奴役

李大钊特别申明："余之抨击孔子，非抨击孔子之本身，乃抨击孔子为历代君主所雕塑之偶像的权威也；非抨击孔子，乃抨击专制制度政治之灵魂也。"② 在五四新文化运动中，五四精英利用西方的自由主义思想对与封建专制思想相关联的儒家学说进行批判。为了批判的需要，对孔子的思想进行了必要的研究，取得了前所未有的研究成果。

在陈独秀看来，国人之所以缺乏独立自由意识，主要原因是长期专制政治和以儒家纲常名教为主体传统思想的压迫、束缚和毒害。因此，获得自由的人格首先意味着摆脱压迫、束缚、实现个性解放。他把欧洲人民争取自由的历史称作"解放历史"，反映了他的这种思想倾向。这种注重自由的摆脱压迫、束缚的思想倾向必然要求对统治中国两千多年的封建礼教进行无情的批判，而通常又会导致革命的要求。关于孔教的本质问题，陈独秀认为，孔教有一个完整的思想体系，贯穿在这个体系之中的中心思想是"别尊卑，明贵贱"，也就是说它维护的是封建的等级制度。

他在《吾人最后之觉悟》一文中指出，儒家三纲学说是我国伦理政治之大原。

---

① 《国民日日报》第二号，1903年8月8日。

② 李大钊：《自然的伦理观与孔子》，载《甲寅》日刊，1917年2月4日。

而"三纲之根本义，阶级制度是也。所谓名教，所谓礼教，皆以拥护此别尊卑，明贵贱制度也"。① 三纲的不平等带来个性的压抑及个体自由的丧失。人与人之间，一级依附着一级，级与级之间，不是平等的关系，而是领有与被领有的关系。个人不但不能掌握自己，反而要驯从上级，作为这种奴颜婢膝的驯从的补偿，可以役使下级。独立而完整的人格就这样被分裂开：一面仰着向上，一面俯着向下，一面做主，一面做奴。独立自由的个性消失于俯仰之间，泯灭于主奴之际。五四时期，尊孔派认为孔教不应否定，因为三纲学说为宋儒所伪造，非原始孔教的本义。陈独秀列举史实，驳斥了这种观点。他说："三纲五常之名词，虽不见于治书，但其学说之实质已显于言辞之中，三纲说不徒非宋儒所伪造，且应为孔教之根本义。"② 作为一种系统的伦理学说，孔教经历了一个较长的发展过程，它既是封建时代的产物，又与封建时代相始终，维系着封建帝制的存在，即陈独秀所说的"孔教与帝制，有不可离散之姻缘"。③ 所以他认为，反对封建专制统治，消除封建余毒影响，首先必须反孔，而且必须"有彻底之觉悟，猛勇之决心"，对孔教进行系统地、彻底地清算，否则"不塞不流，不止不行"，④ 只有攻破这一学说，我国的政治、法律、社会等，才能走出黑暗而步入光明。陈独秀认为，孔子生在古代社会，其道德伦理思想是封建时代的产物，与当时的社会生活有着密切的关系，所以已经不适应现代生活的需要了。在许多文章中，陈独秀列举了儒教教孝教从之义的最大危害是扼杀个人的人格独立。"中国礼教，有'夫死不嫁'（见《郊特牲》）之义，男子之事二主，女子之事二夫，遂共目为失节，为奇辱。礼又于寡妇夜哭有戒（见《坊记》），又寡妇之子有戒（见《坊记》及《曲礼》）。国人遂以家庭名誉之故，强制其子媳孀居。不自由之名节，至凄惨之生涯，年年岁岁，使许多年富有为之妇女，身体精神俱呈异态者，乃孔子礼教之赐也！"⑤因为孔子之道与现代生活格格不入，所以用孔教来挽救世风，维系人心，不过是南辕北辙，根本达不到目的。固此，陈独秀觉得有必要把孔教伦理完全排斥掉。他说："吾人所不满足者，以其为不适于现代社会之伦理学说，然犹支配今日之人心，以为文明改进三大阻力耳。且其说已成完全之系统，未可枝枝节节以图改良，故不

---

① 陈独秀：《吾人最后之觉悟》，《陈独秀著作选》第一卷，上海人民出版社 1993 年版，第 179 页。
② 《陈独秀著作选》第一卷，上海人民出版社 1993 年版，第 228 页。
③ 《陈独秀著作选》第一卷，上海人民出版社 1993 年版，第 217 页。
④ 《陈独秀著作选》第一卷，上海人民出版社 1993 年版，第 229 页。
⑤ 《陈独秀著作选》第一卷，上海人民出版社 1993 年版，第 234 页。

得不起而根本排斥之。"① 如此陈独秀得出这样的结论：孔子别尊卑，明贵贱，注重阶级纲常，严重地扼杀了人的个性，所以它的出现已毫无价值可言，应该彻底地摒弃。在《〈新青年〉罪案的答辩书》中，陈独秀阐发了他主张破坏孔教，破坏旧伦理，破坏旧道德，破坏旧政治的理由："要拥护那德先生，便不得不反对孔教、礼法、贞节，旧伦理，旧政治；要拥护那赛先生，便不得不反对旧艺术，旧宗教。"以科学和民主来反对迷信和专制，反映了时代发展的进步潮流。由此可以看出，陈独秀是把反孔作为反对封建统治的思想基础而立论的，把进攻的火力集中到孔子的伦理道德上，对别尊卑、明贵贱为基础的三纲五常进行了无情的揭露和批判。这种批判涉及的思想领域，比戊戌变法时期的维新派和辛亥革命时期的革命派对封建制度的批判更进了一步。

（三）全盘反传统的独特批判方式

尊孔与排孔的斗争既是老问题也是新问题。辛亥革命的始胜终败、种瓜得豆的结局，特别是张勋复辟、洪宪帝制的交替，始终掺杂着尊孔与排孔的斗争。五四运动以前的斗争表现为政治领域与思想文化领域里的斗争。在政治领域里表现为复辟与反复辟的斗争，思想领域里就表现为个人主义与封建专制主义的斗争，尊孔复古与排孔纳新的斗争；在民国初年，政治斗争就与思想斗争紧密地联系在一起。新旧斗争的社会主题集中在政治层面上展开，反映的是维护帝制这个老权威，还是尊崇共和这个新权威的重大问题。说它是老问题，是因为五四时期的新旧文化斗争和民国初年的尊孔复古与排孔开新的斗争一脉相承。说它是新问题，是因为政治领域里的斗争已经通过政治与军事的手段加以解决，复辟帝制，业已成为复辟者遥远的梦想；但是，文化领域里的斗争并没有因为帝制的结束而得到解决，文化领域里的新旧斗争反而变得更加激烈。

五四时期对孔子的批判与历史上尤其近代史上对孔子的批判是不同的。新文化运动以前对孔子的批判主要着眼于政治的批判。文化的批判从属于政治的批判，就连民国初年也是把孔子作为政治的偶像来加以批判的。当然，当时的批判是为了当时政治的需要，但对于封建意识形态的孔子之道就没有得到系统的批判。而在五四新文化运动中，复古、帝制复辟来源于政治领域，并且通过政治的运动达到目的，留给人们思索的就是这样一个文化问题：孔子之道为什么能够成

① 《陈独秀著作选》第一卷，上海人民出版社 1993 年版，第 209 页。

为奴役人们思想的精神枷锁，为什么孔子之道一而再再而三地充当复辟与帝制进攻民主共和的工具，这其中的奥秘何在？毫无疑问，五四时期对孔子之道的批判是五四前批判的深化，而这种深化就是政治领域向文化领域的转化，当观念的东西深入到人的思想内部时，必须将观念的东西通过文化来加以清算。胡适在《吴虞文录序》中说："正因为二千年吃人的礼教法制都挂着孔丘的招牌，故这块孔丘的招牌——无沦是老店，是冒牌——不能不拿下来，锤碎、烧去。"①

五四新文化运动对待孔学的态度是怀疑与批判，当然对怀疑与批判的理解是不同的。按照林毓生的说法，五四新文化运动的基本立场就是怀疑一切与全盘否定。当然胡适把怀疑一切当作一种方法，就是"重新估定一切价值"。胡适对于新文化运动中对孔子的批判给以方法论的总结。他说："据我个人的观察，新思潮的根本意义只是一种新态度；这种新态度就叫做'评判的态度'"。"评判的态度简单说来，只是凡事要重新分别一个好与不好，仔细说来，评判的态度含有几种特别的要求：1. 对于习俗相传下来的制度风俗，要问：'这种制度现在还有存在的价值吗？' 2. 对于古代遗传下来的圣贤教训，要问：'这句话在今日还是不错吗？' 3. 对于社会上糊涂公认的行为与信仰，都要问：'大家公认的，就不会错了吗？人家这样做，我也该这样做吗？难道没有别样做法比这个更好，更有理，更有益的吗？'……我以为现在所谓的'新思潮'，无论怎样不一致，根本上同有这公共的一点——评判的态度。孔教的讨论只是要重新估定孔教的价值。"②胡适评判的态度在这里包含两种含义：一个是对中国传统儒家学说的价值重估，也就是对以儒家学说为代表的传统进行评估，把一切社会制度、道德价值、行为方式、个人信仰等放在理性的天平上，放在自由主义价值体系中进行估价；另一个是对外来的学说的估价，也就是对外来的一切学说，包括马克思主义、基尔特社会主义等放在理性的天平上，放在自由主义的天平上进行评判。他后来的说法是价值重估的注释。"从前禅宗和尚曾说：'菩提达摩东来，只要寻一个不受人惑的人'。我这里千言万语，也只是要教人一个不受人惑的方法。被孔丘、朱熹牵着鼻子走，显然不算高明，被马克思、列宁、斯大林牵着鼻子走，也算不得好汉。我自寻决不想牵着谁的鼻子走，我只希望尽我的微薄的能力，教我的少年朋友学一点防身的本领，努力做一个不受人惑的人。"③胡适在美国学习 7 年，当他 1917

---

① 胡适：《吴虞文录序》，《胡适文存》第四卷，亚东图书馆 1928 年版，第 259 页。

② 胡适：《新思潮的意义》，《胡适文存》第四卷，第 153—154 页。

③ 胡适：《胡适文存》第四集第四卷，第 623—624 页。

年从美国回来后发现当时的中国与7年前的中国并没有什么大的区别，他感到特别的失望，他对五四时期评孔、排孔的思想的总结性的评价当然是站在自由主义立场上的，特别是站在实用主义立场上的。

五四时期的评孔思想有一个共性就是认为孔子之道与现代生活也就是新的时代已经不相称。无论是历代统治阶级所推行的孔子之道还是复古主义所推行的孔子之道都是从属于旧时代，是旧时代的统治思想与精神枷锁。易白沙讽刺那些抱残守缺的复古主义者为"今天的董仲舒"，他认为：西方文明是近代西方的产物，新的思想是西方社会进化的结果，一些人对西方的物质文明心向往之，而对中国的封建文化抱残守缺，只能是一种痴心妄想。孔子之道只是代表了过去，不能代表新的文化的发展方向。"西土文明，吾方萌动，未来之演进，岂有穷期！以东方之古文明，与西土之新思想行正式结婚礼，神州同学，规模愈宏，愚所祈祷，固不足为今之董仲舒道。何也？今之董仲舒，欲孔子一家学术代表中国过去未来之文明也。"① 五四时期的李大钊在肯定了孔子思想在旧时代作用的同时，认为它已经不适合新的时代，必然被新的时代所淘汰。李大钊说："孔子于其生存时代之社会，确足为其社会之中枢，确足为其时代之圣贤，其说亦足以代表其时代之道德"，唯其如此，它只能生存于旧社会旧时代。否则，"孔子之道，施于今日之社会为不适于生存，任诸自然之淘汰，其势力迟早必归于消灭。"②

由于孔子之道是旧社会旧时代的产物，它与新时代就互相抵触，要开辟一个新的时代，就必须清除孔子之道，这是五四人的一个共识。五四人在做着一个"破旧"与"立新"的双重工作，仅从新文化人对"重新估定一切价值"来看，"破旧"与"立新"是并行不悖的，"重新估定一切价值"就是要完成一种"价值分离"的工作。就孔子学说而言，千百年来，儒家孔学已不仅仅是一种思想理论与学说，已经融化在人们的日常生活与民族心理之中，也许广大农民并不熟悉孔子的学说，但孔子的思想已经与宗法思想牢固地结合在一起，那一套长幼秩序，"天地君亲师"的牌位，早已深入到他们的日常生活、风俗习惯、观念意识、与思想感情之中。孔子之道与人们的价值观念黏合在一起，所以从新文化的角度来说，要解除人们的思想枷锁，必须把孔子之道从人民的价值体系中清除出去。同

---

① 易白沙：《孔子平议》（下），载《新青年》第二卷第1号。
② 中国李大钊研究会编著：《自然的伦理与孔子》，《李大钊文集》（上），人民出版社1999年版，第250页。原载《甲寅》日刊，1917年2月4日。

时灌输新的文化体系，进行新的价值建设。

我们在五四时期的新文化人对孔子之道的评判中发现一个问题，就是他们面对的是两个问题，两个研究对象：一个是历史上的孔子——作为中国文化始祖的孔子，一个是被历代统治阶级神化的孔子，也就是充当中国封建社会统治阶级精神工具的孔子偶像，孔子本人的思想理论与被统治阶级圣化的孔子之道。对于孔子的思想，应该进行整理，发现其中对于新时代有用的东西，获得新知与智慧。对于被圣化的孔子偶像与孔子之道，应该在清理之列。对于两种研究对象，应该采取两种态度，对于孔子本人学术思想理论的研究，是为了深化对历史与文化的认识，重在整理的批判，而对于圣化的孔子之道的研究，则是一种清除性的批判。"五四运动所进行的文化革命则是彻底的反对封建文化的运动，自有中国历史以来，还没有过这样伟大而彻底的文化革命。当时以反对旧道德提倡新道德、反对旧文学提倡新文学为文化革命的两面旗帜，立了伟大的功劳。"[1] 五四新文化人注意到应该科学评价与正确对待历史上的孔子思想与学术。易白沙在《孔子平议》中首先把历史上的孔子与被历代统治者所改造制作的孔子加以区别。认为"孔子自有可尊崇者在，国人正无须如八股家之作截答题，以牵引傅会今日学术，徒失儒家之本义耳"。他还提醒我们：历史上的孔子虽然十分伟大，虽然有许多智慧，但他毕竟不能为今人提供人生的航标和判断是非善恶的标准，因此，"国人为善为恶，当反求之自身，孔子未尝设保险公司，岂能替我负此重大之责。国人不自树立，一一推委孔子，祈祷大成至圣之默佑，是谓惰性；不知孔子无此权力，争相劝进，奉为素王，是谓大愚。"[2] 以"打倒孔家店"为己任的吴虞，也并不是不分青红皂白地"见孔就反"。他说："不侫常谓孔子自是当时之伟人，然欲坚执其学以笼罩天下后世、阻碍文化之发展。以扬专制之余焰，则不得不攻之者，势也。"李大钊将他的进攻对象准确定位，他说："故余之抨击孔子，非抨击孔子之本身，乃抨击孔子为历代君主所雕塑之偶像之权威也；非抨击孔子，乃抨击专制政治之灵魂也。"[3] 同时，李大钊还认为：在孔子的时代产生了孔子那样的伟人，而五四时期新的时代更应该产生像孔子那样的伟人。同一的太阳光，同一的空气，在古代能产生的，在现代为什么不能产生呢？把真假孔子分开，将假孔子从中国政治思想舞台清除出去；给予真孔子历史上真正的地位。重新认识孔子，研究孔

---

① 毛泽东：《新民主主义论》，《毛泽东选集》，人民出版社 1991 年版，第 700 页。
② 吴虞：《致陈独秀》，《吴虞集》，第 385 页。
③ 李大钊：《自然的伦理观与孔子》，《李大钊文集》，第 264 页

子，这是五四时期中国文化所具有的动力。只有在这个角度上，"重新估定孔教的价值"才有文化的意义，"重新估定一切价值"才有方法论的意义，五四文化新人利用"价值重估"方法，就是要识破假孔子在文化上的反动性，揭示真孔子的文化意义。胡适认为："新思潮的运动对于中国旧有的学术思想，持什么态度呢？""我的答案是：'也是评判的态度'。""我们对于旧有的学术思想，积极的只有一个主张——就是'整理国故'""新思潮对于旧文化的态度，在消极一方面是反对盲从，是反对调和；在积极一方面，是用科学的方法来做整理的工夫。新思潮的唯一目的是什么呢？是再造文明。"[①]

（四）中国五四自由主义与中国传统的内在紧张

综观西方自由主义的发展史，自由主义在其成长的过程中，也就是由中世纪向近代转化的过程中，是先发展国家的思想体系。无论是西方的自由主义者还是中国五四时期的自由主义者都把自由主义看作是普世的、是全人类的。然而自由主义作为现代性的产物，从一开始就与民族国家联系在一起，自由主义的兴起与民族国家的建立几乎是同步的，在欧洲许多国家，自由主义运动或革命本身就是民族统一运动的组成部分。其危险性在于，许多自由主义者忽略了自由主义的特殊主义的特征，把某些特殊主义的价值强加于人。这在近现代许多奉行自由主义的西方国家的对外政策中暴露无遗。最早实行自由主义政策的国家——英国，恰恰也是最早在对外政策中奉行帝国主义政策的国家。在其实施帝国主义政策时，常常以自由主义的价值作为理由。自由主义者密尔曾对中国清王朝禁止鸦片贸易大为愤慨并支持英国对中国出兵，密尔的理由是，对中国输出鸦片是自由的问题。人们在自由主义政策的背后看到的是血腥的殖民主义政策，是对后发展国家经济的奴役、政治的侵略、人民的麻痹。这些政策本身都是为帝国主义的经济、政治等各种利益服务的，其目的就是要使这些后发展国家成为帝国主义的附庸。

毛泽东曾引用的一幅对联很适用于中国自由主义者："墙上芦苇头重脚轻根底浅，田间竹笋嘴尖皮厚腹中空。""嘴尖皮厚"是说自由主义者很喜欢批评别人，既批评保守主义者，也批评激进主义者；既批评国民党人，也批评共产党人。他们是以"社会的良心"自居的，以为真理只在他们的手中。其实，自由主义者却是"腹中空"的，拿不出多少切合实际的政治、经济、社会、文化方案来。在"自

① 胡适：《新思潮的意义》，《胡适文存》第四卷，第 161—164 页。

由”问题上，他们也拿不出多少货真价实的东西。对西方的自由主义，他们“拿来”不少，因此沾沾自喜，鼓腹而歌；却又一知半解，囫囵吞枣，至少也有消化不良之嫌。至于对自家文化传统的自由精神，他们一无所知，或者视而不见，腹中仍然空空如也。结果他们从西方移栽过来的自由之树在中国难以生根；即便勉强种下去，也难免存“头重脚轻根底浅”之虞，一遇风吹雨打，便被连根拔去。他们抛弃了自家的文化传统失去了自己的精神家园。他们不知道，西方近代自由主义，其实乃是植根于“二希传统”（古希腊、希伯来精神文化传统）之中的。而他们却要与中国传统彻底绝裂，不仅要“打倒孔家店”，而且连孔家店的地基都要挖掉。这种民族文化虚无主义与他们的民族主义主体精神是自相矛盾的。这就使得中国自由主义成为文化上的流浪儿，精神上的乞食者，时代的游魂野鬼，无根无蒂的漂萍。

其实，马克思早就给我们指出了对待传统的正确方法，也就是扬弃的方法，也就是批判的继承，批判其不合理的部分，继承其精华。这是“二重分析”方法的历史性的一面——历史的差异性和超越的贯通性问题；它还有共时性的一面，即民族的差异性和人类的共通性。这关系到近代以来“中西比较”这个持久的热门话题，这个题目其实应该包括一个“二重分析”。一个是时间的向度，就是对于一个民族来说，其不同历史时代的不同文化形态之间有一种超越历史的一以贯之的精神；另一个则是空间的向度，对于不同的民族来说他们的文化传统之间既有人类共性又有民族个性。对于中西文化比较应当作如是观。中西文化既有人类的共性也有民族的个性。人类不同文化传统之间，正是可通约性与不可通约性的共存。在“自由”问题上，中西文化之间也是既互异、又互通的。所以，说到自由问题，中国文化传统的自由精神既有历史的变动的一面，亦有超越地贯通的一面；既有相通于西方传统的一面，亦有自别于西方传统的一面。

用这种方法来观察分析中国文化传统，就会发现在我们的文化传统中，是有可以适应于现代化的东西的：我们的文化传统，自有其自由的精神、民主的精神、科学的精神。我们今天的使命，就是去发现、去发掘这些精神。

五　五四时期自由主义对封建宗法思想的批判

儒学在鸦片战争以后陷入困境，一方面是西方文明的冲击，另一方面来源于儒学内部价值系统的内在矛盾。先秦儒学继承了殷周文化的合理成分，完成了伦理的转化，也就是向宗法伦理的"人文的转向"。孔子以"仁"解释"礼"给予原生态的古代宗法文明以人文的基础，儒学由此而形成了道德人文主义的价值体系。儒学宗法人文化的过程带来了双重的后果，免去了西方基督教文明所具有的神人冲突，但也使儒教与宗法社会牢固地结合在一起，宗法社会成为儒家文化深厚的社会基础。[①] 如梁漱溟所言，宗教是中西文化的分水岭，周孔教化改良宗法文化，润泽以礼文，提高其精神，中国逐步转化为一种伦理社会，以家族家庭为中心得以延续。基督教则使家庭生活转化为团体生活。[②] 人类社会开始立基于血缘为基础的宗法社会，当然中国也不例外，以血缘群体之氏族、宗族、家族为社会整合的纽带。儒家伦理以宗法社会结构为基础，是周礼以父权与君权为轴心的宗法封建伦理发展而来。儒学开始就蕴涵着人文与宗法的两重性。儒学有以礼为基础的伦理规范与以仁为基础的道德规范两个层面。两个层面之间内含着一种紧张关系，当儒家文化面对西方文化的冲击之下，经历了一个经济层面的适应与价值层面的认同过程。[③] 现代化是一个人身依附的社会向一个人格平等的社会转化的过程。儒教文化的义务本位、人格依附、等级尊卑的宗法伦理思想与现代性的个人本位、个人自由、人格平等有着天然的紧张关系。戊戌变法以后，儒家伦理开始受到维新思想的正面挑战。康有为、梁启超、谭嗣同、严复都对儒家的三纲学说进行了批判。但是，维新派对儒学的批判严格的限定在对儒学改革的范围之内，基本上保持在去礼存仁的范围内。1905 年科举制度的废除与 1911 年帝制退出历史，儒学失去了自己存在的制度基础，得以从正统中退位，逐步退出了教育与政治领域。

按照梅因的经典概括，现代化是一个由以家族为本位的"身份"社会向以个人为本位的"契约"社会转化的过程。在伦理方面，则是一个由依附性的封建伦理向公民伦理转化的过程。在中西文化激荡的五四新文化运动中，中国的自由主义者以表征西方现代市民伦理的个人主义、自由主义与功利主义为武器，对作为制度化儒学为主体的礼教的核心——三纲之说为核心的宗法封建性伦理规范进行猛烈的抨击，使其在中国失去其伦理的正当性。立基于宗法家族制度的伦理社会，是一种以孝悌为轴心的等级化人伦秩序。它是以父权为中心的依附性家庭伦理，以温情的血缘关系来束缚人的个性与自由，代表的是人与人的依赖关系。随

---

① 参见陈来《古代宗教与伦理——儒家思想的根源》，生活·读书·新知三联书店 1996 年版，第 4 页。
② 参见梁漱溟《中国文化要义》，《梁漱溟全集》第三卷，山东人民出版社 1990 年版，第 53 页。
③ 参见杜维明《现代精神与儒家传统》，生活·读书·新知三联书店 1997 年版，第 303 页。

着中国家族制度的解体，个人的独立渐渐成为社会转型的趋势。中国的封建等级制度为什么能够延续两千多年而一直存在呢？吴虞认为，那是因为封建等级制度的基础是宗法的家族制度。他的《家族制度为专制制度之基础论》对此有精当的分析，他说："商君、李斯破坏封建之际，吾国本有由宗法社会转成军国社会之机；顾至于今日，欧洲脱离宗法社会已久，而吾国终颠顿于宗法社会之中而不能前进。推其缘故，实家族制度之梗也。"① 而宗法制度又是如何与封建专制制度联系在一起呢？吴虞认为，将二者连接在一起的根干就是儒家的孝悌学说。他说："详考孔子之学说，既认孝为百行之本，故其立教，莫不以孝为起点，所以'教'字从孝。凡人未仕在家，则以事亲为孝；出仕在朝，则以事君为孝。能事亲、事君，乃可谓之能立身，然后可以扬名于世。由事父推之事君事长，皆能忠顺，则既可扬名，又可保持禄位。……（推而广之）盖孝之范围，无所不包，家族制度与专制政治，遂胶固而不可以分析。"② 也就是说，从家族制度来讲，宗法关系是一种亲亲关系，而着重是对长者的尊重，而重中之重是对父母的孝。儒家重人伦，一切的教化、政教皆由孝而出，也就把血缘关系的孝推到了事君的上面。而事君就是政治，儒家要人臣像孝敬父母一样服从于君主，孝于是就成为封建君主专制的依据。吴虞认为，有子的"孝弟也者，其为人之本。其为人也孝弟，而好犯上者鲜；不好犯上而作乱者，未之有也。"③ 道出了封建社会君主消弭犯上作乱的根本就在于孝悌。而吴虞认为"儒家以孝弟二字为二千年专制政治与家族制度联结之根干，而不可动摇。"一语道破儒家对维护封建专制的特殊作用。以家族制度为根据，就使中国的封建社会专制之下的君主"既握政教之权，复兼家长之责。作之君，作之师，且作之父母，于是家族制度与君主政体遂相依附而不可离。"④ 也就带来封建君主制度、宗法制度与儒家的孝三者密不可分。吴虞基于这样的认识，认为必须首先打破儒家的孝的学说，解除家族制度，才能真正使忠的学说无可依附，君主制度才能消散。而要进行政治革命，又必须对家族制度与儒家的学说进行改革，因为三者是三位一体的，必须三者的革命齐头并进。也就是把政治革命、思想革命与社会组织的改造放在一起进行考虑，是一种比较全面的观念。

中国两千多年的封建统治，在经济上是自给自足的自然经济。封建宗法制是

---

① 吴虞：《家族制度为宗法制度之基础论》，载《新青年》第二卷第 6 号。
② 吴虞：《家族制度为宗法制度之基础论》，载《新青年》第二卷第 6 号。
③ 吴虞：《家族制度为宗法制度之基础论》，载《新青年》第二卷第 6 号。
④ 吴虞：《家族制度为宗法制度之基础论》，载《新青年》第二卷第 6 号。

封建统治的基础，而宗法制如同一个巨大的网，把人的个性完全束缚在里面，使个人失去自由。以封建家族为本位的宗法制度严重阻碍了个性的张扬，把个人捆绑在家族的战车上。

陈独秀在《东西民族根本思想之差异》中对封建宗法制进行了猛烈的抨击。他认为东西洋民族的不同，在于根本思想的不同，就如同南北之不相并，水火之不相容。主要包括西洋民族以战争为本位，东洋民族以安息为本位；西洋民族以个人为本位，东洋民族以家族为本位；西洋民族以法治为本位，以实体为本位，东洋民族以感情为本位，以虚文为本位。对照西洋的个人本位，他从宗法制的历史演变中抨击了东洋民族的家族本位。"东洋民族自游牧社会，进而为宗法社会，至今无以异焉；自尊长政治，进而为封建政治，至今亦无以异焉"。他进而揭示出宗法社会的本质，"宗法社会，以家族为本质而个人无权利，一家一人，听命家长"。①

在中国长期的封建社会中，封建家族是封建社会的根基和组成细胞，每个家族都是中国封建社会的一个缩影。家族与现代社会意义上的家庭有着极大的区别。家庭的基本结构是父母儿女三角，家族沿着这个基本结构指示的方向外推扩大，包罗了高、曾、祖、父、子、孙、曾孙等数代人在内的血亲集团。形态上的差异，引起了性质上的变化，生育的功能反而退居到次要位置，而赋予政治、宗教、经济等复杂功能，家庭内部的孝异化为封建社会的忠。陈独秀对宗法制度的组织系统进行了分析，"宗法社会尊家长，重阶级，故教孝，宗法社会之政治，效庙典礼，国之大径，国家组织，一如家族，尊之首，重阶级，故教忠。忠孝者，宗法社会封建时代之道德，半开化东洋民族一贯之精神也"。陈独秀通过分析，指出了披着忠孝外衣的封建宗法制度的危害，"自古忠孝美谈，未尝无可泣可歌之事，然律以今日文明社会之组织，宗法制度之恶果，盖有四焉：一曰损坏个人独立自尊之人格；一曰窒碍个人意思之自由；一曰剥夺个人法律上平等之权利；一曰养成依赖性戕贼个人之生产力"。他进一步推论出东洋民族衰微的原因及解决之道，"东洋民族社会中种种卑劣不法惨酷衰微之象，皆以此四者为因。欲转善因，是在以个人本位主义易家庭本位主义"。他号召推翻封建宗法的统治，还个人以自由。李大钊强调，东方文化之短，在于不尊重个性，视个人仅为集体中不

_____

① 陈独秀：《东西民族根本思想之差异》，任建树等编：《陈独秀著作选》，上海人民出版社1993年版，第160页。原载《青年杂志》第一卷第4号，1915年12月15日。

完全之部分，而个人之价值全为集体所吞没。①

　　早在留美时期，胡适就认为中国的家族制度、"孝道"是造成人的个性软弱、依赖性强、缺乏责任感的根源。在新文化运动的高潮中，胡适进一步对孝道进行了重估。胡适对"儿子孝顺父母"的"信条"表示怀疑，他说："一个孩子应该爱敬他的父母，是耶教一种信条，但是有时未必适用。即如阿尔文一生纵淫，死于花柳毒，还把遗毒传给他的儿子欧士华，后来欧士华毒发而死。请问欧士华应该孝顺阿尔文吗？若照中国古代的伦理观念自然不成问题，但是在今日可不能不成问题了。假如我染着花柳毒，生下儿子又聋又瞎，终身残废，他应该爱敬我吗？又假如我把我的儿子应得的遗产都拿去赌输了，使他衣食不能完全，教育不能得着，他应该爱敬我吗？又假如我卖国卖主义，做了一国一世的大罪人，他应该爱敬我吗？"②胡适在这里解释了孝的有限性，也就是做父母的也是人，也会犯错误，甚至于犯罪。而中国的所谓的孝是没有条件的，也就是"天下无不是的父母"，只是片面的强调要尽孝，忽视了孝的有限性。如果孝是无条件的，孝也就失去了生机，成了一种僵化的教条。当力行者把孝当作生活中的规则时，就失去了个人的自我意志，面对意志的丧失，变得麻木不仁，即使有的觉醒也承受心灵的苦痛。特别是一些虚伪之士，利用孝欺世盗名。胡适列举了虚伪之士的例证。"先生又怪我把'孝'字驱逐出境。我要问先生，现在'孝子'两个字究竟还有什么意义？现在的人死了父母都称'孝子'。孝子就是居父母丧的儿子（左书称为"主人"），无论怎样作逆不孝的人，一穿上麻衣，带上高梁冠，拿着哭丧棒，人家就称他做'孝子'"。③那么如何形成新的父母与子女的关系呢？作为儿女不应该把自己当作吃闲饭的主顾，而父母也不能把自己当作放高利贷的债主，人的一生应该是丰富多彩的，不是一个孝字全部涵盖的。胡适大力阐扬易卜生主义，主张个人的充分发展是人类社会的终极目的，没有自由独立的人格就没有社会的进步。④他还批评礼教的节烈观念是一种男子专制的贞操论⑤，并且为五四时期受礼教迫害的女青年李超作传，谴责礼教男尊女卑、无后不孝的宗法观念和家长族长的专制⑥。

---

　　① 李大钊：《东西文明根本之异点》，载《言治》季刊第 3 册。
　　② 胡适：《胡适文存》第一卷，上海亚东图书馆，第 102 页。
　　③ 胡适：《胡适文存》第一卷，上海亚东图书馆，第 101 页。
　　④ 胡适：《易卜生主义》，载《新青年》第四卷第 6 号。
　　⑤ 胡适：《贞操问题》，载《新青年》第五卷第 1 号。
　　⑥ 胡适：《李超传》，载《新潮》第二卷第 2 号。

　　傅斯年主编《新潮》，一开始就举起伦理革命的旗帜，把批判的矛头指向了封建的伦理道德，他首先揭露了封建的伦理道德也就是所谓的"纲常名教"的外衣，认为它不过是虐杀人性的工具，是历史遗传下来的"死灵魂、泥菩萨"。①自觉地遵守封建社会的伦理道德实际就是在做奴隶，即"忠为君奴，孝为亲奴，节为夫奴，亲亲为家族之奴"②也就完全扼杀了个人与个性的发展。他还淋漓尽致地怒斥封建的伦理道德，他说："不许有小己之存在，不许为个性之发展，但为地下陈死之人多造送葬之俑，更广为招致孝子孝孙，勉以'无改于父之道'。取物以譬之，犹之地下之隧宫，亦犹地上之享庙，阴气森森，毫无生气"。③封建的伦理道德不能作为人们遵守的社会信条，应当加以破坏，但社会必须有新的信条取代旧的信条，进而维护社会秩序，发展公共的福利，而新的信条又必须是符合人性与有利于社会的。提倡在破坏旧道德的同时，以一种新的姿态建设新的社会道德，这样傅斯年就把自己对封建伦理的批判与无政府主义严格的区分开来。

　　家庭是社会的细胞，是社会的最基本的单位，封建社会的一切罪恶都在家庭中有着最集中、最具体的表现。傅斯年将中国的家庭列为万恶之源。为什么是万恶之源呢？他作了如此的分析，"善是从个性发出来的，没有人性就没有善"④。由于善来自个性，而破坏个性最大的势力就是家庭，而家庭是"我们一秒也离不开的，而且是那些冤人的圣贤，教我们从这里成道正果的"。"可恨中国的家庭，空气恶浊到一百零一度。从他孩子生下来的那一天，就教训他是这样应时，怎样舍己从人，怎样做你爷娘的儿子，决不可教他做自己的自己"⑤。一句话，中国家庭的最大危害就是摧残人的个性，就是这种无视人的个性的家庭教育，扼杀了中国式的华盛顿、达尔文等天才，中国的一代一代上演着这样的悲剧。中国人长大以后就挑起了家庭的重担，社会"逼着供给，弄得神昏气殆；逼着迁就别人，弄得自己不是自己；逼着求衣求食，弄得独立的事业，都流到爪哇国去"⑥。那么，如何逃出中国旧家庭这张消灭个性和事业的"网"呢？傅斯年认为只有力求消灭家庭的负累，尽力地发挥个性，实行精神上的独身主义。也就是"不管父母、兄

---

① 傅斯年：《社会的信条》，载《新潮》第一卷第 2 号。
② 傅斯年：《社会的信条》，载《新潮》第一卷第 2 号。
③ 傅斯年：《中国学术思想界之基本误谬》，《傅孟真先生集》第一册。
④ 傅斯年：《万恶之源》，载《新潮》第一卷第 1 号。
⑤ 傅斯年：《万恶之源》，载《新潮》第一卷第 1 号。
⑥ 傅斯年：《万恶之源》，载《新潮》第一卷第 1 号。

弟、妻子的责难，总是得一意孤行，服从良心上的支配，其它都可不顾虑，并且可以牺牲的"①。

与傅斯年将家族制度归为摧残个性的"万恶之源"相一致。周作人主张"人的文学"，倡言"个人主义的人间本位主义"②。鲁迅则抨击"节烈"为非人道的封建夫权主义的畸形道德，并批判了孝道之长者本位道德的反进化本质③。而其《狂人日记》对"吃人的礼教"的声讨，则成为启蒙运动颠覆礼教的最有力的口号。④

六　五四时期自由主义的妇女观

五四时期是中国妇女运动发展的一个重要时期，由于男界的呼吁与女界的自觉，蕴积良久的妇女问题在此推向了历史的高潮，各种关于妇女如何向现代化转化的新思潮相互激荡、碰撞，五四时期的自由主义者在对中国传统价值的评判中，以接受的自由主义思想为武器，对受传统思想束缚的妇女提出了解放的要求，这些要求包括从传统的贞操观念中解放出来、婚姻自主、女子教育、女子经济独立等，但是五四自由主义者最后并没有找到中国妇女解放的根本道路。

（一）五四自由主义者呼吁妇女解放

五四自由主义者对妇女解放的理解是以自由主义的"人"的概念理解妇女解放的。"什么是'妇女解放'？就是因为世界上可怜的妇女，受了历史上社会上种种的束缚，变成了男子的附属品——奴隶——现在要打开这种束缚，使他们从'附属品'的地位，变成'人'的地位；使他们做人，做他们自己的人。"⑤罗家伦在此从男女关系的性别角度解释妇女解放问题，也就是在两者的关系中男性处于主子的地位而女性处于奴隶的地位，妇女解放的主要障碍来源于男性的压迫。

究竟为什么女子要解放，为什么女子在现在更不能不解放呢？五四自由主义者用自由主义的一些基本理念进行了分析。从伦理的角度看，妇女不解放与人道

---

① 傅斯年：《万恶之源》，载《新潮》第一卷第 1 号。
② 周作人：《人的文学》，载《新青年》第五卷第 6 号。
③ 鲁迅：《我之节烈观》，载《新青年》第五卷第 2 号。《我们现在怎样做父亲》，载《新青年》第六卷第 6 号。
④ 鲁迅：《狂人日记》，载《新青年》第四卷第 5 号。
⑤ 罗家伦：《妇女解放》，载《新潮》第二卷第 1 号。

主义相冲突。既然女人也是人，那就要以人来对待女人，也就是作为人的条件，那就是有自己的人格，自己的意志，自己的权利，自己的职务。而没有解放的妇女就不符合人的条件，"女子一身做女儿，做妻子，做母亲，总是靠着他人；是成功，是失败，是荣，是辱，也都以他人为转移；……他的一举一动，一颦一笑，都是体贴他人的意志，不但体贴他人的意志，而且以他人的意志为意志。"①从心理方面来说，男子也不能压制女子。近代心理实验的结果表明，男女的智力大致无异，互有优劣，女子有几点还胜于男人，后来的不同主要来自于环境的不同。从生理方面来说，也没有不平等的理由。生理方面"互有长短，是不可掩的事实。人类正好利用这种现象，作天然的互助；何至于把女子强压下去，造成不平等的阶级呢！"②从社会方面来说，妇女不解放是社会最大的障碍。社会是一个有机体，社会的个人相互联系相互影响，没有一个个人离开他人可以单独存在。社会的进化全靠个人的完全发展。妇女作为社会的个人，应该给予他们平等的教育，平等的职业，与社会的接触也就日益密切，女子既然有了生活的能力，就有了社会的生活，自然也就有了彻底的觉悟。为什么要令他们退化、萎靡、残缺，而使社会全体的进化受到阻滞呢？从现代的政治学说以及政治实践来说，妇女解放实在是世界政治不可遏制的潮流。从近代经济的发展来看，妇女解放是近代经济发展不可避免的事实。在工业革命以前，家庭就是工厂，女子在家里生活，与社会的接触很少；而工业革命以后，女子离开了家庭，去寻工厂的生活。通过以上的分析，五四自由主义者利用自由主义的人道主义学说、社会有机论学说、近代政治的实践、经济独立的学说等论证了妇女解放的历史发展趋势，然而"我们睁开眼睛一望国内实在是一阵一阵的心酸，一望我们看不到妇女，只望见奴隶。"③中国妇女的现实是妇女没有解放，原因是什么呢？五四自由主义者认为主要是压制主义和引诱主义的结果，压制主义来源于"误人的圣人贤传"，"说些什么'妇人，服于人也'的话，不但是主张压制妇女，并且主张压制的时候，不以妇女当人待的"，而一些所谓的"婚仪"和"内则"，更是把妇女当作监狱里的囚犯和变把戏的猴子一样，妇女失去了做人的起码人格。"无才是德"的主张更是女子蔽明塞聪的灵符，愚弄政策的利器。由于压制主义带来了女子的抵抗，于是他们更进一步发明了引诱主义，这些引诱主义的手段利用"许多文字上的虚誉还不算"，

---

① 罗家伦：《妇女解放》，载《新潮》第二卷第 1 号。

② 罗家伦：《妇女解放》，载《新潮》第二卷第 1 号。

③ 罗家伦：《妇女解放》，载《新潮》第二卷第 1 号。

更定了许多的"名节"、"旌表"、"石牌坊"等典制上的虚荣作为陷阱。五四自由主义者对所谓的"贞节牌坊"进行了有力的批判，这些东西"是以女子的生命为儿戏。至于那贞节牌坊的发现，更不知为多少'非人性'的生活所造成。"① 于是他们发出如此的疑问，"以人的生活，换一块无灵的石头，那也值得吗？……这种不以女子为人，不以女子的人生为人生的事实，我实在不知道中国女子自己想起来作何感想？……中国四万万的人其中有两万万的生活如此，社会已成半身不遂的现象了，那还有进化的希望呢？所以我劝我们中国人不要夸耀什么四千年的文明，若是真有文明，也不能不承认这是半身不遂的文明！到这个地步，这个时代，苟有心思的，能够不速谋妇女解放吗？"②

（二）五四自由主义者对贞节烈女观的批判

贞操观念在中国有其发展的历史。宋代以前，只要不妨碍家庭私有财产权与继承权，贞操观念对女子的束缚并不太严格，寡妇再嫁也是允许的。但是宋代儒生提出了"饿死事小，失节事大"，贞操观念逐步为一般人所重视，贞操观念逐步成为一种迷信。袁世凯夺取辛亥革命成果后颁布的《褒扬条例》中明文规定了表彰"节烈"的条款："（1）守节至50岁以上者，若年未50而身故，以守节满6年为限；（2）女子未嫁，夫死自愿守节者；（3）烈妇烈女，凡遇强暴不从致死，或羞忿自尽及夫亡殉节者，其遭寇殉节者同"。条例颁布后，各地报纸便不断报道节妇烈女守节殉夫的消息。如1918年7月24日北京《中华新报》登载《会葬唐烈妇记》中写道："唐烈妇之死，所阅灰水，钱卤，投河，雉经者五，前后绝食者三；又益之以砒霜，则其亲试乎杀人之方者凡九。自除夕上溯其夫亡之夕，凡九十有八日，夫以九死之惨毒，又历九十八日长，非所称百挫千折有进而无退者乎？"一个妇女，在丈夫去世之后，九次寻死，最后得以如愿。该文又引一件"俞民女守节"的事来替唐烈妇作陪衬："女年十九，受海盐张氏聘，末于归，夫夭，女即绝食七日；家人劝之力，始进麋曰，'吾即生，必至张氏，宁服丧三年，然后归报地下？'"③ 一个未婚之女，在没见面的未婚夫死后也要绝食寻死。就是暂时不死，也要到夫家服丧3年，然后再死。最奇妙的是文章作者朱尔迈说还

---

① 罗家伦：《妇女解放》，载《新潮》第二卷第1号。
② 罗家伦：《妇女解放》，载《新潮》第二卷第1号。
③ 《胡适文存》第一集第四卷，上海亚东图书馆，第64页。

不如成全她，让她早死了呢！"俞氏女果能死于绝食七日之内，岂不甚幸？"不久，上海报上又有"陈烈女殉夫"事，"陈烈女名宛珍，绍兴县人，三世居上海，年十七，字王远甫之子菁士，菁士于本年三月二十三日病死，年十八岁。陈女闻死耗，即沐浴更衣，潜自仰药。其家人觉察，仓皇施救，已无及，女乃泣然曰：'儿志早决。生虽未获见夫，殁或相从地下……'言讫，遂死，死时距其未婚夫之死仅三时而已。"① 这里提到的烈女，在未婚夫死后3小时即以身殉，不必向前面说的那位俞氏再等3年了。

　　既然是真正的烈女，便要受到官府的褒扬，上海县知事给陈烈女送了一块"贞烈可风"的匾额外，马上呈文江苏省长请求"按例褒扬"。根据当时的《褒扬条例》，第一条第二款便是"妇女烈节贞操可以风世者"，应该褒扬。

　　在封建"贞节"观的导引下，无数的青年女子带着"青史留名"与立"贞节牌坊"的美梦被葬送了青春乃至年轻的生命。经过辛亥革命的洗礼，这种历史的悲剧应该结束了，但由于历史的惯性，却不断地上演着。而袁世凯集团倒行逆施，推波助澜，对这种行为用法令加以褒奖，鼓励群众把她们奉为楷模。这一切引起了胡适等人的愤怒与思考。并对这种行为进行了严厉的批判。胡适把批判的矛头首先指向北洋政府的《褒扬条例》，他认为这是"野蛮残忍的法律"，用法律的形式来鼓励所谓的贞洁烈女为亡夫而自杀，是不应当的行为。胡适对贞操观念发表了自己的看法。在寡妇再嫁的问题上，寡妇的嫁与不嫁人完全是一个个人问题，社会与其他人不应当干涉，应根据个人恩爱等情况而决定：妇女如果对她已死的丈夫真是有割不断的情义，她自己不忍再嫁；已有孩子，不肯再嫁；或是年纪已大，不能再嫁；或是家道殷实，不必再嫁；处于这种境地，她可以选择守节不嫁。如果妇人对丈夫或有怨心，或无恩意，或年纪轻，或无儿女，或家贫苦，都没有守节的理由，无论是从个人出发，还是从人道的角度出发，都应该再嫁。其次，在烈妇殉夫问题上。胡适指出夫人殉夫最正当的理由是夫妇间的爱情，也是个人恩爱问题，应由个人自由意志去决定。但不论怎样，政府出台法律褒奖夫人殉夫的行为都是不应该的。再者，在贞女烈女问题上。胡适强调指出："夫妇之间若没有恩爱，即没有贞操可说"，而"在婚姻不自由"之中国，"男女订婚以后，女的还不知男的面长面短，有何情爱可言？""应该反对这样忍心害理的烈女论，要渐渐养成一种舆论，不但永不把这种行为看作'猗欤盛矣'可旌表褒扬的事，

_____

① 《胡适文存》第一集第四卷，上海亚东图书馆，第68页。

还要公认这是不合人情，不合天理的罪恶；还要公认劝人做烈女，罪等于故意杀人"[①]。最后，胡适大胆地提出：女子如果为强暴所污，不但不必自杀，而且这个女子的"贞操"并没有损失，她的人格尊严更没有降低。女子被强暴所污，是被迫的而不是自愿的，社会对于这种受害的女子"应该怜惜，不应该轻视"，人们应该打破"处女迷信"。胡适在鞭挞封建贞操观的同时，阐述了自己对贞操的看法：贞操问题不应该是单纯的对女子的要求，而应该是对男女双方的要求。贞操不是个人的事，是双方面的事，是男女双方共同遵守的道德规范。女子尊重男子的爱情，心思专一，不肯再爱别人，这就是贞操。男子对于女子，也该有同样的态度，基于这一点，胡适认为：1. 男子嫖妓娶妾不贞操的行为，社会上应该用对待不贞妇女态度来对待他；2. 妇女对于无贞操的丈夫，没有守贞操的责任；3. 社会法律既不承认嫖妓纳妾为不道德，便不该褒扬女子的节烈贞操。[②] 胡适提出了与封建专制截然不同、根本对立的男女平等的贞操观，这对于加快五四反封建的民主运动进程、促进妇女摆脱封建礼教的精神枷锁，起了开先锋的作用。

与胡适遥相呼应，鲁迅发表了《我之节烈观》，揭开了五四时期对封建贞操观实施围剿战的序幕。鲁迅特别讨伐了封建礼教对妇女的摧残，批判了封建的"忠、孝、节"的道德观念，对道德家提出的"节烈救世说"进行了猛烈的抨击。所谓"节烈救世说"，就是"女子死了丈夫，便守着，或者死掉；遇了强暴，便死掉；将这类人物，称赞一通，世道人心便好，中国便得救了。"鲁迅强烈谴责封建道德的虚伪和荒谬，并提出了一系列的疑问：1. 不节烈的女子如何害了国家？对于封建卫道士们认为不节烈害了国家的指责，鲁迅认为：水旱饥荒等自然灾害的发生，那是专拜龙神、滥伐森林、不修水利的结果。与女子节烈与否没有关系，把战争的爆发与妇女是否节烈联系在一起更是十分荒谬的。恰恰相反，动乱往往造出许多不节烈的妇女，但也是刀兵在先，不节烈在后，并非妇女不节烈，才招来刀兵盗贼。丧尽良心的种种黑暗不是不节烈的女子所引起来的，恰恰是不讲新道德新学问的缘故。况且掌握国家政权的政界、学界、商界等领域的，全是男人，并无不节烈的女子夹杂在内，也不是有权力的男子受了女子的蛊惑，丧了良心、放手作恶。2. 何以救世的责任全在女子？这里鲁迅更是用了以子之矛攻子之盾的反儒方式加以批驳，照着旧派的观点，女子是"阴类"，是主内的，是男子

---

① 胡适：《贞操问题》，载《新青年》第五卷第 1 号，1919 年 7 月。
② 胡适：《贞操问题》，载《新青年》第五卷第 1 号，1919 年 7 月。

的附属品，绝不能将这样一个关系到国家存亡的大题目，都搁在阴类肩上。如果说男女平等，义务各分担一半，一半的男子更应该承担责任。3. 对所谓的贞节女子表彰之后，有何效果？社会上所有活着的女子分为三类：第一类是已经守节，应该表彰的人；第二类是不节烈的人或改嫁或忍辱偷生者，只好任其羞杀，也不值得说了；第三类是尚未出嫁，或出嫁了丈夫还在，又未遇到强暴，节烈与否未可知的人。这种人打定主意，"倘若将来丈夫死了，绝不再嫁，遇着强暴，赶紧自裁"，可谓立志极高；但万一丈夫长寿，天下太平，没有机会去节烈，她便只好饮恨吞声，做一世次等的人物。表彰节烈一旦成为社会风尚的话，节烈妇女成为妇女的楷模，势必产生越来越多的节妇烈女，这到底有什么社会价值和意义？4. 节烈是否道德？"道德这事，必须普遍，人人应做，人人能行，又于自他两利，才有存在的价值。"所谓"节烈"将男子排除在外，就是女子，也不是全体都能遇着这名誉的机会。所以节烈"决不能认为道德"。5. 多妻主义的男子，有无表彰节烈的资格？鲁迅在此提出了男女同等节烈的问题，而多妻主义的男子本身自己就不节烈，有什么资格表彰女子。男女之间是平等的，"便都有一律应守的契约"，男子绝不能将自己不守的事，向女子特别要求。基于以上的质问与分析，鲁迅认为：节烈一不道德，二不平等，是专制社会摧残女子的工具。节烈难吗？很难。应为节烈是对女子的单向要求，"男子虽然诱惑了女人，却不负责任"。甲男引诱乙女，乙女不允，便是贞节，死了，便是烈，甲男并无恶名。倘若乙女允了，便是失节，甲男也无恶名。无论如何，男子不负有任何丝毫责任。这种单方面的要求，就使男子放心诱惑。"女子身旁，几乎布满了危险，都带点诱惑的鬼气。"节烈苦吗？很苦。男子都知道很苦，所以要表彰她。凡人都想活，烈是必死。节妇活着，精神上的摧残，姑且不说，生活上无有着落，只有饿死。直到饿死以后，得了旌表，写入志书，可是从来无人翻阅。不节烈便不苦吗？也很苦。社会公认不节烈的女人"是下品，他在这社会里，是容不住的。生前也要受随便什么人的唾骂，无主名的虐待"。女子自己愿意节烈吗？不愿。人类总有一种理想，一种希望。节烈很难很苦，既不利人，又不利己，说是本人愿意，实在不合人情。无论何人，都怕这节烈，"怕他竟钉到自己和亲骨肉的身上"。鲁迅认为节烈"极难、极苦，不愿身受，然而不利自他，无益社会国家，于人生将来又毫无意义的行为，现在已经失了存在的生命和价值"。那为什么还要表彰节烈呢？统治阶级表彰节烈，是男子被征服后，"没有力量保护，没有勇气反抗了，只好别出心裁，鼓吹女人自杀"。鲁迅进而提出自己的愿望："我们追悼了过去的人，还要发愿：要自己和别人，都纯洁聪明勇猛向上，要除去虚伪的脸谱。要除去世上害己害人的昏迷和强暴。我们追悼了过去的人，还要发愿：要除去于人生毫无意义的苦痛。要除去制造并赏玩别人苦痛的昏迷和强暴。我们还发愿：要人类都受正当的幸福。"鲁迅不仅把封建的节烈观批驳得体无完肤，而且又进一步分析了封建社会为什么要求妇女节烈，以致越演越烈。鲁迅认为：封建的节烈观不仅是对妇女的苛刻，而且是和封建的忠君思想紧密联系在一起的，社会越是到"人心日下、国将不国"的时候，越是提倡节烈，"皇帝要臣子尽忠，男人便越要女人守节"。

鲁迅精辟地指出了君权与夫权的内在联系，这正是节烈观得以滋生蔓延的社会政治基础，是统治阶级从维护自身统治目的出发而强加给妇女的一副沉重的精神枷锁。它是以牺牲妇女的人身自由和基本的生活权利为前提，以维护封建的君权、夫权，巩固封建的专制统治为目的的。《我之节烈观》是鲁迅向中国传统的封建思想宣战的第一篇檄文，他的意图是以反节烈观为突破口，达到反对封建思想的目的，对妇女思想意识上的觉醒起到了一定的启蒙作用。

（三）反对"媒妁之言"的包办婚姻，提倡婚姻自由

中国的传统婚姻纯粹把生殖当作婚姻的目的，婚姻是为传宗接代的需要而存在，因此，婚姻全凭"父母之命"、"媒妁之言"而定，男女双方全凭父母的意见，当事的男女双方毫无自由，婚前不曾相识是普遍现象。因无爱结合，婚后夫妻感情冷淡，埋下了家庭悲剧的祸根。对于封建专制的买卖、包办婚姻，胡适更是痛心疾首。早在1908年，胡适就在《竞业旬报》上发表《婚姻篇》，提出了一种介于专制与自由之间的折中方案，也就是婚姻本身应当充分尊重婚姻当事人与父母的共同意见，认为婚姻应该是婚姻的双方与父母提出婚姻由当事人与父母相酌而定。五四时期，胡适旗帜鲜明地提出了他的婚姻自由观。这种婚姻自由观有两个方面：其一，自由恋爱。胡适说，自由结婚最根本的就是要以夫妇的感情为基础、相敬相爱，先有精神上的契合，然后才有形体上的结合，它的基础应该是自觉的"真挚专一的异性恋爱"，即人格的爱，"要把异性恋爱做一个中心点，若没有一种真挚专一的异性恋爱，那么共同生活便成了不可终

日的痛苦，名分观念便成了虚伪的招牌，儿女的牵系便也和猪狗的母子关系没有大的分别了"。在此胡适把只有名分的夫妻关系而没有感情为基础看作与猪狗没有什么区别，要结成"理想的夫妻关系"，只有自由恋爱。其二，离婚自由。基于"异性恋爱"是自由结婚的核心，胡适说，"没有爱情的夫妇关系，都不是正当的夫妇关系，只可说是异性的强迫同居！既不是正当的夫妇，更有什么贞操可说？"① 因此，他主张不仅结婚要自由，离婚更应该自由。夫妇之间如果不能产生精神上的爱情，应该允许离婚，否则"不仅违背自由结婚的原理，并且必至于堕落各人的人格，决没有良好的结果，更没有家庭幸福可说了"②。胡适的自由婚姻观实质就是结婚自由与离婚自由的统一。有人反对自由恋爱的结婚，说自由恋爱容易导致离婚。胡适对此申辩说：自由恋爱乃根据"尊重人格"的观念，离婚的容易不一定表示不尊重人格。"自由恋爱的离散未必全由于性欲的厌倦，也许是因为人格上有不能再同居的理由。他们既然是人格的结合——有主张的自由恋爱应该是人格的结合！如今觉得继续同居有妨碍于彼此的人格，自然可以由两方自由解散了"，他最后强调："论者只该问这一桩离散是有理无理，不该问离散是难是易"③。在此胡适把离婚自由提高到了相当的高度，他鼓励中国妇女要敢于提出离婚的要求。但他对于因为地位升高抛弃原来的夫妇关系，另寻新欢，另攀高枝的人，则非常痛恨。他认为这种人是不道德的，这种离婚是该骂的。胡适为了进一步宣传婚姻自由，在其所写的新文化运动中的第一部白话剧《终身大事》中，突出强调青年男女的婚姻应当完全由双方自己做主，做父母的不能以任何理由横加干涉，"此事只关系我们两人，与别人无关系，该自己决断"。男主人公陈先生给田亚梅信中的这句话，喊出了当时青年男女婚姻自由要求的最强音，这也是全剧所表达的主题思想。五四以后，常有女子学校演出此剧以传播婚姻自由的讯息，影响不可谓不大。

（四）五四自由主义者提出的妇女解放之路

五四自由主义者开出的妇女解放的药方就是要广大的妇女冲破家庭的羁绊，走向个人解放的道路。胡适要求妇女要树立起"健全的个人人生观"，即易卜生所

---

① 胡适：《美国的妇人》，载《新青年》第五卷第 3 号，1919 年版。
② 胡适：《美国的妇人》，载《新青年》第五卷第 3 号，1919 年版。
③ 胡适：《祝贺女青年会》，载《胡适文存》第九卷，上海亚东图书馆，第 177 页。

说的："我所最期望于你的是一种真实纯粹的为我主义。要使你有时觉得天下只有关于我的事最要紧，其余的都算不得什么。……你要想有益于社会，最好的法子莫如把你自己这块材料铸造成器。"① 这种个人主义在当时对于反抗封建专制主义，反对封建旧道德旧礼教，提倡个人解放，曾起了某种积极的作用。正像胡适自己所说，易卜生主义在当时起了"兴奋作用和解放作用"。② 他还希望妇女能像娜拉那样，敢于冲破法律、宗教、道德作用着的家庭网络，追求个性解放。一时间，"娜拉"成了许多妇女喜欢谈论的人物，在中国妇女中也随之出现了不少娜拉。这种思想的悖论是把家庭与社会完全对立起来，毫无疑问，在五四时期，封建家庭确实对妇女起了束缚的作用，对于中国妇女遭受的世所罕见的压迫，胡适深表同情。他说："'把女子当牛马'，这句话还不够形容我们中国人待女人的残忍和惨酷。我们把女人当牛马，套上牛轭，上了鞍辔，还不放心，还要砍去一只牛蹄，剁去两只马脚，然后赶他们去做苦工。"③ 但是妇女真的脱离了家庭就能得到解放吗？马克思主义一条最基本的理论就是人是社会的动物，人是自然属性与社会属性的结合体，但是把人于动物区别开来的是人的社会属性。而中国五四时期的自由主义者恰恰忽略了人的社会属性，把妇女的解放与社会、家庭等对立起来。

五四中国的自由主义者还开出了通过教育实现妇女解放的药方，胡适还"托外改制"，为妇女解放设想了一条崭新的自由之路。在《美国的妇女》一文中，他提出了"超于良妻贤母"的人生观，这不仅是对当时大多数人所赞同的"良妻贤母"妇女观的否定，更是对妇女社会角色的重新定位。具体说来，可以将它归纳为以下两点：第一，鼓励女子自强自立。胡适说，"中国古代传下来的心理，以为'夫人主中馈'；'男子治外，女子主内'，这种区别，是现代美国妇人绝对不承认的"。"依我所观察，美国的妇女，无论在何等境遇，无论做何等事业，无论已嫁未嫁，大概都存一个'自立'的心。别国的妇女，大概以'良妻贤母'为目的，美国的妇女大概以'自立'为目的"，"她们以为男女同是'人类'，都该努力做一个自由独立的'人'，没有什么内外的区别。……男女同有在社会上谋自由独立的生活的天职。这须是美国妇女一种特别"。④

① 胡适：《易卜生主义》，载《新青年》第四卷第 6 号，1918 年 6 月。
② 胡适：《介绍我自己的思想》，《胡适文存》第四卷，上海亚东图书馆。
③ 胡适：《女子解放从哪里做起》，《星期评论》第 8 号，1919 年 7 月 27 日。
④ 胡适：《美国的妇人》，载《新青年》第五卷第 3 号，1919 年。

问题是他们通过教育实现妇女解放的路径严重脱离了中国现实，在半殖民地半封建的中国，广大人民尤其是广大的妇女根本得不到教育，教育成为统治阶级独享的奢侈品，广大的妇女在没有解决自己的生存压力的前提下，谈论妇女通过教育实现解放只能是纸上谈兵。

更重要的是受到自由主义思想影响的五四时期的妇女像娜拉一样冲破家庭的束缚以后，并没有走向个人的解放，五四自由主义者始终没有回答娜拉出走以后的难题。马克思主义科学地揭示并阐明了自由的社会经济基础和根据。中国五四时期的自由主义者只考察了人的自由的人性基础，看不到社会经济这一基础，从而把自由变成了一种神秘莫测的东西。马克思、恩格斯把自由与社会的经济联系起来，揭示并阐明了社会经济发展，商品经济关系对于自由的基础性、决定性作用。马克思在《资本论》中，深入分析了社会经济发展在人类获取自由过程中的基础性作用，阐明了只有在生产力水平提高、社会经济发展、物质财富极大丰富的基础上，人类才能建立起自由王国，获得真正的自由；深入分析了交换价值各种因素在自由观念和自由制度形成中的决定意义，阐明了"流通中发展起来的交换价值过程，不但尊重自由和平等，而且自由和平等是它的产物；它是自由和平等的现实基础。作为纯粹观念，自由和平等是交换价值过程中的各种要素的一种理想化的表现；作为在法律的、政治的和社会关系上发展的东西，自由和平等不过是另一次方上的再生产物而已。"① 恩格斯在《反杜林论》中也有过类似的论述。总之，马克思、恩格斯揭示并阐明了社会经济发展在人类自由中的地位和作用，把人类的自由置于社会经济的基础之上。而娜拉出走以后所面临的正是经济独立的问题，没有妇女经济的解放，奢谈妇女的解放只能是空中楼阁。

（五）马克思主义妇女解放道路

马克思、恩格斯认为妇女受压迫的根源在于私有制，男女两性关系是经济关系的直接反映，私有制和阶级的产生，对妇女受压迫地位的形成有着十分重要的作用。

私有制是妇女受压迫的根源，妇女受压迫的表面是性别压迫，其实质是阶级压迫。生产力的进步使男子在生产领域中的优势凸显出来。私有财产的出现，使妇女被排除在社会生产之外，失去了对生产资料的所有权，在社会生产关系中处

---

① 《马克思恩格斯全集》第 46 卷（下），人民出版社 2003 年 5 月第 2 版，第 477 页。

于从属地位。私有制在推动妇女地位的转化中具有两个方面的作用：一是私有制在推动母权制向父权制转化中发挥了重要作用。私有制的出现，男子成为私有财产的主要占有者。男子希望他的亲生子女来继承财产的要求在母系氏族的大家庭里是不可能实现的。因此，私有制最终导致了母权制被父权制所取代。二是私有制导致了妇女在家庭关系中受压迫地位的形成。私有制的产生，个体家庭成为社会基本经济单位，使妇女的家务劳动失去了在原始社会条件下的公共性质而变成一种辅助性的私人性的家务劳动。

　　妇女在婚姻家庭关系上处于被压迫和不自由的地位。女子在婚姻上必须成为一定男子的私有物，女子对丈夫要"从一而终"。为了把自己的财产传给自己的后代，丈夫要求妻子保持贞操。贞操便成为一种专门束缚妇女的桎梏，妻子便落在丈夫的绝对权威之下。在阶级社会中，男权统治建立的同时，也就开始了对女性的奴役。为了维护自己的统治，男子还利用自己手中的权力，将对妇女的奴役制度化，而且在意识形态领域渲染以男性为中心的性别文化，将男女不平的现象归结为天经地义。几千年来，无论在哪一种社会形态的阶级社会中，这种现像都一直延续下来。对此，列宁在《论苏维埃共和国女工运动的任务》中指出："私有制在世界各国，甚至在有充分政治自由的最民主的共和国里，都使劳动者事实上处于贫困的、雇佣奴隶的地位，使妇女处于受双重奴役的地位。"性别压迫具有阶级压迫的性质，这是一个历史的事实。

　　在私有制社会下，即使妇女产生了觉醒的意识，走出家庭，获得了暂时的解放，去什么地方呢？所以"离了家庭，便变了资本家的奴隶，无论如何，都是奴隶"①自由恋爱也是这样，"在财产制度压迫和诱惑之下哪里会有纯粹的自由？"社会制度不彻底变革，妇女的解放无从谈起，所以，"非用阶级战争的手段来改革社会制度不可"②陈独秀反复强调，妇女的地位、道德观念、家族制度都是社会经济制度变化的结果，妇女受压迫的根源是私有制度，而不单纯是男人。1919年10月，北京女高师学生李超因无钱求医而病死。这一事件轰动了整个社会，各派名流纷纷探索造成李超女士死亡的原因。陈独秀认为：从李超女士的死，可以看出社会制度的两大缺点：一是男系制，一是遗产制。李超是父母的嫡生女儿，却不能继承遗产，反而将遗产由他过继的"兄长"继承。遗产继承制度"倘若不用

---

①《女子问题与社会主义》，《陈独秀文章选编》（中），生活·读书·新知三联书店1984年版，第106页。

②陈独秀：《答费，哲民》，载《新青年》第八卷第1号，1920年9月1日。

男系制做法律习惯的标准，李女士当然可以承袭遗产，那么是否至于受经济的压迫而死"？李超那位继承的哥哥固然残忍，没有"人"的心，但不能全怪他，造成这场悲剧的主要原因在于社会制度。"倘若废止遗产制度，除应留嫡系子女成年内教养费以外，所有遗产都归公有，那么李女士是否至于受经济的压迫而死？"因而认为李超之死，"不是个人问题，是社会问题，是社会的重大问题"[1] 所以他告诉人们，去反对现存的社会制度，去"改革社会制度"，妇女的解放才能实现。再次，陈独秀还指出，只有社会主义制度才能实现真正的妇女解放。[2] 李大钊是我国最早的马克思主义者之一。他用马克思主义的唯物主义史观来研究妇女问题，探索妇女解放的道路，使妇女解放纳入到无产阶级的解放之中，奠定了马克思主义妇女解放运动的理论基础。"女子要守贞操，而男子可以多妻蓄妾；女子要从一而终，而男子可以细故出妻；女子要为已死的丈夫守节，而男子可以再娶。就是亲子关系的'孝'，母的一方还不能完全享受，因为伊是隶属于父权之下的；所以女德重'三从'，'在家从父、出嫁从夫、夫死从子'。这种夫妻关系，"使妻的一方完全牺牲于夫，女子的一方完全牺牲于男子"。这种以男子为中心的家族制度，是封建专制制度赖以存在的基础，因为"君臣关系的'忠'，完全是父子关系的'孝'的放大体"。"君主专制制度，完全是父权中心的大家族制度的发达体。"[3] 从此看出，妇女在社会上的地位，是由她在社会生产中的作用而决定的，也就是由经济关系而产生，以后"随着经济状况变动"。经济基础决定上层建筑，妇女在生产劳动中的地位，决定着妇女自身的地位。李大钊不仅用马克思主义观点揭穿了男女不平等是自古就有的谎言，而且说明妇女被压迫的状况是同生产资料私有制、阶级剥削制度同时产生的，是阶级压迫的一种特殊表现。

七 五四时期中国自由主义的政治主张

五四时期的自由主义者在回答中国应该走一种什么道路这一重大问题时，他们对欧美自由主义设计的一套方案十分青睐，他们初步提出了自己的政治主张。

---

[1] 陈独秀：《男系制与遗产制》，载《新青年》第七卷第 2 号，1920 年 1 月。
[2] 陈独秀：《讨论无政府主义》，载《新青年》第九卷第 4 号，1921 年。
[3] 李大钊：《由经济上解释中国近代思想变动的原因》，载《新青年》第七卷第 2 号，1920 年 1 月。

（一）五四自由主义抽象的西方人权观

人权就是每个人都拥有或应当拥有的基本权利，人权可以分为基本政治权利和社会经济权利两大类。基本的政治权利就是传统讲的自然权利，也就是生存权、自由权、平等权等，社会经济权利就是指医疗权、休息权、受教育权等。人权是个人对国家的要求，不是国家对个人的要求，由于个人对国家的要求分为积极与消极两种，所谓消极的权利，就是个人要求国家无论如何也不能侵犯的权利，国家只能对这些权利进行保护。消极权利包括自由权、平等权等，而积极人权就是个人要求国家积极行为的权利，也就是社会福利的权利，主要是指社会的受益权，对这种权利国家不能消极无为，国家必须积极的实现，具有不可推卸的义务。

宪政的一个重要的方面就是在法律下对人权的保护，五四时期的自由主义者也是西方宪政的追求者，他们对西方的宪政以及中国在宪政道路上的挫折表示忧虑。在他们的思想言论中，都极力主张在中国实行西方宪政下的人权保障。

中国五四自由主义人权思想的哲学基础是唯心史观，唯心史观就是用唯心主义的观点看待整个人类历史与人类社会。历史唯心主义的基本观点就是在社会存在与社会意识的关系问题上认为社会意识是第一位的，而社会存在是第二位的，社会意识决定社会存在，把社会发展的动力归结为人的思想或者某些超自然的力量，否认社会发展过程中的规律性，否认人民群众在历史发展中的决定作用。他们从抽象的人出发，把所谓的人性作为自己的理论的立足点与出发点，以人性论来论证人权。中国五四时期的自由主义者沿袭了西方自由主义者的抽象的人性论，把西方的人权看作普世的。

陈独秀在《法兰西人与近世文明》中首先对古代文明与近世文明进行了分析，他认为以印度与中国为代表的文明是古代文明，也是东洋文明的代表，近世文明就是欧洲文明，又以法兰西文明为代表，正是法兰西文明使现代社会焕然一新。他说："近代文明之特征，最足以变古之道，而使人心社会划然一新者，厥有三事：一曰人权说，一曰生物进化论，一曰社会主义，是也。"[1] 为什么欧洲具有如此大的变化呢？他把这种变化的原因归结为人权宣言唤醒民众的作用上。他说："自千七百八十九年,法兰西拉飞耶特 Lafayette 美国独立宣言书亦其所作。之'人权宣言'刊布中外，欧罗巴之人心，若梦之觉，若醉之醒，晓然于人权之可贵，

---

① 陈独秀：《法兰西人与近世文明》，《陈独秀著作选》第一卷,上海人民出版社 1993 年版,第 136 页。

群起而抗其君主，仆共贵族，列国宪章，赖以成立。"①他把近世的三大文明全部归为法兰西，并且把法兰西看作时代进步的代表，"此近世三大文明，皆法兰西人之赐。世界而无法兰西，今日之黑暗不识仍居何等。"②而第一次世界大战就是德意志军国主义与自由平等博爱的法国人民的战斗。

梁启超对自由与平等放在一起进行理解，在《自由平等真解》里，梁启超批驳了两种曲解自由的倾向，一是假自由平等的名义作恶，二是因自由平等被滥用便弃绝二者。作者认为争取自由平等的权利乃"天经地义"，而社会到处存在对自由权利的侵害，这种侵害包括对财产权、言论权、居住权、生命权、选举权的侵害。"任意设立名目，搜刮民膏，使我民无财产之自由；监谤防川，偶语弃市，使我民无言论集合之自由，凡信皆拆，入城必搜，使我民无通信行旅之自由；动辄搜索家宅，使我民无居住之自由；挟仇诬害，不经法庭，便可处死，使我民无生命之自由；伪造民意，胁迫推戴，使我民无良心之自由"，几此种种的不自由、不平等使得二者弥足珍贵。同时，鉴于二者有被滥用的危险，应作明确的界定。作者强调，"人人于法律内享有自由，法律之下享有平等，而断不容更越此界以作别种之解释"。这样的界定把自由主义的自由与无政府主义的自由观、自由主义的平等观与平均主义的平等观明白无误地区分开来。而思想言论自由是人权的应有之意，言论自由既是创造力的体现，又是社会进步的必须。他说："欧洲现代文化，不论物质方面精神方面，都是从'自由批评'产生出来。对于在社会上有力量的学说，不管出自何人，或今或古，总许人凭自己见地所及，痛下批评。批评岂必尽当，然而必经过一番审择，才能有这批评，便是开了自己思想解放的路。因这批评，又引起别人的审择，便是开了社会思想解放的路。互相浚发，互相匡正，真理自然日明，世运自然日进。倘若拿一个人的思想做金科玉律，范围一世人心，无论其人为今人为古人，为凡人为圣人，无论他的思想好不好，总之是将别人的创造力抹杀，将社会的进步勒令停止了。"③

李大钊在接受马克思主义以前也深受自由主义的影响，他是言论自由的极力鼓吹者、思想专制的猛烈抨击者、自由理想的热情捍卫者、宪政法治与代议制民主的真诚追随者。李氏特别强调思想自由与宪政代议之间的联系，宪政对思想自

① 陈独秀：《法兰西人与近世文明》，《陈独秀著作选》第一卷，上海人民出版社1993年版，第136—137页。
② 陈独秀：《法兰西人与近世文明》，《陈独秀著作选》第一卷，上海人民出版社1993年版，第137页。
③ 刘军宁编：《北大传统与近代中国——自由主义的先声》，中国人事出版社1998年版，第87页。

由的保障是应有之意，两者不可分离。也就是"立宪国之有言论，如人身之有血脉。"宪政国家没有言论的自由就如同人的血脉被堵塞一样。人之血脉被堵塞就出现精神的中风，而国家的言论出现专制，也就会出现政治的止步不前。真正的宪政国家应该是人人尽言的国家。"人身之血脉有所停滞，则其人之精神必呈麻木不仁之象。社会之言论有所阻塞，则其国之政治必呈销沉不进之观。盖立宪政治之精神，即在使国民得应有尽有之机会，对于凡百国政，俾人人获以应尽有之意思，如量以彰布于社会。而社会之受之者，亦当以虚心察之，不当以成见拒之；当以尚异通之，不当以苟同塞之；当存非以明是，不当执是以强非；当以反复之讨议求真理，不当以终极之判断用感情。"① 他进一步论述了言论的专制必将导致政权的中风，而思想的自由是代议制良性发展的基础与前提。"真正之理实，适宜之法度，始得于群制杂陈、众说并进、殊体异态、调和映待之间、表着于政治。此言论自由、出版自由、结社自由之所以可贵，而代议政治之所以为良也。"② 这里对思想多元的向往表明作者对所处的"专擅恣横、禁异强同"的舆论一律和思想一统之深恶痛绝。在人类生存的过程中，生存的权利高于其他的价值，而当生命与自由相比时，自由的权利不亚于生命的权利，甚至为了自由可以流血牺牲。自由是生存的基本要求，没有自由也就没有生存的价值，宪法对自由的保护，是宪政国家人民所必须；而没有宪法保护的自由就没有宪政国民的价值，而要想国民生存的幸福要求必须有一部好的善良的宪法，他认为："自由为人类生存必需之要求，无自由则无生存之价值，宪法上之自由，为立宪国民生存必需之要求；宪法上之自由，则无立宪国民生存之价值。令人苟欲为幸福之立宪国民，当先求善良之宪法，欲求善良之宪法，当先求宪法之能保障充分之自由。"③ 因为宪法是"为国民之自由而设，非为皇帝、圣人之权威而设；为生人之幸福而设，非为偶像之位置而设也"。④ 在他看来，不保障自由的宪法是徒有虚名的宪法，政教合一、设立思想偶像的宪法是包藏祸心的宪法。因为"苟匿身于偶像之下，以圣人之虚声劫持吾人思想之自由者，吾人当知其祸视以皇帝之权威侵害吾人身

---

① 《李大钊文集》(一卷)，人民出版社 1991 年版，第 301 页，原载《甲寅日刊》，1917 年 2 月 22 日。

② 《李大钊文集》(一卷)，人民出版社 1991 年版，第 301 页，原载《甲寅日刊》，1917 年 2 月 22 日。

③ 《李大钊文集》(一卷)，人民出版社 1991 年版，第 231 页，《宪法与思想自由》，原载《宪法公言》，1916 年 12 月 10 日。

④ 《李大钊文集》(一卷)，人民出版社 1991 年版，第 232 页，《宪法与思想自由》，原载《宪法公言》，1916 年 12 月 10 日。

体为尤烈"。[1]宪法设以不容置辩之偶像来压制言论、出版、思想之自由，"必有大奸怀挟专制之野心者，秘持其权衡"。[2]李氏还认为，思想自由是出版自由、信仰自由与教授自由三位之一体。

中国五四时期的自由主义者在这里主要谈到的言论自由的权利，他们热衷于谈论此问题与他们的生存环境有一定的关系，因为他们皆是社会的上层，他们的生存的权利已经不是什么问题，而他们的谈论脱离了中国半封建半殖民地社会的现实。也就是对于广大的人民而言，最主要的是生存的权利，对于国家而言也是中华民族推翻帝国主义的统治从而获取生存的权利。

从 1840 年鸦片战争到 1949 年中华人民共和国成立这 110 年的时间里，在帝国主义、封建主义与官僚资本主义的压迫之下，中国人民一直生活在水深火热之中：生命惨遭杀戮、人身被贩卖、财产遭到掠夺，因饥寒交迫而死亡者不计其数，幸存者也是终日在死亡线上挣扎。所以对于广大的中国人民而言首要的是推翻帝国主义与封建主义的统治以获取生存权。

马克思主义在论述西方人权的基础上提出了获得人权的途径就是推翻资产阶级的统治。而联系中国五四时期的社会实际就是中国人要获得真正的人权必须推翻帝国主义的反动统治，获得国家的生存权。

另外，中国五四时期的自由主义者空谈的所谓的言论自由的权利根本不能实现，五四运动后的社会现实给了他们最好的教训，所以李大钊面对五四运动后人权自由被践踏的现象十分愤慨，也十分的无奈，他说："'约法'上明明有言论自由，可是记者可以随便被捕，报馆可以随便被封。'约法'上明明有出版自由，可是印刷局可以随便被干涉，背反'约法'的管理印刷法可以随便颁布，邮局收下的印刷物可以随便扣留。'约法'上明明有书信秘密的自由，可是邮电可以随时随意派人检查。可怜中国人呵！你哪里还有'约法'！哪里还有自由！"[3]

（二）五四时期自由主义反对革命的改良理论

在西方近代历史上，宪政与自由主义运动本身几乎是同时起步的。宪政是自

---

[1] 《李大钊文集》（一卷），人民出版社 1991 年版，第 232 页，《宪法与思想自由》，原载《宪法公言》，1916 年 12 月 10 日。

[2] 《李大钊文集》（一卷），人民出版社 1991 年版，第 231 页，《宪法与思想自由》，原载《宪法公言》，1916 年 12 月 10 日。

[3] 《李大钊文集》（二卷），人民出版社 1991 年版，第 93 页，《哪里还有自由？》，署名孤松，原载《新生活》第 13 期，1919 年 11 月 10 日。

由主义政体的必然要求，也是自由主义政体的核心。自由主义者以宪政为追求的目标是他们的应有之意。宪政就是以宪法与法律对公民的权利与自由进行保护，并且这种保护不允许任何其他组织与个人侵犯，最主要是不容许国家权力的侵犯，也就是要对政府的权力划定一定的界限，政府不能跨越。基于这种考虑，如果有宪法而不能对公民的权利与自由进行保护也不是宪政国家，如果国家权力对个人的权利可以进行侵害也不是宪政国家。

但是如何使中国成为宪政的国家，在近代社会变革的历史过程中，在革命的问题上有两种观点：一种是主张进行暴力革命。此种理论认为，旧世界是建立在暴力之上的，统治阶级不会自动退出历史舞台，要进行革命必须以革命的暴力去应对反革命的暴力。革命不可避免，要进行革命必须是全面的革命，包括政治革命以外的经济革命、社会文化革命和思想道德革命，只有彻底摧毁一个旧的世界才能建立一个新的世界。而另一派则认为，只要还具有和平变革的余地，就不应该进行革命，即使进行革命也仅限于政治革命，而不是对原有的一套社会体系进行彻底的打翻、全盘的改造，即使进行革命也尽可能不要使用暴力革命，一旦使用暴力，应当将暴力限定在最小的范围之内。后一种的革命观就是自由主义的革命观。中国五四时期的自由主义者也坚持此种革命观。

为反对革命，梁启超对革命即将给中国带来的独立与自主避而不谈，为了说明中国应该走改良的路线，片面地解释革命带来的危害。他在《革命相续之原理及其恶果》中对此进行了分析：首先批判了用法国大革命为样板的革命论，而法国大革命的代价是惨重的，"然法国自大革命以后，革命之波相随属者亘八十年，政体凡三四易。"在法国本土出现专制的几次更迭，接着带来殖民地国内的十余年的斗争。他用英国革命说明革命妥协的重要性，只经过了 17 年，到克林威尔就结束了。而为什么革命以后还会出现持续的革命呢？梁启超分析了其中的原因，概括有十多条：革命成为一种美德，名誉归之；经过一次革命成功以后，革命者的地位就为之一变；经过革命以后，农辍于野，工辍于肆，迫于饥寒，人铤而走险，革命的第一次较难发动，而一次革命以后，退伍兵必充于国中，一旦事定，无以为养，必定被遣散，他们无事可为，就成为以后革命的重要资源；革命以后的新的权贵必定模仿旧贵，变本加利，就更加激化矛盾；人的欲望的无穷带来对自己现在地位的不满足而羡慕自己上面的人，也就是说二次革命的领导者常常就是一次革命的有功者；由于革命常有其借口，由于革命后百废待兴，政治不满人士很多，失政就成为以后革命的资料；革命以后改良政治的难度较大，专制的易姓较为容易，而由专制变共和就较难；共和国倡导革命的革命家，常得托名国家以要挟人，初次革命成功的资本就成为下一次革命的资源；成功的太过容易，而通过革命得到的超过了比预期的还要多，有些人就把革命变成了一种职业，也就成起来职业的革命家。基于对自己的分析认为"革命只能产出革命，决不能产出改良政治。改良政治自有其途辙，据国家正当之机关，以时消息其权限，使自专者无所得逞，舍此以外，皆断横绝港，行之未有能至者也。"①

在转向马克思主义以前，李大钊站在自由主义的立场上，也宣扬资产阶级的改良路线，在其《暴力与政治》中对暴力与政治的关系进行了探讨，"政象天演，至于今日，自由风潮，风起云涌……群向民治主义之的以趋，如百川东注，莫能障遏，强力为物，已非现代国家之所需，岂惟不需，且深屏而痛绝之矣。……专制之世，强力固足为政府之基石，而于开明之世，自由之世，则断无丝毫之利益，非徒无益，而又害之。盖依力为治以却制斯民使之屈服于其下者，天下不安之事，莫斯为甚也"。②而李氏所信奉的"自由政治"的真谛，"非依于多数，乃依于公认，多数不过是表示公认之一种方法而已。由专制以趋民治，多数取决，正所以退抑强力而代承其用者，所谓计算头颅胜于打击头颅者是也。"③强权不是公理，也不能证明公理，更不会带来公理，所以强权的政治是践踏公理的野蛮政治。至此，李氏对暴力与专政的态度已"昭然若揭"。他这样描述滥用暴力的"辩证法"："暴力横行之日，盖民意受之迫而求伸也。不能以径达，必求以曲达；不能以常达，必求以变达；不能以缓达，必求以激达；不能以理达，必求以力达。由是曲、变、激、力之道，小则出于暗杀，大则出于革命，人心愤慨、社会惨怖，至斯已极。……故反对革命者当先反对暴力，当先排斥恃强为暴之政治。"④其对暴政与暴力革命的态度至此已不言自明。他对梁启超关于革命不能产生良政的观点表示"最宜钦仰"。不仅如此，他认为："革命即使能推翻固有之暴政也不足取，因为以力服人的做法，会转辗不已，祸乱相继于无穷。……力之所在即权之所在也，别天下之人将唯力以求。……力力相克，循环无已，推原祸始，皆任力为治之谬

①梁启超：《革命相续之原理及其恶果》，李华兴、吴嘉勋编：《梁启超集》，上海人民出版社1984年版，第640页，原载《庸言》第一卷第十四号，1913年6月16日。
②李大钊：《暴力与政治》，《李大钊文集》(二卷)，人民出版社1991年版，第169页，署名守常，原载《太平洋》，1917年10月15日。
③李大钊：《暴力与政治》，《李大钊文集》(二卷)，人民出版社1991年版，第174页，署名守常，原载《太平洋》，1917年10月15日。
④李大钊：《暴力与政治》，《李大钊文集》(二卷)，人民出版社1991年版，第176页，署名守常，原载《太平洋》，1917年10月15日。

想有以成之。"① 可见，指望靠枪杆子来取得政权，在守常先生看来，是最最要不得的。"故凡依乎暴力以为革命之镇压者，无异恶沸而益薪，反对革命而适以长革命之果，依附暴力而适以受暴力之祸。"② 在《强力与自由政治》中，作者再次强调了自由政治立足于自由的同意 (free consent) 而非强制与暴力的自由主义的经典立场。"'free consent' 是即政府以宪法与法律为之范，而宪法与法律又以社会之习惯为之源也。此其所茧之强力，故非一朝廷专制之强力，非少数人暴恣之强力，而为多数人合致之强力也。国人皆晓然于其力之伟大，相戒而莫敢犯，故其为力也，乃潜伏而无所用。"③

在马克思主义看来，革命是改变世界的重要手段与方式，是推动历史发展的动力，也就是说革命是矛盾发展到一定阶段的必然产物，是人类社会历史发展的不可避免的一种政治行动，它推动了人类社会一步步从低级到高级进行发展。毛泽东对此有恰当的分析："当马克思、恩格斯把这事物矛盾的法则应用到社会类似过程的研究的时候，他们看出生产力与生产关系的矛盾，看出剥削阶级与被剥削阶级之间的矛盾，以及由于这些矛盾所产生的经济基础和政治及思想等上层建筑之间的矛盾，而这些矛盾如何不可避免地会在各种不同的社会中，引出各种不同的社会革命。"④ 正是基于马克思主义的观点，毛泽东首先分析了中国社会的重要矛盾，进而分析了中国社会面临的历史任务，说明了中国革命的必然性。⑤

革命的基本问题是政权问题，在社会历史发展的过程中我们可以看到，政权从一个阶级手中转到另一个阶级的手中，还没有出现过自动转移的情况，而是一个被动的过程。马克思说："在许许多多国家里，制度改变方式总是新的要求逐渐产生，旧的东西瓦解等等，但是要建立新的国家制度，总要经过真正的革命。"⑥ 在阶级社会里，掌握政权的统治阶级是通过国家这一暴力工具加以统治的，当生产力与生产关系、经济基础与上层建筑的矛盾达到不可调和的时候，统治阶级不会自动退出历史的舞台，而是利用政权强化原来的反动统治，所以暴力革命就不

---

① 李大钊：《暴力与政治》，《李大钊文集》(二卷)，人民出版社 1991 年版，第 177 页，署名守常，原载《太平洋》，1917 年 10 月 15 日。

② 李大钊：《暴力与政治》，《李大钊文集》(二卷)，人民出版社 1991 年版，第 178 页，署名守常，原载《太平洋》，1917 年 10 月 15 日。

③ 李大钊：《强力与自由政治》，《李大钊文集》(二卷)，人民出版社 1991 年版，第 194 页，原载《言治》季刊，1918 年 7 月 1 日。

④《毛泽东选集》第一卷，人民出版社 1991 年版，第 317 页。

⑤ 参见《中国革命和中国共产党》，《毛泽东选集》，人民出版社 1991 年版。

⑥《马克思恩格斯全集》第一卷，人民出版社 1996 年版，第 315 页。

可避免。在中国，由于特殊的国情，中国革命面临着强大的反革命力量，外部没有可供借鉴的力量，内部没有议会等和平的手段可以利用，利用革命的政权去推翻反革命的政权就是历史的必然。

八 五四自由主义教育观

五四自由主义教育思想主要集中在杜威的学生胡适、蒋梦麟、陶行知等的教育思想中。他们受杜威思想的影响，提倡平民主义教育，这种平民主义教育思想的实质就是个性主义教育，也就是要求受教育者形成独立的人格。

（一）平民教育

五四自由主义教育观念是以五四前陈独秀等人所提倡新教育为基础的。早在《青年杂志》创刊之初的第一卷第2号 (1915年10月15日) 上就刊载了陈独秀的《今日之教育方针》的著名论文。文中所示四项"方针"——"现实主义"、"惟民主义"、"职业主义"、"兽性主义"中，"惟民主义"主张利用民主主义教育来取代专制主义教育。"现实主义"是指"现实世界之内有事功，现实世界之外无希望"，认为只有着重现实，才能"人治兴焉"，认为人的"一切思想行为，莫不植基于现实生活之上"。因此，"现实主义，诚今世贫弱国民教育之第一方针矣。""惟民主义"是针对封建时代惟君主义提出来的，在"封建时代，君主专制时代，人民惟统治者之命是从"。随着历史的发展，到现代社会，应"以人民为主，以执政为公仆者也"。只有这样，才是我国"目前自救之良方"。"职业主义"是指教育要为社会的经济发展服务，如果今之教育"不以尊重职业为方针"，就不可能为社会所重视和采取，就会使教育走向"悲境"。"兽性主义"是指要把青年培养成体魄健康和大智大勇的人。陈独秀说，兽性之特长在于：意志顽狠，善斗不屈，体魄强健，力挽自然，信赖本能，不依他为活，顺性率直，不饰伪自文。而旧教育所培养之青年，大都是"手无缚鸡之力，心无一夫之雄，白面纤腰，妩媚若处子，畏寒法热，柔弱若病夫。"像这样心身薄弱之青年何能担负起创建国家之重任呢？所以他把"兽性主义"作为发展新教育的教育方针之一。在某种意义上可以说陈独秀提出的新教育为接受杜威的"democracy教育"作了准备。关于"新教育"，陈独秀还发表了《新教育是什么》(1921年1月3日)、《教育与社会——在广东省教育会的讲演》(1921年1月21日—24日) 等文章。

　　1919 年 4 月 30 日杜威偕夫人由东京抵达上海，由留学欧美归国的胡适、蒋梦麟和陶行知等人出面迎接。5 月 3 日、4 日，杜威即在江苏省教育会 (位于上海市西门外林荫路) 作了题为 "平民主义之教育" 的演讲。曾在哥伦比亚大学师事杜威的蒋梦麟担任翻译。其后，杜威前往杭州，5 月 7 日在浙江省教育会作了 "平民主义之真谛" 的演讲。杜威在日本主要讲哲学，而在中国的最初演讲，即在江苏省教育会所作的有关 "平民教育" 的演讲具有象征性的意义。也就是说，中国向杜威求教的首先是关于 "教育" 的见解。"自从中国与西洋文化接触以来，没有一个外国学者在中国思想界的影响有杜威先生这样大的"。[①]蔡元培在《杜威六十岁生日晚餐会演说词》(1919 年 10 月) 中，称赞杜威是 "用十九世纪的科学作根据，用孔德的实证哲学、达尔文的进化论、詹美士的实用主义递演而成" 的 "西洋新文明的代表"，盛赞杜威可以与孔子相匹敌，指出相对于孔子说 "尊王"，杜威则提倡 "平民主义"。[②]

　　在 1919 年，有关杜威的介绍就已经充斥于报纸杂志。陶行知《介绍杜威先生的教育学说》(1919 年 3 月 31 日) 是杜威访华之前的代表性介绍文章。此外，在《新潮》(第 3 卷第 2 期，1920 年) 中，业已发表了杜威《哲学之改造》的节译。傅斯年在《新潮》发表了关于实用主义人生观的文章。罗家伦为杜威的《思想之派别》作演讲记录，并撰写了序文。

　　"平民教育" 是杜威 "democracy education" 的译词。任时先在《中国教育思想史》中指出 "平民主义教育思想" 盛行的主要原因，是五四运动时期平民主义思想的流行。姜琦在《新教育》第 1 卷第 4 期上发表的《教育上德谟克拉西之研究》，认为 "教育上之'德谟克拉西'者，无论在全般文化上或教育本身上，从个人方面而论，当尊重各个人之权利 (right) 平等 (equality) 自由 (liberty)。详言之，即尊重各个人之人格，与十分应享之权利，使实行其义务也。从社会方面而论，当依门户开放机会均等之原则，不许有何等之社会的秘密，社会的独占。夫社会须为各个人而开放，推而广之，及于世界，在正义人道的理想之下，组织所谓'国际的国民同盟'以保持世界之和平，促进文化之进步也。易言之：吾人在公正、平等、自由之下，各自独立，以营个人之生活；而在共同利害之下，互相扶助，

　　① 胡适：《杜威先生与中国》，原载《晨报》，1921 年 7 月 11 日，后收入《胡适文存》。欧阳哲生编：《胡适文集 (2)——胡适文存》，北京大学出版社 1998 年版，第 279 页。
　　② 蔡元培：《杜威六十岁生日晚餐会演说词》，北京大学日刊，1919 年 10 月 22 日 (第 446 号)。高平叔编：《蔡元培全集》第三卷，中华书局 1984 年版，第 349—351 页。

以营社会之生活者，即'德谟克拉西'之真相也。"

　　Democracy and Education 是杜威的主要著作，由于社会和历史背景与美国大不相同，中国人很难充分理解此书。在中国提倡"平民教育"的人，是如何认识democracy 和"平民主义"的呢？ 20 世纪 20 年代初，以北京为中心的大都市开展了平民教育运动。《北京大学平民教育演讲团征集团员启》(1919 年 3 月) 指出，"共和国家以平民教育为基础。平民教育，普及教育也，平等教育也。"基于这样认识，1922 年前后开始，学生志愿者走向北京市内和农村进行露天演讲。其活动情形可以通过《北京大学日刊》的报道来了解。这些都以识字教育为主的教育内容只是在名称上与杜威的"平民教育"类似，而其实质则相去甚远。蒋梦麟早在 1919 年的《和平与教育》(1919 年 1 月) 中就已经指出："牧民政治之反面，即平民主义是也 (或曰民权主义)。平民主义，首以增进平民之能力知识为本，使人民咸成健全之个人，倡造进化的社会。"① 蒋梦麟所谓的"平民主义"实指杜威教育理论。

（二）平民教育的实质

　　陶行知在《新教育》②中，用了很大篇幅谈到了杜威、学校和社会。"'教育'是什么东西？ 照杜威先生说，教育是继续经验的改造 (continuous reconstruction of experience)。我们个人受了周围的影响，常常有变化，或是变好，或是变坏。教育的作用，是使人天天改造，天天进步，天天往好的路上走。新教育的目的……再概括说起来，就是要养成'自主'、'自立'和'自动'的共和国民。学校是小的社会，社会是大的学校。所以要使学校成为一个小共和国。"③在杜威访华之前，陶行知就已经在《介绍杜威先生的教育学说》(1919 年 3 月) 中，对作为"平民教育"者的杜威作了简洁的概括："杜威先生素来所主张的，是要拿平民主义做教育目的，试验主义做教学方法。"④

　　当然，真正理解杜威的"平民教育"，必须在杜威的演讲中寻找答案。杜威在中国最初的一系列演讲 (在上海) 中，首先谈到了"平民教育"。在《平民主义的教育》演讲 (1919 年 5 月) 中，他说："什么叫平民主义的教育呢？ 就是我们须

---

　　① 蒋梦麟：《和平与教育》，载《教育杂志》第十一卷第 1 期，1919 年 1 月。
　　② 陶行知：《新教育》，载《教育潮》第一卷第 4 期，1919 年 7 月。
　　③ 陶行知：《新教育》，《陶行知全集》，第 311—321 页。
　　④ 陶行知：《介绍杜威先生的教育学说》，《陶行知全集》(1)，湖南教育出版社 1984 年版，第 300 页。

把教育事业，为全体人民着想，为组织社会个个的分子着想，使得它成为利便平民的教育，不成为少数贵族阶级或者有特殊势力的人的教育。"①在《平民主义之教育》演讲(1919年5月)中又说："共和国者，则必须实行平民之政治；欲实行平民之政治，非有平民主义之教育不可。"所谓平民教育，就是"公共之教育也，国民人人所应享受者也"。他接着又说："平民主义教育之目的与贵族教育之目的不同。贵族教育之目的为一定，而平民教育之目的则重应变。其一就各人天赋之本能而应材以教之，其二依时势之要求以谋教育之适合。总之教育是活动而应变，非划一而机械者也。故平民主义教育之目的，在发长社会上个人之才力与精神为最大之宗旨，非若贵族社会之限制人民。受良好教育者，盖因贵族社会其目的在保守，而民国社会则在进化。故民国国民必须人人能发长自动自思自立之精神。"

通过以上的引文我们可以看出，杜威的"平民教育"理论是放在国家制度层面加以理解的。平民主义教育与贵族教育完全不同，它是共和国的必要条件。作为个人而言，它是要人民养成主动自立自思的精神。其实质就是自由主义所祈求的个人精神。

(三)中国五四自由主义的平民主义教育思想

中国五四自由主义教育思想的渊源是多方面的，他们在受到严复等自由主义思想家影响的同时，主要是受到杜威的影响。应该说胡适、蒋梦麟、陶行知等自由主义教育思想家在五四前就形成了一定的自由主义教育理念，而杜威的来华以及五四的时代要求使自由主义教育思想日益凸显。

胡适在《实验主义》一文中得出了这样的结论："杜威的教育哲学全在他的《平民主义与教育》(Democracy and Education)一部书里。看他这部书的名字，便可知道他的教育学说是平民主义的教育。古代的社会有贵贱，上下，劳心与劳力，治人与被治种种阶级。古代的知识论和道德论都受这种阶级制度的影响，所以论知识便有心与身，灵魂与肉体，心与物，经验与理性等分别；论道德便有内与外，动机与结果，义与利，责任与兴趣等分别。教育学说也受了这种影响，把知与行，道德与智慧，学校内的工课与学校外的生活等，都看作两截不相联贯的事。"在这种平民政治世界所追寻的平民主义教育中，要求"(甲)须养成智能的个性(Intellectual Individuality)，(乙)须养成共同活动的观念和习惯(Co-operation in activity)。'智能的个性'就是独立思想，独立观察，独立判断的能力"。应该说

---

① 袁刚编：《民治主义与现代社会——杜威在华讲演集》，北京大学出版社2004年版，第354—372页。

胡适比较准确地解释了杜威的教育思想。

杜威的另一学生蒋梦麟在这一时期发表了系列论文,其中涉及个性主义教育的如《过渡时代之思想与教育》(1918年2月)、《个人价值与教育之关系》(1918年4月)、《世界大战后吾国教育应注意之点》(1918年10月)、《个性主义与个人主义》(1919年2月)、《什么是教育产品》(1919年2月)、《为什么要教育》(1920年)等。蒋梦麟1908年8月入加州大学,读了半年农学后转入社会教育学院,1912年从加州大学毕业。随后赴纽约哥伦比亚大学研究院,师从杜威,攻读哲学和教育学,是杜威在中国的三大弟子之一。1917年3月,蒋梦麟完成论文《中国教育原理之研究》(*A Study in Chinese Principles of Education*)获得哲学及教育学博士学位后回国。归国后的最初几年中,蒋梦麟致力于平民主义教育与职业教育,积极参与中华职业教育社的活动。他是1917年《中华职业教育社宣言书》上署名的48人之一,1918年6月,担任中华职教社总书记,是《教育与职业》的首任主编,并陪同黄炎培赴东北考察教育。同年12月,为推动各地正在进行的教育革新运动,由江苏省教育会联合北京大学、南京高等师范学校、暨南学校和中华职教社五大教育团体,共同发起组织"中华新教育社",专门从事编译教育丛书与《新教育》月刊(次年1月改称新教育共进社),蒋梦麟担任该社主任和月刊的主干,时年33岁。

蒋梦麟说:"何谓个性主义(Individuality)?曰,以个人应有特性而发展之,是为近世教育家所公认。教育根本方法之一也,无或持异议者矣。"又说:"何谓个人主义(Individualism)?曰使个人享有自由平等之机会,而不为政府社会家庭所抑制是也。"[1]对个人主义的定位是个性主义教育的理论前提,鉴于以上得出了这样的结论。"教育应尊重个人,故曰自动,曰自治,曰个性。"[2]

蒋氏深受其师杜威的影响,也将自由主义的教育观放在共和国的框架内进行论证。"共和之国,其要素是平民主义。……平民主义之要素,在尊重个人之价值。个人之价值,当以教育之方法而增进之,此即发展个性是也。……对文化教育而言,曰个性主义。发展个性养成特才,则文化得以发达。不然,人类中无特出之材,则其文化必在水平线下。"[3]蒋梦麟进而将教育问题放在解决中国面临的

---

[1] 蒋梦麟:《个性主义与个人主义》,载《教育杂志》第十一卷第2期,1919年2月。明志立等编:《蒋梦麟学术文化随笔》,中国青年出版社2001年版。

[2] 蒋梦麟:《个人之价值与教育之关系》,载《教育杂志》第十卷第4期,1918年4月。明志立等编:《蒋梦麟学术文化随笔》,中国青年出版社2001年版。

[3] 蒋梦麟:《个性主义与个人主义》,载《教育杂志》第十一卷第2期,1919年2月。明志立等编:《蒋梦麟学术文化随笔》,中国青年出版社2001年版。

社会基本问题层面加以思考。他说："欲解决中国社会之基本问题，非尊重个人价值不为功，欲养成适当之特才，非发展个性不为功。"①"个人之价值即存在于尔、我、他天赋秉性之中。新教育之效力，即在尊重个人之价值。所谓'自由'，所谓'平等'，所谓'民权'、'共和'、'言论自由'、'选举权'、'代议机关'，皆所以尊重个人之价值也"。"教育因尊重个人，故曰自动，曰自治，曰个性。""个人之天性逾发展，则其价值逾高。一社会之中，个人之价值逾高，则文明之进步逾速。吾人若视教育为增进文明之方法，则当自尊重个人始。"②

1920年3月4日、8日，蒋梦麟在《北京大学日刊》上发表《为什么要教育》一文中说："教育在使个人发展本能，使与社会环境相结合，并且同时培养他，使有改良环境的能力。"③1918年4月，他在《什么是教育的出产品》一文中，提出教育的出产品应该是具有三个条件的人：1. 活泼的个人（体力、脑力、感官、感情得到健全发展的人）。2. 能改良社会的人（能自主、自治，能改良社会求社会进化的社会一分子（而不是主人翁）。3. 能生产的个人（知道劳工神圣，学会科学技能、具有独立生产能力的"劳工"）。④蒋氏在论述继承杜威个性主义教育思想的同时，将教育与救国结合在一起，突出了教育的社会功能。也就是其沿袭了严复以来的自由主义思路，突出自由主义的工具性。

其制定的教育方针就是以"发展个性为首"：1. 发展个性以养成健全之人格。2. 注重美感教育、体育以养成健全之个人。3. 注重科学以养成真实正当之知识。4. 注重职业陶冶以养成生计之观念。5. 注重公民训练以养成平民政治之精神，为服务国家及社会之基础。⑤这是两年后，1922年"壬戌学制"改制指导原则的最早版本。

蒋氏为了推行自己的教育理念，还于1919年2月创办《新教育》杂志。其在创刊号上发表的《新教育月刊创设之用意》中说："同人等察看国内之情形，世

---

① 蒋梦麟：《过渡时代之思想与教育》，载《教育杂志》第十卷第2期，1918年2月。明志立等编：《蒋梦麟学术文化随笔》，中国青年出版社2001年版。

② 蒋梦麟：《个人之价值与教育之关系》，载《教育杂志》第十卷第4期，1918年4月。明志立等编：《蒋梦麟学术文化随笔》，中国青年出版社2001年版。

③ 蒋梦麟：《为什么要教育》，原载北京大学日刊第552号、556号，1920年3月。明志立等编：《蒋梦麟学术文化随笔》，中国青年出版社2001年版。

④ 蒋梦麟：《什么是教育的出产品》，载《新教育》第二卷第3期，1919年11月。明志立等编：《蒋梦麟学术文化随笔》，中国青年出版社2001年版，第129—136页。

⑤ 蒋梦麟：《世界大战后吾国教育之注重点》，载《教育杂志》第十卷第10期，1918年10月。明志立等编：《蒋梦麟学术文化随笔》，中国青年出版社2001年版，第106—108页。

界之大事，深信民国八年，实为新时代之新纪元。而欲求此新时代之发达，教育其基本也。爰集国中五大教育机关，组织新教育共进社，编辑丛书、月刊，盖欲在此新时代中，发健全进化之言论，布正当确凿之学说。当此世界鼎沸，思想革命之际，欲使国民知世界之大势，共同进行，一洗向日泄泄沓沓之习惯，以教育为方法，养成健全之个人，使国人能思、能言、能行、能担重大之责任，创造进化的社会；使国人能发达自由之精神，享受平等之机会，俾平民主义在亚东放奇光异彩，永远照耀世界而无疆。"这个宣言从宏观的层面提出教育应该以"平民主义"为精神，这种精神的内涵包括：1. 养成健全的个人，创造共进的社会。2. 使个人能发达自由之精神，享受平等之机会。

杜威的另一弟子陶行知在五四时期也是自由主义教育思想的积极倡导者。陶行知 1891 年生于安徽歙县近郊的小村庄。1910 年考入南京的金陵大学。关于其名的来历。其解释为："在二十三年前，我开始研究王学，信仰知行合一的道理，故取名'知行'。七年前，我提出'行是知之始，知是行之成'的理论，正与阳明先生的主张相反。"[①]故而其取名陶行知。1914 年自费留美，先在伊利诺伊大学，后在哥伦比亚大学师从杜威，从杜威那里接受了自由主义教育思想。

1919 年 7 月陶氏在浙江第一师范演讲，认为新教育的目的，就是为共和国家培养"自主"、"自立"、"自动"的共和国民。"自主的就是要做天然界之主，又要做群界之主。……果能自主的人，富贵不淫，贫贱不移，威武不屈。……至于自立的人，在天然界群界之中，能够自衣自食，不求靠别人。"他说："单讲自立，不讲自动，还是没有进步，还是不配做共和国民的资格。要晓得专制国讲服从，共和国也讲服从，不过一是被动的，一是自动的，这就是他们的分别了。"[②]其在《安徽公学办学旨趣》中将具有这种独立人格、独立思想、独立生计的人概括为"人中人"。"做人中人的道理很多，最要紧的是要有富贵不能淫、贫贱不能移、威武不能屈的精神。这种精神，必须有独立的意志、独立的思想、独立的生计和耐劳的筋骨、耐饿的体肤、耐困乏的身，去做那摇不动的基础。"[③]陶行知在此将西方自由主义思想与中国的传统结合起来，用"富贵不能淫、贫贱不能移、威武不能屈的精神"来解释人中人，其实质就是自由主义的独立的个人。这种"人中人"区别于专制教育培养的"人上人"和"人下人"，"人上人"与"人下人"的教育

---

① 陶行知：《行知行》，《陶行知全集》（3），四川教育出版社 1991 年版，第 575 页。
② 《陶行知文集》，四川教育出版社 2005 年版，第 49 页。
③ 《陶行知文集》，四川教育出版社 2005 年版，第 110 页。

不仅严重压抑个体的自由与潜能，而且造成社会的严重分层和彼此隔离。与杜威相似，其谈论教育的目的也是放在共和国层面加以论述的。1914 年他在《共和精义》中写道："吾国民主告成，以迄于今，生民之涂炭，产业之凋敝，干戈之连结，经济之衰颓，外患之频临，不特无术防御，抑且视昔加甚，共和既不能作人民水深火热之救主，则其转讴歌而为吐弃，易希望而为失望者，亦物极必反之恒情耳！然金固犹是金也，共和固犹是共和也。金未获而捐弃者，非金之咎，而矿工之愚昧惰怯耳！共和未建而灰心者，非共和之罪，而人民之愚昧惰怯耳！"[①]

陶行知的自由主义教育理念不仅反映在对教育的整体认识上，更表现在对儿童教育的实践上。其在儿童教育方面所提倡的六个解放的思想就是其五四自由主义教育思想的具体应用，这"六个解放"是"1. 解放儿童的头脑，使他们能想。层层束缚儿童创造力的裹头布必须撕下来。2. 解放儿童的双手，使他们能干，双手要接受头脑的命令。3. 解放儿童的眼睛，使他们能看，不戴上有色眼镜，使眼睛能看事实。4. 解放儿童的嘴，使他们能谈。特别要有问的自由，才能充分发挥他们的创造力。5. 解放儿童的空间，不要把儿童关在笼中，使他们能到大自然、大社会里去扩大认识的眼界，取得丰富的学问。6. 解放儿童的时间，不把他们的功课表填满，不逼迫他赶考，不和家长联合起来在功课上夹攻他们。要给他们一些空闲时间消化学问，并且学一点他们自己渴望要学的学问，干一点他们高兴干的事情，决不能把儿童的全部时间占据，使儿童失去学习人生的机会，养成无意创造的倾向。创造的儿童教育，首先要为儿童争取时间的解放。"[②]陶行知的这一思想是培养独立个人的生动体现。

（四）蔡元培教育独立思想

在五四时期，蔡元培先生是教育界、知识界普遍敬重的一位领袖，蔡元培一生的两大事功是整顿北京大学与创办中央研究院。整顿北京大学为中国大学教育树立了一个典范，创立中央研究院为科学研究奠定了基础。五四时期的蔡元培作为一个自由主义者，与其他自由主义思想家具有某些相似性，在教育思想上也崇尚培养健全的个人。为此，他首先对旧式教育进行批判，希望教育独立进而建立现代大学教育制度。

① 《陶行知文集》，四川教育出版社 2005 年版，第 12 页。
② 陶晓光：《回忆父亲陶行知》，载《光明日报》1981 年 10 月 19 日。

1. 蔡元培对旧式教育的批判

五四时期的中国教育是一个从传统向现代转化时期，西方教育制度逐渐引进中国并进而在整体框架上取代中国旧式教育。科举制度被废止后，旧有的书院萎缩，代之而起的是教会学校的兴起、新学堂的创办、京师大学堂的创立等。如何认识中国的传统教育是摆在中国教育界的重要任务。蔡元培当时对中国传统教育的认识很具有代表性，因为其独特的经历，使其对中国传统教育与西方教育皆有相当深刻的见解。前清翰林的身份使其不但拥有传统社会所认可的地位，更使其对传统教育比一般的知识者认识深刻，先后对日本、欧美等国的访学使其对西方教育尤其是高等教育有较全面的考量。他对传统教育的评估是站在自由主义思想的框架内进行考察的，进而发现传统教育的专制主义本质是对个性的束缚。

1912年，中华民国初创之际，蔡元培任南京临时政府教育总长，为了与新的民主共和国国体相适应，需对前清教育体制进行清理。蔡元培说："满清时代，有所谓钦定教育宗旨者，曰忠君，曰尊孔，曰尚公，曰尚武，曰尚实。忠君与共和政体不合，尊孔与信教自由相违（孔子之学术，与后世所谓儒教、孔教当分别论之。嗣后教育界何以处孔子，及何以处孔教，当特别讨论之，兹不赘），可以不论。尚武，即军国主义也。尚实，即实利主义也。尚公，与吾所谓公民道德，其范围或不免有广狭之异，而要为同意。惟世界观及美育，则为彼所不道，而鄙人尤所注重。"[1] 蔡元培对满清教育的忠君尊孔思想进行了坚决的否定。

中国传统教育与政治紧密的结合在一起。首先教育体制本身就具有一种腐败的气息，冗员充斥、效率低下以致学校运转缓慢。蔡元培任教育总长时就对教育部进行改革。"我之主张，办理部务，当与办理社会事业一例：在正式政府未成立，官制未通过参议院以前，不必呈荐人员。除总次长已由大总统任命外，其余各人，概称部员，不授官职。为事择人，亦不必多设冗员。"[2] 故而教育部成立之初只有蔡元培等三人，后来也不过三十多人，效率极高。传统教育与政治结合的另一种表现是教育从属于政治，成为政治的附属品。科举制是官制的一部分，目的就是为了选官、养官与做官。这样做就出现了"万般皆下品，惟有读书高"的局面，表面上是提高了教育的地位，而实际上是教育从属于政治。蔡先生对此具有独特的分析："吾国之旧教育以养成科名仕宦之材为目的。科名仕宦，必经考

---

① 蔡元培：《对于新教育之意见》，《蔡元培全集》第二卷，中华书局1984年版，第136—137页。
② 舒新城：《近代中国教育史料》第四册，中华书局1933年版，第196页。

试，考试必有诗文，欲作诗文，必不可不识古字，读古书，记古代琐事。"①蔡元培在此揭示出了中国传统教育与做官的关系，教育的目的就是做官。中国传统教育与君主帝王专制统治具有紧密的联系，"君主时代之教育方针，不从受教育者本体上着想，用一个主义，用一部分人主义，利用一种方法，驱使受教育者迁就他人主义。……君主时代之教育，不外利己主义。君主或少数人结合之政府，以其利己主义为目的物，乃揣摩国民之利己心，以一种方法投合之，引以迁就于君主或政府之主义。如前清时代承科举余习，奖励出身，为驱诱学生之计；而其目的，在使受教育者皆富于服从心、保守心，易受政府驾驭。现在此种主义，已不合用，须立于国民之地位，而体验其在世界、在社会有何等责任，应受何种教育。"②蔡元培进而指出："数百年来，教育目的只有一项，即对人们进行实践能力的训练，使他们能承担政府所急需的工作。总之，古代中国只有一种教育形式，因此，其质和量不能估计过高。"③

　　蔡元培与同时代的思想家相比，对中国传统教育不是一概地否定，而是辩证地看待中国传统教育。中国古代教育的优点，他认为："（1）注重道德伦理的教育和个人修养。（2）提倡在任何环境和条件下，可以由个人自由钻研学问。（3）可以因材施教，教学不致因班级中有落后而受到影响。"④蔡元培实事求是地评价中国传统教育的弊端，"我国古代学校的课程，过分重视人文科学，特别是文学、考据学等。我国早期的教育制度实际上只重视个人修养的尽善尽美，重视培养个人的文学才能，而不注重科学方面的教育。……我国古代的教育目标，主要是使少数人毕生攻读，使他们能顺利通过朝廷举办的各种考试，而考试则是读书人人仕的唯一途径。至于就平民文化而言，它并没有普及教育的明确目标。"⑤传统教育在体力与脑力的培养方面存在着重体力而轻脑力的缺陷。"中国教育，大部分重在后脑的记忆，小部分重在前脑的思索。训练全身的教育，从来不大讲究。所以未受教育的人，身体还壮实一点。惟有那些书酸子，一天只知道咿咿唔唔、摇头摆脑的读书；走到人前，痴痴呆呆的歪着头，弓着背，勾着腰，斜着肩膀，面孔又黄又瘦，耳、目、手、脚，无一件灵活中用。这种人虽有手、脚、耳、目，却

---

① 《蔡元培全集》第三卷，中华书局1984年版，第173页。
② 《蔡元培全集》第二卷，中华书局1984年版，第262—263页。
③ 《蔡元培全集》第五卷，中华书局1984年版，第7页。
④ 《蔡元培全集》第五卷，中华书局1984年版，第29—30页。
⑤ 《蔡元培全集》第五卷，中华书局1984年版，第29—30页。

和那跛、聋、盲、哑、残废无用的人，好得多少呢！"① 为补救此弊，蔡元培提出要加强体育、音乐、美术、劳动和科学实验在课程中的比重。更可贵的是，转型中的民国教育也出现了新的流弊，"吾国教育界，乃尚牢几本教科书，以强迫全班之学生，其实与往日之《三字经》，四书、五经等，不过五十步与百步之相差。欲救其弊，第一，须设实验教育之研究所。第二，教员须有充分之知识，足以应儿童之请益与模范而不匮。第三，则供给教育品者，亦当有种种参考之图画与仪器，以供教育之取资。如此，则始足语于新教育矣。"②

2. 蔡元培"教育独立"思想

蔡元培在揭示传统教育弊端的同时提出了教育独立的思想。蔡元培教育独立思想的集中阐释是在其 1922 年《教育独立议》中，然而其教育独立思想有一个发展过程。从其出任南京临时政府教育总长发表《对于新教育之意见》，到他任北大校长时的就职演说、《〈北京大学月刊〉发刊词》和《教育独立议》等文，再到其提出建立大学院，提出《教育经费独立案》，其主张教育独立是一以贯之的过程。蔡元培认为，教育有两大状况，就是教育与政治紧密联系和教育与政治的疏离。"教育有二大别：曰隶属于政治者，曰超轶乎政治者。专制时代（兼立宪而含专制性质者言之），教育家循政府之方针以标准教育，常为纯粹之隶属政治者。共和时代，教育家得立于人民之地位以定标准，乃得有超轶政治之教育。"③ 为什么教育与政治要分离呢？因为二者有其不同的范围。"盖世界有两方面，如一纸之有表里：一为现象，一为实体。现象世界之事为政治，故以造成现世幸福为鹄的；实体世界之事为宗教，故以摆脱现世幸福为作用。而教育者，则立于现象世界，而有事于实体世界者也。故以实体世界之观念为其究竟之大目的，而以现象世界之幸福为其达于实体观念之作用。"④ 正是在这一思想指导下，蔡元培对前清的教育方针进行了重大修订，以期达到教育独立的目的。在进行教育改革的过程中，蔡元培更是撇开党派成见表现出了高尚的道德情操。在人事安排上，其邀请共和党人范源濂任教育次长。他说："现在是国家教育创制的开始，要撇开个人的偏见、党派的立场，给教育立一个统一的智慧的百年大计。国民党里并不是寻不出一个次长……我之敢于向你提出这个请求，是相信您会看重国家的利益

① 《蔡元培全集》第四卷，中华书局 1984 年版，第 69 页。
② 《蔡元培全集》第三卷，中华书局 1984 年版，第 175 页。
③ 《蔡元培全集》第二卷，中华书局 1984 年版，第 130 页。
④ 《蔡元培全集》第二卷，中华书局 1984 年版，第 133 页。

越过了党派的利益和个人的得失以上的。"① 在蔡元培等人的推动下，中国教育事业有了长足的进步，主要的是教育日益独立。1915 年，蔡元培在巴拿马举行的万国教育会议上，其发表了《1900 年以来教育之进步》。"自 1900 年以来，仅历十五年耳，而其间可为教育界进步之标示者，有二大端：一在学理方面，为实验教育学之建设；一在事实方面为教育脱离于宗教。……在我中华，孔子之道，虽大异于加特力教，而往昔科举之制，含有半宗教性质。废科举而设学校，且学校之中，初有读经一科，而后乃废去，亦自千百年以来积渐实行，亦教育界进步之一端也。"② 蔡元培在推行新教育的过程中表现出了大无畏的精神。"夫教育之业，既致力于将来之文化，则凡抱陈死之思想、扭目前之功利、而干预教育为其前途之障碍者，虽临以教会之势力，劫以政府之权威，亦当孤行其是，而无为所屈。昔苏革拉底行其服从真理之教育，为守旧者所嫉，至于下狱，受鸩而不易其操此其例也。"③

1917 年蔡元培主政北京大学以后，深切体会到教育独立的重要性。特别是北洋政府将经费用于军费经常拖欠教师工资。他更感到教育独立必须经费独立。"只有使政府同别国的政府一样，能够维持预算案的信用，我们才可以安然做事。但是中国的政府，我们向来就知道是不可靠的，如何能希望不再发生此等不幸？所以，平时一定要有点预备，方不致临时失措。"④ 如何保证教育经费呢？蔡元培的方法是发行教育公债。"政府要办所得税，以十分之七做教育经费，引起全国人的反对——即办教育的人亦反对。这实在并非根本反对所得税，是反对由政府来办。……只要有极周密的办法，使这钱不至被政府挪移，完全用在教育或实业上，我们应当赞成的。"⑤

面对北洋政府对教育的蹂躏，1922 年 3 月蔡元培发表了《教育独立议》一文，系统阐释了自己的教育独立思想。在文中，其首先解释了教育独立的原由，"教育是帮助被教育的人，给他自己能发展自己的能力，完成他的人格，于人类文化上能尽一分子的责任；不是把受教育的人，成一种特别器具，给抱有他种目的的人

①《蔡元培全集》第二卷，中华书局 1984 年版，第 159—160 页。
② 蔡元培：《1900 年以来教育之进步》，《蔡元培全集》第二卷，中华书局 1984 年版，第 405 页。
③ 蔡元培：《1900 年以来教育之进步》，《蔡元培全集》第二卷，中华书局 1984 年版，第 407—408 页。
④ 蔡元培：《在北大欢迎蔡校长考察欧美回国大会上的演说词》，《蔡元培全集》第四卷，中华书局 1984 年版，第 77—78 页。
⑤ 蔡元培：《在北大欢迎蔡校长考察欧美回国大会上的演说词》，《蔡元培全集》第四卷，中华书局 1984 年版，第 77—78 页。

去应用的。所以，教育事业当完全交与教育家，保有独立的资格，毫不受各派政党或各派教会的影响。……教育是要个性群性平均发达的。政党是要制造一种特别的群性，抹杀个性。……教育是求远效的，政党政策是求近功的。"蔡元培进而论述了教育与教会的区别，"教育是进步的：凡有学术，总是后胜于前，因为后人凭着前人的成绩，更加一番功夫，自然更进一步。教会是保守的：无论什么样尊重科学，一到《圣经》的成语，便绝对不许批评，便是加了一个限制。……教育是公同的：英国的学生，可以读阿拉伯人所作的文学；印度的学生，可以用德国人所造的仪器，都没有什么界限。教会是差别的：基督教与回教互通；回教又与佛教不同。……若是把教育权交与教会，便恐不能绝对自由。所以，教育事业不可不超然于各派教会之外。"①怎么实行教育独立呢？蔡元培给出了自己的药方，其要点有三：1. 在管理体制上，实行大学区。大学实行充分的自由权，教授治校，教育部成为一个办事机构。2. 清除教会在大学的影响。大学部设神学科，学校不得宣传教义，教士不得参与教育活动。3. 教育经费。各区教育经费皆由本区抽税完成。较为贫穷的地区，由教育会议决定后由政府拨款。

1924 年 4 月 9 日，其在北京非宗教大同盟大会上重申了教育与宗教分离的观点。"（一）大学中不必设神学科，但于哲学科中设宗教史，比较宗教学等；（二）各学校中均不得有宣传教义的课程，不得举行祈祷式；（三）以传教为业的人，不必参与教育事业。"②蔡元培反对教会侵入教育，一方面是教育独立的问题，另一方面也是保护民族教育的一种考虑。他在一次对外演讲中这样说："据最近统计，在浸礼会所办学校中入学的学生总数，目前已接近三十万。受到天主教教会培养的学生人数约有二十万五千余人。现在有迹象表明，在这类学校中的学生人数有明显增长的趋势。可是我们看到，一有教会学校开办，就要宣传某种宗教教义，就产生新的效果，造成新的影响，从而与我国传统教育相抵触。中国的教会忽视了中国的历史、文学及其他重要的学科，正自行建立一套与中国国家教育制度相并行的教育制度。不过总有一天会证明，这种教育制度是为中国的国家教育制度所不能相容的。"③

1927 年 6 月，蔡元培在国民党中央政治会议上提出设立大学院案。"元培等筹议再三，以为进来官僚化之教育部，实有改革之必要。欲改官僚化之学术，莫

① 蔡元培：《教育独立议》，《蔡元培全集》第四卷，中华书局 1984 年版，第 177—178 页。
② 蔡元培：《非宗教运动》，《蔡元培全集》第四卷，中华书局 1984 年版，第 179 页。
③ 蔡元培：《中国教育的历史与现状》，《蔡元培全集》第五卷，中华书局 1984 年版，第 31—32 页。

若改教育部为大学院。"① 设立大学院的原因，后来其在《〈大学院公告〉发刊词》中进行了说明，"顾十余年来，教育部处北京腐败空气之中，受其他各部之熏染；长部者又时有不知学术教育为何物，而专骛营私植党之人，声应气求，积渐腐化，遂使教育部名词与腐败官僚亦为密切之联想。"②

蔡元培始终坚持思想自由的理念。他对孔子思想辩证地看待，在其《孔子之精神生活》中，他说："孔子所处的环境与二千年后的今日，很有差别；我们不能说孔子的语言到今日还处处有价值，也不敢说孔子的行为到今日还是样样可以做模范。但是抽象地提出他精神生活的概略，以智、仁、勇为范围，无宗教的迷信而有音乐的陶养，这是完全可以师法的。"③ 其在《在大学院所发废止春秋祀孔旧典的通令》中指出："惟因尊王忠君一点，历代专制帝王，资为师表，祀以太牢用以牢笼士子，实与现代思想自由原则及本党主义，大相悖谬。若不亟行废止，何足以昭示国民。"④ 在此可以看出，"祀孔旧典"与蔡元培的自由主义思想是相悖的，当然也与现代生活的要求不符，应该坚决废止。

面对五四时期学生运动热潮，蔡元培的态度是多面的：一方面充分理解支持学生运动，另一方面他又反对滥用罢课这一手段。他说："现在国内一般人们，对于收回教育权的声音，皆呼得非常之高，而我则以为这个时期还没到。……我并不是说学生应完全的不参加学生运动，总要能爱国不忘读书，读书不忘爱国，如此方谓得其要旨。"⑤ "学生爱国，是我们所欢迎的，学生因爱国而肯为千辛万苦的运动，尤其是我们所佩服的。"⑥ 但是如果因为爱国而牺牲学业他是反对的。应该说，蔡元培对爱国与学业的关系的阐述是完全正确的，可是在一个民族危机日益严重的中国，学生又是处在新知识信息的前沿，他们富有爱国心，要想让学生们不有所行动是很困难的。这也难怪蔡元培陷入了十分尴尬的境地，这是由当时的社会历史条件决定的。

蔡元培的教育独立思想符合世界历史的潮流，也符合中国教育发展的要求，然而，在当时的中国，无论是北洋军阀时期还是国民党南京政府时期，要想使教育独立是不可能的。没有民主的政治体制，教育独立只能是纸上谈兵。后来的实

---

① 蔡元培：《提议设立大学院案》，《蔡元培全集》第五卷，中华书局 1984 年版，第 138 页。
② 蔡元培：《提议设立大学院案》，《蔡元培全集》第五卷，中华书局 1984 年版，第 194 页。
③ 蔡元培：《孔子之精神生活》，《蔡元培全集》第七卷，中华书局 1984 年版，第 107—108 页。
④ 蔡元培：《在大学院所发废止春秋祀孔旧典的通令》，《蔡元培全集》第五卷，中华书局 1984 年版，第 207 页。
⑤ 蔡元培：《读书与救国》，《蔡元培全集》第五卷，中华书局 1984 年版，第 123 页。
⑥ 蔡元培：《牺牲学业损失与失业相等》《蔡元培全集》第六卷，中华书局 1984 年版，第 151 页

践也证实了这一点。

3. 蔡元培建立现代大学教育制度的思想

蔡元培一生主要做三件大事，即民国初期任教育部部长，五四时期任北大校长，南京政府时期任大学院院长。其任教育部部长和大学院院长时间较短，其主长北大，造就了北大浓厚的学术氛围和别具一格的北大传统。蔡元培在《我在北京大学的经历》、《整顿北京大学的经过》、《我在教育界的经验》等中都进行了总结。

蔡元培认为，大学的宗旨在于培养学术人才，而不是升官发财。学生的志趣在于钻研学术，聘请教师也要看其学术。在 1906 年蔡元培任京师大学堂教员时，"就知道北京学生的习惯，他们平日对于学问并没有什么兴会，只要年限满后，可以得到一张毕业文凭，便算功德完满了。尤其北京大学的学生，是从京师大学堂'老爷'式学生嬗继下来。他们的目的，不但在毕业，而尤注重毕业以后的出路。"① 为什么会出现这种状况？蔡元培进行了分析。北京大学"因初办时设仕学、师范等馆，所收的学生，都是京官。后来虽逐渐演变，而官僚的习气，不能洗尽。学生对于专任教员，不甚欢迎，较为认真的，且被反对。这就是著名腐败的总因。"② 蔡元培就任后，感觉到首先要改变的是学生的观念，在给友人的信中提出了救治的办法。"大约大学之所以不满人意者，一在学科之凌杂，二在风纪之败坏。救第一弊，在延聘纯粹之学问家，一面教授，一面与学生共同研究，以改造大学为纯粹研究学问之机关。救第二弊，在延聘学生之模范人物，以整饬学风。"③

为给学术发展提供宽广的空间，其提出了"兼容并包，思想自由"的原则。"大学者'囊括大典，网罗众家'之学府也。《礼记》《中庸》曰'万物并育而不相害，道并行而不相悖。'足以形容之。如人身然，官体之有左右也，呼吸之有出入也，骨肉之有刚柔也，若相反而实向成。各国大学，哲学之唯心论与唯物论，文学、美术之理想派与写实派，计学之干涉论与放任论，伦理学之动机论与功利论，宇宙论之乐天派与厌世派，常樊然并峙于其中，此思想自由之通则，而大学之所以为大也。"④ 这是其治理大学的指导思想，正是采取这种方法，北京大学成

① 蔡元培：《我在五四运动时的回忆》，《蔡元培全集》第七卷，中华书局 1984 年版，第 136—137 页。
② 蔡元培：《我在教育界的经验》，《蔡元培全集》第七卷，中华书局 1984 年版，第 198—199 页。
③ 蔡元培：《致吴敬恒函》，《蔡元培全集》第三卷，中华书局 1984 年版，第 11 页
④ 蔡元培：《〈北京大学月刊〉发刊词》，《蔡元培全集》第三卷，中华书局 1984 年版，第 211—212 页。

为各种思想汇集的中心，成为各种学术繁衍的圣地。北京大学的状况引起了守旧势力的不满，蔡元培在回应守旧势力时说："对于学说，仿世界各大学通例，循'思想自由'原则，取兼容并包主义……无论为何种学派，苟其言之有理，持之有效，尚不达自然淘汰制运命者，虽彼此相反，而悉听其自由发展。"[①] 北京大学的新思潮被守旧势力视为洪水猛兽，蔡元培回应道："我以为用洪水来比新思潮，很有几分相像。……对付新思潮，也要舍湮法，用导法，让他自由发展，定是有利无害的。……至于猛兽，恰好作军阀的写照。……现在天津、北京的军人，受了要人的指使，乱打爱国的青年，岂不明明是猛兽的派头吗？"[②]

在学校治理方面，蔡元培实施"教授治校"的民主管理体制。"我初到北京大学，就知道以前的办法是，一切校务都由校长与学监主任。庶务主人少数人办理，并学长也没有与闻的。我以为不妥。"[③] 在蔡元培的推动下，北京大学建立了"教授治校"的制度，这包括：建立评议会，由各科学长与评选出的教授组成，一年一选；恢复学长的权限，给他们分配一定的行政事务；组织教授会，两年一选；废门设系，系主任由教授互选等。蔡元培推动的这一套制度在北京大学产生了广泛的影响。当蔡元培离开北大时，北京政府有意安排亲信掌控北大，北大师生群起抵制，胡适发表《蔡元培与北京教育界》一文说："北京大学的校长是不可随便任命的。今日的北京大学，有评议会和教授会可以维持秩序；蔡先生就不回来，这种'教授治校'的制度是可以维持下去的，此时国中绝无可以继任蔡先生之人；现政府的夹袋中自然更没有做北大校长的人了。如果政府倒行逆施的硬要派一个新校长来，——如民国八年徐世昌派胡仁源的故事，——我们可以预料全国（不但北大）一定要反抗的。"[④] 这一段话说明了蔡元培所实施的"教授治校"已经深入人心，符合教育规律，并且逐步成为一种法外制度。顾孟余在论述这项制度时说："先生长北大数年，以政治环境关系，在校之时少，而离校之时多，离校之时，校务不但不陷停顿，且能依计划进行者，则以先生已树立评议会及各种委员会之制度。此制度之精神，在以教授治理校务，用民治制度，决定政策，以分工方法，处理各种兴革事宜，然而非校长之清公雅量，则此制度不克成立；非师生绝对信赖校长，此制度不易推行也。"[⑤]

---

① 蔡元培：《致〈公信报〉函并答林琴南函》，《蔡元培全集》第三卷，中华书局1984年版，第271页。
② 蔡元培：《洪水与猛兽》，《蔡元培全集》第三卷，中华书局1984年版，第392页。
③ 蔡元培：《回任北大校长在全体学生欢迎会上的演说词》《蔡元培全集》第三卷，中华书局1984年版，第342页。
④ 胡适：《蔡元培与北京教育界》，载《努力周报》第39期，1923年1月28日。
⑤ 顾孟余：《忆蔡子民先生》，载香港《大公报》1940年3月24日。

蔡先生在建立"教授治校"管理机制的同时，还调整了北大的学科结构，确立了文、理科为重点的研究方向。"学与术虽关系至为密切，而习之者旨趣不同。文、理，学也。虽亦有间接之应用，而治此者以研究真理为的，终身以之。所兼营者，不过教授著述之业，不出学理范围。法、商、医、工，术也。直接应用，治此者虽亦可有永久研究之兴趣，而及一程度，不可不服务于社会；转以服务时之所经验，促其术之进步。与治学者之极深研几，不相侔也。鄙人初意以学为基本，术为支干，不可不求其相应。"①

蔡元培的改革使北大面貌焕然一新，北大因此成为新文化运动的摇篮和五四运动的策源地。但是，也应该看到，蔡元培的这种改革没有整体环境的支撑是难以为继的，通过蔡元培的辞职我们可以看到当时改革的压力之大。1919年6月5日其发表的《不肯再任北大校长的宣言》一文所列举的理由："（一）我绝对不能再作那政府任命的校长：为了北京大学校长是简任职，是半官僚性质，便生出许多官僚的关系，那里用呈，那里用咨，天天有一大堆无聊的照例的公牍。要是稍微破点例，就要呈请教育部候他批准……我是个痛恶官僚的人，能甘心仰这些官僚的鼻息吗？（二）我绝对不能再作不自由的大学的校长：思想自由是大学的通例……北京大学，向来受思想的拘束，是很不自由的。我进去了，想稍微开点风气，请了几个比较的有点新思想的人，提倡点新的学理……那知道旧的一方面，看了这半点新的，就'洪水猛兽'一样了。又不能用正当的辩证法来辩论，鬼鬼祟祟，想借着强权来干涉……世界有这种不自由的大学吗？还要我去充这种大学的校长吗？（三）我绝对不能再到北京的学校任校长：北京是个臭虫巢。无论何等高尚的人物，无论何等高尚的事业，一到北京，便都染了点臭虫的气味……难道还要我再去作逐臭之夫，再去尝尝这个气味么？"②显然，蔡元培所推行的"教育独立"遇到了较大的阻力。1923年1月7日，为抗议"罗文幹案"，蔡元培第二次辞职离开北大，其在《关于不合作宣言》中说："止见他们一天一天的堕落：议员的投票，看津贴有无；阁员的位置，禀军阀意旨；法律是武文的工具；选举是金钱的决赛；不计是非，止计利害；不要人格，止要权利。这种恶浊的空气，一天一天的浓厚起来，我实在不能再受了。我们的责任在指导青年，在这种恶浊气里面，要替这几千青年保险，叫他们不致受外界的传染，我自忖没有种能

①蔡元培：《读周春嶽君〈大学制之商榷〉》，《蔡元培全集》第三卷，中华书局1984年版，第149—150页。
②蔡元培：《不肯再任北大校长的宣言》，《蔡元培全集》第三卷，中华书局1984年版，第297—298页。

力。"①

　　通过以上分析我们可以看到，五四自由主义教育思想的目的是培养独立的个人，通过对人的培养从而达到救国的目的。但是其没有看到中国当时社会的主要矛盾，只要中国社会的主要矛盾得不到解决，这种教育救国的主张根本不可能实现。

---

①蔡元培：《关于不合作宣言》，《蔡元培全集》第四卷，中华书局 1984 年版，第 312 页。

第七章　"问题"与"主义"之争

　　新文化运动中，中国的新知识分子如饥似渴地向西方寻求真理，搬取新的思想武器，各种新思想像潮水般涌进中国。俄国十月革命以后，马克思主义也在先进的知识分子中间开始传播。五四以后，工人罢工，商界罢市，斗争日趋深入，马克思主义开始与工人运动相结合。而以《新青年》团体为中心形成的新文化统一战线，也开始发生分化。1919 年 7 月和 8 月间围绕着《每周评论》发生的"问题与主义"的论争，是五四时期关于改造中国的问题在思想文化领域的一次重要论争，更是中国走什么道路的论争。论战的重要参与者胡适和李大钊也长期以来分别被视作自由主义与马克思主义的代表。

一　"不谈政治"到"谈政治"

　　作为一个自由主义者，胡适本来是一个注意政治的人。在康奈尔大学时，他不仅有三分之一的学时选修政治、经济课程，对美国的政治活动和政治制度也很感兴趣，而且非常关注国内和国际政治，曾为中国的民主共和政治作辩护。但 1917 年回国后面对国内政治舞台上张勋复辟、派系斗争等肮脏现象，胡适产生了极大的感情震动与失望，也更印证了他在美国受到的教育而形成的观点：思想与文化的更新必须先于政治的改革，在理想的政治解决之前，新的社会价值必须取代旧的，并下了决心要"20 年不谈政治"①。在胡适与其所属的北大同事及其学术圈内，特别是《新青年》的同人内部，可能是由于胡适的意见，在一个相当长

---

　　① 胡适：《我的歧路》，《胡适文存》第二集第三卷，第 96 页。首次刊登在《努力周报》7 号（1922 年 6 月 18 日）。

时期内——至少从 1917 年到 1919 年之间——确实坚持了不卷入政治的政策。①

但这注定不是一个可以长期保持的决心，不但胡适的那些关心政治的同事陈独秀、李大钊不会袖手旁观于政治之外，胡适也在不同时期不同程度上卷入过政治。在 1917 年之后，中国政局动荡不安，"二十一条"、对德战争、巴黎和会、政客们的争权夺利加上知识分子长期以来的救国于危难之中的责任感，使得《新青年》内部不可能都坚持这样一种立场。1918 年 12 月 22 日陈独秀主编的《每周评论》②在北京创刊，这是一张主要谈时局政治，兼及思想文艺四个版面的小报，其出版便与这个时期的政治气候有关，也是陈独秀、李大钊等人关心政治、指点时局的主观愿望的产物。胡适因为母亲去世而于 1918 年 11 月下旬回安徽绩溪老家。胡适后来在《口述自传》中说："就在我离京期间，陈独秀和其他几位北大教授创办了这项单张小报，来发表他们的政见。在某种意识上说，这张小报的发行原始尊重我只谈文化，不谈政治的主张。我曾想我的同事们建议，我们这个文化运动既然被称为'文艺复兴运动'，它就应该撇开政治，有意识地为新中国打下一个非政治的文化基础。我们应该致力于研究和解决我们所认为最基本的有关中国政治、文化和教育方面的问题。我并且特地指出我们要'二十年不谈政治，二十年不干政治'。我的政治兴趣甚浓的朋友如陈独秀等人，对我这番建议并不太热心。因此他们才创办这个新周刊《每周评论》来发表政见、批评时事和策动政治改革。这样一来，《新青年》便可继续避免做政治性的评论，同时他们也可利用一个周刊得到谈政治的满足。当我在 1918 年底或翌年年初抵北京时，我对他们这桩新猷也未置可否。他们要我写稿，我只是替他们翻译了几篇短篇小说。"③

第二年 6 月 11 日，陈独秀因散发传单被捕，胡适接编《每周评论》，从第 28 号起到被查封的第 37 号为止，胡适实际上成了《每周评论》的主编。他虽然不赞成谈政治，也不是一个热衷于空谈政治的人，但在危难之中接受了以谈政治为

① 参见[美]格里德：《胡适与中国的文艺复兴》，江苏人民出版社 2005 年版，第 149 页。胡适曾经说过，《新青年》派坚持非政治的立场是由于尊重他的观点。但必须指出，此方针最初是由陈独秀提出的，但很明显胡适的观点使得这个方针获得了更大支持。

② 陈独秀：《今日中国之政治问题》，《独秀文存》第一卷，第 221—225 页，最初载于《新青年》第五卷第 1 号（1918 年 7 月）。可以确定地说，这个刊物代表了《新青年》内部较为倔强的成员，至少包括了陈独秀、李大钊、高一涵、张慰慈，这主要是一个政治论坛。早在五四运动以前，陈独秀在《新青年上著文抱怨说"本志同人及读者，往往不易我谈政治然。有人说，我辈青年，重在修养学识，从根本上改造社会，何必谈政治呢？……这些话都错了，我现在所谈的政治，不是普通政治问题，更不是行政问题，乃是关系国家民族根本存亡的政治根本问题"。

③ 唐德刚译：《胡适口述自传》，台北传记文学出版社 1981 年版，第 195—196 页。

主的《每周评论》，他便不能回避政治。但在他的自由主义哲学中，注重渐进的、实验主义的、对具体问题的一点一滴的分析和改革才是政治应关注的，亦是当时中国流行各种主义的政治论坛缺乏的。对此他自述说："那时正是安福部极盛的时代，上海的分赃和会还不曾散伙。然而国内的'新'分子闭口不谈具体的政治问题，却高谈什么无政府主义与马克思主义。我看不过了，忍不住了，——因为我是一个实验主义的信徒，——于是发愤要想谈政治。"[①]

二　问题与主义之争的经过

五四时期中国的思想界各种主义盛行，当时舆论界可以见到的"主义"至少有无政府主义、过激主义、安福部的民主主义、社会主义等，而社会主义则有基尔特的社会主义、马克思主义的社会主义、王揖唐的社会主义、皇室中心的社会主义、基督教社会主义，等等。各种主义都根据自己的需要加以解释，并自信地宣称能对当时中国社会的问题提供根本的解决方案。胡适虽然在《每周评论》第28期的文章《欢迎我们的兄弟——〈星期评论〉》中就委婉地表达了这种反对空谈主义、注重实际问题考察的态度。但其态度的公开表达——如果说前者还带着一点旁敲侧击的话，这次就是公开阐明，甚至带着一种对当时风气的批评——则是《多研究些问题，少谈些"主义"》的文章的问世。

胡适在文中说："为什么谈主义的人那么多，为什么研究问题的人那么少呢？这都是由于一个懒字。懒的定义是避难就易。研究问题是极困难的事，高谈主义是极容易的事。"具体来说分为三层：

第一，空谈好听的"主义"是极容易的事，是阿猫阿狗都能做的事，是鹦鹉和留声机器都能做的事。

第二，空谈外来进口的"主义"，是没有什么用处的。一切主义都是某时某地的有心人，对于那是那地的社会需要的救济方法。我们不去实地研究我们现在的社会需要，单会高谈某些主义，好比医生淡季的许多汤头歌诀，不去研究病人的征候，如何能有用呢？

第三，偏向纸上的"主义"，是很危险的。这种口头禅很容易被无耻政客利

---

① 参看《我的歧路》，原载《努力》周报第 7 期，1922 年 6 月 18 日；后收入《胡适文存》第二集第三卷，上海亚东图书馆 1929 年版，第 96 页。

用来做种种害人的事。

"主义"起初是"一种救时的具体主张",后来这种主张传播出去,便有人为了简便用"某某主义"来代表这种具体的主张,变成了一个"抽象名词"。胡适认为,具体主张一旦变成抽象名词,它的弱点也就跟着来了。"主义"的最大危险,就是能使人心满意足,自以为寻着包医百病的"根本解决"。在他看来,把"空谈主义"当成"根本解决"只是中国知识分子"不负责任"、"自欺欺人的梦话",是"中国思想界破产的铁证"。而且会使得抽象名词滥用,会出现许多冒牌的主义。胡适认为应该"多研究些问题,少研究些主义"。为此,他郑重提出三条呼吁:

第一,请多提出一些问题,少说一些纸上的主义。

第二,请多多研究这个问题如何解决,那个问题如何解决,不要高谈这种主义如何新奇,那种主义如何奥妙。

第三,希望中国的舆论家,把一切"主义"摆在脑背后,作参考资料,不要挂在嘴上作招牌,不要叫一知半解的人拾了这些半生不熟的主义,去做口头禅。

胡适希望通过这篇文章能对当前政治舆论上的一些现象提供警示,就像历史已经证明的,这种努力也很快得到了舆论界的反应。《每周评论》第33号、第35号上分别刊载的两篇文章便是与胡适的商榷或者说论争的。

第一篇是蓝志先(知非)的《问题与主义》。蓝志先是《国民公报》的编辑,他转载了胡适的文章,并在其上发表了自己的《问题与主义》,胡适又将此文转载在《每周评论》第33号上。蓝文首先指出,胡适的文章非常精辟,舆论界可以从此文得到不少益处,但又恐怕会得到一个意想不到的结果:矫枉过正。他认为,胡适的文章里对实际问题太过注重,把主义学说的效果抹杀了一大半,因而有些因噎废食的毛病。他承认,一种救时的具体主张因为传播的缘故,会变成一种抽象的主义。但许多"主义"的重要部分却是"未来的理想"。"主义是多数人共同行动的标准或者对于某种问题的进行趋向或是态度。"①主义可以团结各部分的力量,虽然在实行时在具体问题上出现主张分歧,但是问题与主义并不是相反而不能并立的东西,而主义的研究和鼓吹是解决问题的最重要最切实的第一步。

第二篇文章是李大钊的《再论问题与主义》②,这是李大钊从家乡河北昌黎

① 蓝知非:《问题与主义》,载《国民公报》,重刊于《太平洋》第二卷第1期(1920年5月5日),第4—10页。
② 李大钊:《再论问题与主义》,载《每周评论》第35期(1919年8月11日)。

武封写给胡适的一封讨论信。胡适给这封信加了题目后将其在《每周评论》上公开发表。李大钊认为自己的意见可以与胡适的意见"互相发明"。他认为,"问题"与"主义"是不能绝然分离的关系。一个社会问题的解决必须依靠社会上多数人的"共同行动",而参加"共同行动"的人们"必须有一个共同趋向的理想主义"。所以,"我们的社会运动一方面固然要研究实际的问题,一方面也要宣传理想的主义。这是交相为用的,这是并行不悖的"。李大钊承认,"我们最近发表的言论,偏于纸上空谈的多,涉及实际问题的少,以后誓向实际的方向去做"。他说这是读(胡适)那篇论文后"发生的觉悟",但这个"发生的觉悟"实际上与胡适文章讨论的已完全不是同一个问题了。

李大钊直言不讳地表达了对俄国布尔什维克主义的信仰态度,并指出了在此问题上与陈独秀和胡适的看法分歧:《新青年》和《每周评论》的同人,谈俄国布尔什维克主义的议论很少,仲甫先生和先生(指胡适)等的思想运动、文学运动,一方面要与旧式的顽迷思想奋战,一方面要防遏俄国布尔什维克主义的潮流。我可以自白:我是喜欢谈谈布尔什维克主义的。"

他又指出:"布尔什维克主义的流行,实在是世界文化上一大变动。我们应该研究他、介绍他,把他的真相公布在人类社会,不可以为听信人家为他们造的谣言,就拿凶暴残忍的话抹煞他们的一切。"当时的中国不仅要认定我们的马克思主义、布尔什维克主义为实际的行动指南,又要宣传这种主义,动员起社会上更大多数的人们投入到这个运动中,以解决具体的社会问题。并指出,马克思主义、布尔什维克主义实行的革命运动的成功是一切社会问题的根本解决。他说,俄国革命的胜利,罗曼诺夫家族的颠覆,俄国的全部问题就解决了。而这之前,一切问题,丝毫不能解决。经济问题的解决,则是一切问题根本解决的关键,经济问题一旦解决,政治问题、法律问题、家族制度问题、女子解放问题、工人解放问题等一切问题都随之解决了。而要解决经济问题,又必须坚持进行"阶级竞争",坚持惊醒工人联合的实际行动。李大钊是相信根本解决的,这是充满革命者的必然思维,也是他们的奋斗目标。他对胡适的"少谈些主义"的鼓吹显然是无法赞同的,他坚信只有"主义"才能根本解决"问题"。作为革命者,他要研究的唯一问题便是将"主义"由实践转入到实际行动中去。

在紧接着的第 36 号的《每周评论》上刊载了胡适的《三论问题与主义》,此论是针对蓝、李二文的回应。胡适仍坚持他的"主义"起初只是一种具体的"救时的主张",在所举的两个例子中,一个是关于俄国的布尔什维克主义的,但将俄国的新宪法视为对当时俄国具体政治或社会问题的解决法，都是具体的主张。

《四论问题与主义》原定刊发于 1919 年 8 月 31 日的第 37 号《每周评论》上，但 30 日正在印刷的时候，北洋军阀政府的秘密警察突然光顾，查封了报纸，登在这一期上的《四论》也胎死腹中，只有少量报纸流传出来。于是"问题与主义"的论争也便中止了。这篇文章主要是关于输入学理的方法的：输入学说时应该注意那发生这种学说的时事情形；输入学说时应该注意论主的生平事实和它所受的学术影响；输入学说时应该注意每种学说所已经发生的效果。[①]

三 对问题与主义之争的解读

当年这场"问题与主义"的论争，思想信仰各有不同，其实既是一种思想学术的研究和探讨，也是政治性质的分歧，并预示着中国社会的历史走向。

（一）胡适和李大钊的"问题与主义"之争是马克思主义和非马克思主义在中国的第一次论战

这次论战的实质是：中国需要的是马克思主义，还是实用主义？中国问题的解决是社会革命，还是社会改良？胡适的第一篇文章，过分强调具体的实际问题，而抹杀了学说主义的重要性，在学理上是讲不通的。故文章的末尾又承认"种种学说和主义我们都应该研究"，而且指出：希望中国的舆论家，把一切"主义"摆在脑背后，作参考资料，不要挂在嘴上做招牌，不要叫一知半解的人拾了这些半生不熟的主义，去做口头禅。胡适是信奉实用主义的。他强调"舆论家的第一天职，就是细心考察社会的实在情形，一切学理，一切'主义'都是这种考察的工具。"胡适论证的基础是实验主义。他在文章中宣称，任何学说或"主义"都不过是解决这个那个实际问题的一种工具。根据胡适的观点，一种学说的建立应当基于对具体的、实际问题的研究并随之发展。任何人都可以很容易地鼓吹高调子的、无所不解决的主义。但他基于实用主义，又否定"根本解决"的革命方法与道路，只宣传他"这个那个具体问题的解决法"的改良道路，却是片面的以至错误的了，所以李大钊对他的批评便十分正确。这正是马克思主义者与实用主义或自由主义者的分歧所在。李大钊还借用日本《日日新闻》的话，指出胡适与当时

---

① 胡适：《四论问题与主义》，重刊于《太平洋》第二卷第 1 期（1920 年 5 月 5 日），第 15—25 页。

的陈独秀"是支那民主主义的正统思想。一方要与旧式的顽迷思想奋战,一方要防遏俄国布尔什维克主义的潮流"。这就很切实地阐明了胡适当年思想的实质,既有反对宗法专制主义顽迷思想的积极革命方面,却也有抵制与反对马克思主义的一面,正是自由主义者的两面性特征。对于马克思主义,胡适是不赞成的,胡适所不赞成或反对的主要是马克思主义的阶级斗争学说。他说:"又如阶级战争说,指出有产阶级与无产阶级不能并立的理由,在社会主义运动史上与工党发展史上固然极重要。但是这种学说,太偏向申明'阶级的自觉心',一方面,无形之中养成一种阶级的仇视心,不但使劳动者认定资本家为不能并立的仇敌,并且使许多资本家也觉劳动真是一种敌人。这种仇视心的结果,使社会上本来应该互助而且可以互助的两种大势力,成为两座对垒的敌营,使许多建设的救济方法成为不可能,使历史上演出许多本不须有的悲剧。对此,就应该有公平的研究与评判,然后才能把原来的主义的价值与功用一一的表示出来。"①

胡适的立论显然是有漏洞和矛盾的。"历史上",自然是包括马克思主义产生以前,那时因"阶级仇视心"而演出过的无数"惨剧",又该由什么主义来负责呢?难道也该算在马克思主义"阶级斗争说"的账上吗?历史上的斗争是客观存在的,颠倒了因果,自然难于自圆其说了。

(二)这次论战以马克思主义的胜利和实用主义的失败而告终

毫无疑问,当时社会的情形是马克思主义刚刚在中国传播,中国先进的知识分子还不能完全把握马克思主义的精神实质。但是马克思主义正是在与各种非马克思主义的斗争中不断壮大的。在与胡适的实用主义论战的过程中,马克思主义开始与中国实际相结合。

李大钊的文章,不仅表明了他作为早期马克思主义者的鲜明立场,而且也显示出早期马克思主义者开始注意理论与实际相结合的趋向。他指出:"一个社会主义者,为使他的主义在世界上发生一些影响,必须要研究怎么可以把他的理想尽量应用于环绕着他的实境。所以现在的社会主义,包含着许多把他的精神变作实际的形势使合于现在需要的企图。这可以证明主义的本性,原有适用实际的可能性。不过被专事空谈的人用了,就变成空的罢了。"②

---

① 胡适:《四论问题与主义》,重刊于《太平洋》第二卷第1期(1920年5月5日),第15—25页。
② 李大钊:《再论问题与主义》,载《每周评论》,第35期(1919年8月11日)。

在当时，马克思主义传入中国不久，与中国社会的实际还相当隔膜，许多宣传马克思主义的言论文字也还相当幼稚，教条主义和空谈习气相当普遍。在这种情况下，李大钊的见解就显得尤其难能可贵了。

马克思主义者认识到主义与问题都是需要加以研究的，都不能荒废，不能空谈主义。李大钊在 1919 年 8 月承认，主义不过是解决实际问题的工具[①]。陈独秀在 1920 年 9 月甚至主张"与其高谈无政府主义、社会主义，不如去做劳动教育和解放的实际运动"[②]。也承认社会问题的改造需要主义的指导，但不可能是一蹴而就的，而是靠一点一滴一桩一件一层一层渐渐地革除和不断地努力创造出来的。这些观点至少与胡适的自由主义之间存在很多可以相互支持和理解的空间，也都对当时舆论界的肤浅和混乱进行了批判：实际问题决不能让位于抽象的理论，对主义和理论必须加以仔细的研究，而不能作为口号看待。

其实实用主义者虽然高谈"实际问题"，但是他们在这方面并不比与其对立的其他主义的信奉者做得更好。在当时的情况下，经济问题与社会问题是必须研究和对待的紧要问题，但自由主义者并没有提供更为切实有效的分析和合理的解决方案。更具讽刺意味的是，就在自由主义者提出"多研究些问题"建议后不久的 1920 年，很多社会主义的追随者开始走向工人和农民中去研究他们的实际生活状况，而自由主义者却很少组织和参与类似的社会调查和劳工运动。[③]毛泽东及其他人也认识到了这个问题，1919 年秋在长沙组织了"问题研究会"，学会提出研究政治、经济、社会、教育、劳工、国际事务等方面的实际问题，以及如何团结民众、社会主义的可能性和孔教方面的 140 多个问题。1922 年之后，不少自由主义者却倾向于从事考据之类的学术工作，忽视了实验主义对实际社会问题的影响。直到好几年之后，一些主要的自由主义者才开始试图研究中国迫切需要解决的问题。在这方面，又反映出当时中国自由主义者即使在社会改革事业中，也不能积极地深入社会现实之中，不想直接对政治问题作出根本分析，或者说他们作出的从政治之外为政治造就一个基础的设想与当时中国救亡图存的需要、分割和混乱是不相符的，不能很好地为中国政治的发展创造合理的发展路径。

---

① 李大钊：《再论问题与主义》，载《每周评论》，第 35 期（1919 年 8 月 11 日）。

② 陈独秀：《比较上更实际的效果》，《随感录》，《新青年》第八卷第 1 号（1920 年 9 月 1 日。）

③ 参见［美］周策纵：《五四运动：现代中国的思想革命》，江苏人民出版社 2005 年版，第 226 页。从杂志的内容上可以发现这种倾向的主观努力，1920 年 5 月号之后的《新青年》开始关注社会和经济调查及劳工问题，20 年代初期，《少年中国》与《少年世界》也表现出了类似的态度。而自由主义者却回避这些问题。

　　实际上，胡适所倡导的自由主义亦有其生成的土壤，其实验主义的渐进改革能否适应当日中国也是胡适没有能认识清楚的。

　　从后世政治发展的理论来看，当时积贫积弱的中国政治急需的是一场根本革命后的民族统一与国家重建，而这首要的是能团结民众进行积极斗争的有效率的政党。而社会改革、民主政治建设只能在此基础之上才可能取得有效影响。也就是说，即使在混乱社会中的点滴改革值得称颂，但其效果相对于整个社会政治的污浊是不会很强有力的。这一点，不论是早期的共产党人还是国民党人，都非常清醒：中国政治只有来一个根本解决，才可能为政治改革开一个良好的基础。而自由主义却主张社会的进步要从具体问题抓起，日积月累，逐步实现，企盼用思想的启蒙、理性的拓展和科学的增长来消除社会危机，推动社会进步，这对于一个受封建势力长期浸泡、传统势力根深蒂固、现代意识空前缺乏的国家来说，岂不是异想天开！胡适试图借助文化启蒙、舆论的改善，通过创办报纸杂志，参与社会政治，发展舆论监督作用，宣传自由主义、改良主义的主张，然而批判的武器毕竟代替不了武器的批判，胡适不论在当时的中国大陆还是之后的中国台湾的挫折际遇都说明了这一点。

　　这里还存在一个值得争论的问题，就是胡适的非政治论，就像前面已经提到的，胡适一直不愿涉入政治。他认为，真正的改革决不是用政治的方法来能够实现的，改革不仅仅是政治层面的，更为广泛与深远的社会与思想问题的综合更为重要。他认为，值得作为最终奋斗目标的民主制度，并不仅仅是一个具体的政治制度体系，而且是一种有益于维持某特定社会状况的心态，那么合理的推导结果只能是，一个民主社会的创造在本质上是一项思想的成就而不是一项政治的成就。对于新文化运动以来的运动，他都希冀用文化的、思想的视角来理解。对于五四运动，他在1919年12月指出，这场运动标志着中国思想界和社会各派对非政治改革的重要性的觉悟，就是醒悟到"要对民主的意义有个更好的理解"，"在名义的共和下，八年痛苦的失败渐渐地使年轻的中国认识到，民主是不能仅仅通过政治的变革来给予保证的……民主……不多不少正是所有民主化的和正在民主化的力量的总体，这包括社会的、经济的、道德的，以及思想等诸方面的力量，构成中国这些新运动的指导原则之一的也正是这种认识。"① 而五四时期随着游行示威出现的各种期刊的种种原则宣言中，也似乎明显地印证了胡适的论断：

――――――――――

　　① 胡适：《1919年的知识中国》，载《中国社会与政治科学评论》，1919年12月。

"要在物质上和社会上改造国家和社会";"在发展国家工业的同时向公民们介绍新的思想并提高他们的人格";"向社会介绍新的思想,把乐观的但批判的观点用于社会的改造";"为了把探索和批判的思想用于社会的改革,就要造成学术的发展"①,等等,这些无疑增强了胡适对理性启蒙、文化革新的信心。而随着五四来到中国的杜威也似乎表达了与其弟子同样的乐观态度,也认为"(五四运动)这次表面上最政治化的学生反抗,并不是一场政治运动。它表现了青年男女中一种新的自觉,一种理性的觉醒,这些人,通过他们的教育,已意识到了一种新信仰准则的必要,一种新思维方法的必要"。②

但是,仅仅从文化思想层面理解新文化运动与五四运动是否就反映了历史的全貌呢?

学生、工人和普通市民们并没有将自己的行为排除在政治之外,他们的很多看似非政治的活动都具备政治的意义,甚至有意识地参与到政治之中,努力通过自身的活动引起政治当局的注意,试图在中国政治的发展中糅合进自身的因素。对曹、陆、章的讨伐、对巴黎和约的抗议及由此而来的对政府的压力及此后因学生运动导致的政府更迭,无不是政治活动的标志。

相反,当时的各种政治力量特别是日后的国民党、共产党则对此次运动的政治意义作出了合理的评价。孙中山先生当时就肯定地指出了学生、工人活动的爱国意义,陈独秀、李大钊、毛泽东、邓中夏等日后共产党的创建者们则在此次运动中,一方面积极地参与(包括许多政治方面的活动),同时积极评价学生与工人、农民联合的伟大政治意义,这种联合对于中国政治的根本解决具有积极性。

胡适晚年仍对五四运动的政治性耿耿于怀,认为这种政治性是对新文化运动伟业的"一次最令人讨厌的中断",新文化运动再也未从这次打击中完全恢复过来。③对这次运动的错误判断也在问题与主义之争中反映出来,胡适虽涉及了政治,但他谈论较多的还是学理方面的学说输入方法,未能在国内政治问题上有清醒认识。

经过这场"问题与主义"之争后不久,《新青年》又搬迁至上海编辑。北京同人便渐渐少寄文稿,且为《新青年》编辑方针发生过一些争论。以后《新青年》团体早期的团结便在无形中散伙了。

①[美]周策纵,周子平译:《五四运动——现代中国的思想革命》,江苏人民出版社1996年版,第180页。
②[美]约翰·杜威:《中国学生反抗的结果》(*The Sequel of the Student Revolt*),载《新共和》(1920年2月25日)。
③参见唐德刚译:《胡适口述自传》,台北传记文学出版社1981年版,第189页。

中国五四时期自由主义

　　1921 年，中国共产党成立。日益发展的工人运动和群众斗争，马克思主义的迅速传播，加快了新文化统一战线分化的进程。胡适对此深为感叹，说："我对于现今的思想文艺，是很不满意的。孔丘朱熹的奴隶减少了，却添上了一班马克思克洛泡特金的奴隶；陈腐的古典主义打倒了，却换上了种种浅薄的新典主义。我们'提倡有心，创造无力'的罪名是不能避免的。"于是，他只好"在这歧路上迟回瞻顾"了。[①]

_____

　　[①] 参见《我的歧路》，原载《努力》周报第 7 期，1922 年 6 月 18 日出版；后收入《胡适文存》二集，上海亚东图书馆 1929 年版，第 101—102 页。

第八章　五四自由主义的歧路与中国选择马克思主义

五四运动的健将胡适、陈独秀、李大钊等在相当长时期内是倡导个性，提倡自由独立自主的。但由于其发生的时代背景，这种自由主义一方面包含着个性解放，倡导新文学，更重要的一方面是，解救民族危亡的民族主义也是其内在的要求，而且在相当程度上来说，对于当时的中国，民族主义相对于个人主义具有更重要的价值与优先性。而民族危机要求自由主义能在社会重组、政治变革上提出自己的主张，正是在这一点上，五四早期的倡导自由的同人们分化了。

虽然当时的分化还不是非常明显，但是，以胡适为代表的自由主义基本代表了当时中国自由主义的思想主流。然而，这种自由主义具有不易克服的困境，这些困境可以从其对待学术与政治的态度、对当时中国时代的判断、对民族主义与帝国主义的关系分析、对传统文化的激烈批判、从自由主义的内在思想体系、从胡适个人的生活与思维模式等方面来分析。自由主义在当时的衰落和失败是必然的。

而在早期倡导自由主义的陈独秀、李大钊等人此后选择了马克思主义，马克思主义在对当时中国政治现实的分析、革命必要性的分析、民族主义的分析、阶级与阶级意识形成的分析、政党的必要性的分析上等更适合于当时中国的现实。此后，中国在马克思主义的指导下取得了一个又一个的胜利。

一　五四倡导自由的同人的分化与中国思想界的重组

1920 年瞿秋白即有言："中国社会思想到如今，已是一大变动的时候。一般青年都是栖栖皇皇寝食不安的样子，究竟为什么？无非是社会生活不安的反动。反动初起的时候激流并进集中于'旧'思想学术制度，作勇猛的攻击。等到代表

'旧'的势力宣告无战争力的时期，'新'派思想之中，因潜伏的矛盾点——历史上学术思想的渊源，地理上文化交流之法则——渐渐发现出来，于是思潮的趋向就不像当初那样简单了。"①"新"、"旧"之争，是探讨五四时期思想界走向的基本向度。只是瞿秋白已注意到，"新派思想"中潜伏的矛盾点已渐渐发现出来——尽管未曾具体言明发现的究竟是什么。

精通这段历史的周策纵就指出，1919 年以后，知识分子首先在思想上，继而在行动上的不一致与日俱增，以致在以后的年代里这个运动产生了巨大分裂："一方面自由派和保守派徒劳地要求在军阀统治下实行温和的改革，另一方面左派分子和民族主义者在苏俄与日俱增的影响下加速了他们的组织活动。"②或许是因为这个观察稍嫌简略，偏重于政治因素的分析。近年来也出现了从新的视野对此展开讨论的论作，罗志田就从"西方分裂"的角度分析到：从整个近代这一中长时段看，新文化运动既是西潮在中国的巅峰，也是其衰落的开始。早期的《新青年》尚处西方整体观的余荫之下，"五四"以后即渐分，表面是分裂为激进与稳健两派，实则与"西方"的分裂有很直接的关联，如学界与思想界就都有所谓英美派、法日派以及尚不明显的俄国派之分。③

（一）分裂的标志

当代多数学者认为此时所发生的最具象征性的事件就是前述胡适与李大钊等围绕"问题与主义"的辩论。这场论争作为中国自由主义与社会主义浮出水面的象征，自有其深意在，但是其中之意义，并非即刻呈现出来。

按照胡适的说法，这种分裂的标志就是北大开会决议辞去陈独秀。胡适以1923 年为界将现代思想分为前后两期：第一期是"维多利亚思想时代，从梁任公到《新青年》多是侧重个人的解放；……第二期则是集团主义时代，一九二三年以后，无论为民族主义运动，或共产革命运动都属于这个反个人主义的倾向。"④这一分期当然也有其"成见"，几乎全以他所理解的"中国的文艺复兴运动"为依据，突出了政治运动对于思想文化运动的干扰。稍后不久胡适明确将《新青年》群体归于自由主义，并认为北京大学 1919 年 3 月 26 日开会辞去陈独秀，"不但决

---

① 瞿秋白：《俄乡纪程》，《瞿秋白文集》"文学编"第一卷，人民文学出版社 1985 年版，第 29 页。
② ［美］周策纵著，周子平等译：《五四运动：现代中国的思想革命》，江苏人民出版社 1996 年版，第 332 页。
③ 罗志田：《西方的分裂：国际风云与五四前后中国思想的演变》，载《中国社会科学》1999 年第 3 期。
④ 胡适：《胡适的日记》（手稿本）第 11 册，1933 年 12 月 22 日。

定北大的命运，实开后来十余年的政治与思想的分野"。中国共产党的创立及后来中国思想的左倾、《新青年》的分化、北大自由主义者的变弱，"皆起于此夜之会"。因为"独秀在北大颇受我与孟和（英美派）的影响，故不致十分左倾。独秀离开北大之后，渐渐脱离自由主义者的立场，就更左倾了。"[①]

实际上，通过对五四后期《新青年》走向的研究，可以更明显地看出此问题。尽管《新青年》为同人杂志，但杂志中人的思想背景与价值取向并不完全相同。甚至可以说同人间的分歧其实早已潜埋，只是在启蒙的诉求下，这种分歧被遮掩着，随着政治话语慢慢浮出水面，分歧即暴露出来。

照胡适的说法，1919 年以前，《新青年》大致还是"不谈政治而专注意文艺思想的革新"；有意不谈政治主要受其影响，"陈独秀、李大钊、高一涵诸先生都是注意政治问题的"。[②]陈独秀对此还颇有抱怨，"本志同人及读者往往不以我谈政治为然"。但他坚持认为，"政治问题，往往关于国家民族根本的存亡，怎应该装聋作哑呢？"而且，"此种根本问题，国人倘无彻底的觉悟，急谋改革，则其它政治问题必至永远纷扰。"[③]其实，1919 年以后《新青年》更多介入现实政治的讨论，也是事出有因，一战结束、巴黎和会召开以及由此催生出的学生运动，这一连串事件的发生，《新青年》又岂能置身事外。

陈独秀毫不讳言要"谈政治"，是因为有了明确的"理想"与"主义"。在《谈政治》一文中，他就表示，我"深信许多人所深恶痛绝的强权主义，有时竟可以利用他为善；许多人所歌颂赞美的自由主义，有时也可以利用他为恶。……若仍旧妄想否认政治是彻底的改造，迷信自由主义万能，岂不是睁着眼睛走错路吗？"[④]这篇文章的重要性不在于陈大张旗鼓要"谈政治"，关键在于文中所表达的特定的涵义，如把自由主义看作资本主义的代名词，显然如何"谈政治"他有了清晰的思路与答案。而胡适也未必忌讳"谈政治"，《星期评论》出版后他就撰文表示，"如果要使思想革新的运动能收实地的功效，非有一贯的团体主张不可"。因此，问题的关键不在是否谈政治，而是如何"谈"。具体说来使《新青年》团体陷于分裂的导火索就是这个杂志的"色彩"越来越趋向"过于鲜明"。

1920 年 1 月陈独秀离开北京到了上海，同时将《新青年》带到上海编辑出

---

① 胡适：《致汤尔和》（1935 年 12 月 23 日），《胡适来往书信选》（中），第 281 — 282 页。

② 胡适：《纪念五四》，载《独立评论》第 149 号，1935 年 5 月 4 日。

③ 陈独秀：《今日中国之政治问题》（1918 年 7 月 15 日），《陈独秀文章选编》（上），生活·读书·新知三联书店 1984 年版，第 268 页。

④ 陈独秀：《谈政治》，载《新青年》第八卷第 1 号，1920 年 9 月 1 日。

版。当陈将编辑工作交由陈望道、李达、李汉俊等倾向共产主义的知识分子担当后，这个杂志逐渐成为宣传俄国革命和马克思主义的刊物。在这种情况下，《新青年》该如何走下去成为其成员不得不思虑的问题。胡适再度祭起"不谈政治"的戒约，认为问题已到必须解决的关头。1920 年 12 月他致函陈独秀说，尽管你本人也声称并不为然，但杂志"色彩过于鲜明"是已成之事实。今虽有意抹淡，似亦非易事，况且"北京同人抹淡的工夫决赶不上上海同人染浓的手段之神速"。他提出三个解决办法：第一，另创一个哲学、文学的杂志；第二，将《新青年》迁回北京出版；第三，"暂时停办"。当时在北京的《新青年》同人也已对此发表了意见。[1]

多数编委主张《新青年》移回北京编辑没有能够落实。在上海编辑出版的《新青年》杂志，因为遭查禁，最后只好移到广州出版。虽说《新青年》这个旗帜还在，但不难看出自这个杂志迁往上海，就已经走上了一条不归路，曾经掀起过巨大波澜的《新青年》群体分道扬镳，已无可挽回。

《新青年》的分裂实际上已意味着五四同人的分裂，只是，此时的"分裂"主要由陈独秀的"出走"表现出来。陈独秀出走之后，这种分裂似乎就具有了更明显的标志。

1920 年年底陈独秀赴粤前特地致函胡适、高一涵，提醒说，"南方颇传适之兄与孟和兄与研究系接近，且有恶评，此次高师事，南方对孟和颇冷淡，也就是这个原因，我盼望诸君宜注意此事。"还坦陈此乃他时常不可忘却的忠音，"恐怕我的好朋友书呆子为政客所利用。"[2]一开始，许是种种流言在传布，但也绝非空穴来风。即便知识阶层仍守望于学术理想，也不能杜绝各种政治势力对知识阶层的关注。李大钊就用"处女的地位"，说明了知识圈的处境，"现在我们大学一班人，好像一个处女的地位，交通、研究、政学各系都想勾引我们，勾引不动就给我们造谣；还有那国民系看见我们为这些系所垂涎，便不免引起一点醋意"[3]。对此胡适也深有体会，研究系的蓝公武曾拉胡适加入他们的"联省自治"运动，只是胡仍坚持，"我虽现在不主张放弃政治，但我不能玩这种政客的政治活动"[4]。这些或都表明在那个政治情绪高昂的年代，大学中人同样有不能免于政治影响的

---

① 胡适：《致陈独秀》，张静庐编：《现代中国出版史料》甲编，中华书局 1954 年版，第 8—10 页。
② 陈独秀：《致胡适、高一涵》（约 1920 年年底）；《致胡适》，见《现代中国出版史料》甲编，第 7—8 页。
③ 李大钊：《致胡适》（1921 年），《李大钊文集》下册，第 951 页。
④ 胡适：《胡适的日记》（手稿本）第 2 册，1921 年 9 月 21 日。

尴尬。《新青年》迁离北京后留在北京的一群人同样需要通过某种方式整合起来。终于在 1922 年 5 月，一个新的杂志问世了。只是，这个新杂志与原先胡适所期许的纯学术性杂志全然不同，以"努力"命名的这份刊物，明确指向的是对政治事业的图谋。该刊第 2 号发表的由 16 位学者联署的《我们的政治主张》所列举的"好政府主义"论纲与梁启超的见解如出一辙。

从前或宣言"不谈政治"，或信仰各种主义的一群"清高人士"，竟能平心降格提出"好政府"的主张在思想舆论界也激起热烈反应。赞同的意见大多来自教育界人士，北京几所学校的校长就联署作为宣言的赞成人，批评性回应则较多来自其他政治派别。较之"问题与主义"的论辩，《努力》的创刊对于了解不同思想的交锋，无疑更具意义，其提供了审视思想界"政治歧见"的重要资源。

据张国焘回忆，当时聚集在上海的一群共产党人，认为好人政府的倡导会"阻碍革命思潮发展，将一般人引导到改良幻想的歧途"，故主张"不必顾虑到与蔡元培、胡适等好人政府派的原有友谊"应将"我们的主张公开出来"。[1] 由陈独秀起草的《中国共产党对于时局的主张》就批评"好政府诸君"为"妥协的和平主义，小资产阶级的和平主义"。[2]《先驱》编辑部还发文，"我们要知道好政治与坏政治，不是几个好人或坏人弄成的，乃是一派怎样特殊势力或特殊阶级弄成的"，在北洋派武人势力的基础上建立"好政府"，"未免太空想，太滑稽，而且太不努力了"，"在未实现之前已定了死刑。"[3] 这种论证与批评表明了五四早期倡导自由的同人之间的明显分歧。

（二）分裂的社会原因

分化后的各方所关注的问题或者说能引起分歧的问题应该是多方面的，此处主要试图分析引起这种分歧的社会背景，正是由于中国社会的主要危机与时代要求决定了表面上各方所争论的问题，也构成了这些问题的深层根源。这种社会背景就是：在民族危机下的中国社会正在进行着阶级意识与政党意识的提升和社会力量的重组。[4]

在分析中国 20 世纪政治发展时，邹谠曾提出 20 世纪初期面临的全面危机是

---

① 张国焘:《我的回忆》第 1 册, 东方出版社 1980 年版, 第 231—233 页。
② 陈独秀:《中国共产党对于时局的主张》, 载《先驱》第 9 号, 1922 年 6 月 20 日。
③ 《先驱》编辑部:《批评"好政府"主义及其主张者》, 载《先驱》第 9 号, 1922 年 6 月 20 日。
④ 参见章清:《1920 年代: 思想界的分裂与中国社会的重组》, 载《近代史研究》2004 年第 6 期。

中国社会革命与全能主义政治的共同渊源。① 指出中国的社会革命一开始就蕴藏着全能主义政治的因素。史华慈也曾强调 20 世纪中国政治的发展很大程度上受制于"普遍王权"崩溃后所引发的全盘性危机。重要的是此说不仅指出社会革命一开始就蕴藏着全能主义政治的因素，还阐明了其表现之一，是看到只有先建立强有力的政治机构或政党，然后用它的政治力量、组织方法，深入和控制每一个阶层、每一个领域，才能改造或重建社会国家和各领域中的组织与制度，从而克服全面危机。注意到集团力量涌现所具有的意义，这对于分析思想界的走向，是值得重视的视点，我们应当关心在"全能主义"政治的作用下，思想界的位置究竟如何。

1921 年共产党的成立与 1924 年国民党的改组，称得上是影响中国历史发展的大事。其突出的意义即是列宁主义式政党组织模式的引进，解决了思想日趋多元的社会如何保持一个团体的意识形态信仰。亨廷顿曾评价说，在布尔什维克革命之前，没有一位革命领导人系统论述过如何组织扩大参政并使之制度化的理论，而"布尔什维克关于政党的概念为动员和制度化相关联的问题提供了一个清楚明确的答案。"② 亨氏解释了列宁的政治发展理论对亚洲、非洲及拉丁美洲的现代化产生影响的原因，还特别强调，这个也许是关于列宁模式的政治发展最明显的例子。

用不着多加说明，这里的意味是，20 世纪 20 年代中国社会在重新进行组织，基本标志即是依托"阶级"进行社会动员的"列宁主义政党"的涌现。随着中国社会按照新的方式进行组织，"思想界"实际有一个重新定位的问题。其中所发生的变化，最突出的即是，"思想界"尽管仍以思想文化上的主张争执，但其中所笼罩的却是"思想的立场"与"阶级的意识"。国共两党的壮大，就说明了立足阶级进行广泛的社会动员，既难以避免，也是卓有成效的。费正清充分肯定将无产阶级创造性地转换为"无财产阶级"对于中国革命所具有的意义，可谓见道之论。③ 而与之相应的是恰为"思想界"表征的知识分子，也要被纳入其中，在"革命话语"中按照"阶级"进行重新定位。

陈独秀言说的转变，就显示出五四之后读书人是如何被进行阶级定位，并逐

---

① 邹谠：《中国 20 世纪政治与西方政治学》，《思想家：跨世纪的探险》，上海华东化工学院出版社 1989 年版，第 18—22 页。

② ［美］亨廷顿著，张岱云等译：《变动社会的政治秩序》，上海译文出版社 1989 年版，第 367 页。

③ 费正清主编，杨品泉等译：《剑桥中华民国史》（上），中国社会科学出版社 1993 年版，第 6 页。

步边缘化的。1923年12月陈发表的《中国国民革命与社会各阶级》还谈到读书人"好的方面"，因为戊戌变法、辛亥革命及五四以来的国民运动，"几乎都是士的阶级独占之舞台"，"现在及将来的国民运动，商人工人农民固然渐变为革命之主要动力，而知识阶级（即士的阶级）中之革命分子，在各阶级间连锁的作用，仍然有不可轻视的地位"。所谓"各阶级间连锁的作用"，其实已是对知识阶级"附属"作用的定位，故也指明"小资产阶级的知识阶级，他本没有经济的基础，其实不能构成一个独立的阶级，因此他对于任何阶级的政治观念，都摇动不坚固，在任何阶级的革命运动中他都做过不少革命的功劳，也做过不少反革命的罪恶"。[1]

因为中国进入以阶级方式动员的社会后，读书人所仰赖的那个思想界的凝聚力，是远不能与阶级动员的方式相提并论的。因此，所谓思想界的"分裂"可看作中国社会重新组织的产物。

二　五四自由主义的困境

虽然当时的分裂还不是那么的明显，胡适、李大钊、陈独秀及其他五四同人还能保持一种表面联系，在反对旧军阀、反对封建文化的压制、倡导新文学方面还能在某些层面取得一致。[2] 但五四时期的自由主义者们最终走向了歧路，走向了分裂。

最终承担起自由主义旗帜的最大代表应该是胡适了，但胡适所代表的自由主义却存在着困境，这种困境注定了他不能成为当时中国能够广为接纳的理论，也决定了它最终走向衰败与失败。

（一）学术界对困境原因的描述

殷海光把这种困境表达为"先天不足，后天失调"[3] 八字。"先天不足"是指现代中国自由主义内部思想根基不正，"后天失调"是指其外部环境的欠缺。

关于"先天不足"。胡伟希指出，20世纪中国自由主义思想根源主要来自西

[1] 陈独秀：《中国国民革命与社会各阶级》，载《前锋》第2期，1923年12月1日。
[2] 一个恰当的例证是，胡适等自由主义者所提倡的《我们的政治主张》在发表之前曾和李大钊沟通，而后者也在这个主张上签上了自己的名字。
[3] 殷海光：《中国文化的展望》，上海三联书店2003年版，第255—256页。

方，但自由主义传入中国后发生了重大变形：自由主义被作为救亡的工具和手段，加以使用，遮蔽了其内在的价值；个体至上的原则被弱化；经济自由主义被忽视；受"精英政治"思想支配，与民众保持有天然距离；视理性为万能，使自由主义没有发展成西方近代那样声势浩大的社会改革运动等。他们在试图用自由主义的理论来解决中国现实问题时，面临着如下基本悖论：1.工具理性与价值理性的冲突，作为工具之自由主义与作为理念之自由主义之间存在一种紧张关系。2.观念人物与行动人物的脱节。3.激进与保守的困惑。他还指出，中国近代自由主义的失败并非偶然，首先，自由主义者大多是现代化论者和爱国者，希望中国通过现代化道路而进入世界强国之列，但由于他们缺乏对中国近代国情的真切了解，也割裂了西方国家现代化发展过程中的历史与现状，试图将西方国家实现现代化的传统全盘照搬到中国，犯有教条主义与形而上学的错误；其次，自由主义者大抵是一些"个人主义者"，有轻视群众和群众运动的先天局限。①

关于"后天失调"，美国学者格里德指出："自由主义之所以失败，是因为中国那时正处在混乱之中，而自由主义所需要的是秩序……它的失败是因为中国人的生活是由武力来塑造的，而自由主义的要求是，人应靠理性来生活。简言之，自由主义之所以失败，乃因为中国人的生活是淹没在暴力和革命之中的，而自由主义则不能为暴力与革命的重大问题提供什么答案。"②许纪霖指出："国共之间的分裂与内战，使得这一出色的社会民主主义纲领无法获得其实践的机会，中国也就从此与自由主义的中间道路失之交臂。一旦战争的暴力替代了理性的对话，自由主义也就失去了其生存的最基本空间。"③喻冰以"无地自由"来形容胡适自由主义思想遭冷落的命运："社会现实难以容纳胡适的主张。胡适的自由主义无法摆脱或超越多重困难和困惑，终使理论归于沉寂，理想化为泡影"④。在暴乱、峻急的社会氛围中，在保守主义与激进主义左冲右突的尴尬际遇中，胡适等自由主义者显得孤寂而落寞。

有很多论者注意到了近代中国自由主义忽视经济自由竞争这一缺陷。经济自由是自由主义的核心价值，因此，忽视经济自由这一缺陷是根本性的。肖滨指出："正是经济自由主义的缺席导致现代中国自由主义的思想根基相当脆弱"⑤。

---

① 胡伟希：《十字街头与塔——中国近代自由主义思潮研究》，上海人民出版社 1991 年版，第 201 页。
② ［美］格里德：《胡适与中国的文艺复兴》，江苏人民出版社 2005 年版，第 282 页。
③ 许纪霖：《社会民主主义的历尘遗产——现代中国自由主义的回顾》，载《开放时代》1998 年第 4 期。
④ 喻冰：《无地自由——论胡适的自由主义思想》，载《齐齐哈尔大学学报》2001 年第 1 期。
⑤ 肖滨：《现代中国自由主义的自我转换——以殷海光思想的演变为例》，载《开放时代》1998 年第 4 期。

陈橹等撰文分析了近代中国自由主义在经济上普遍排斥私有财产权和市场机制的原因，指出其原因在于：在自由主义被当作救国工具的前提下，其核心价值不能不被时代性的民族主义夙求所遮蔽；中国传统价值体系中道德至上倾向和对经济生活的陌生与鄙视、政治全能主义、大同思想，也深刻制约了中国自由主义的价值偏好，知识分子对社会转型的不适应和对扭曲的市场经济的抗议，而产生了超越市场经济的道德幻想；同一时期世界性的左翼思潮及对统制经济的迷信，也影响了近代中国自由主义者的选择。①

　　林毓生在《五四时代的激烈反传统思想与中国自由主义的前途》中指出了五四时期注重个人独立自主的自由主义与激烈的反传统之间的关系。对于五四自由主义知识分子而言，"获得独立之自由的主要意义在于从传统中国社会与文化束缚中求得解放。因为，他们认为传统中国社会和文化加诸个人的压抑实在太过苛刻。因此，争取个人独立之自由，对五四自由分子而言，主要是指：从压制个人自由的传统中国社会与文化中解脱出来。然而，由传统中国社会与文化压抑下解放出来的自由，并不与西方个人自由的观念相同；西方个人自由的观念导致个人价值在伦理上的基设，而五四时代，个人自由的观念却是随着反抗中国传统社会与文化对个人的压抑而增强的。易言之，五四时代早期，对个人愈形显著的关怀是激烈反传统思想兴起的结果。"因此，在他看来，就像当时抗议社会压抑个人的西方文学作品很受欢迎一样，"中国知识分子所以接受西方个人主义的思想和价值，主要是借它来支持并辩解反传统运动。"②因此，对个人价值的弘扬并不是根本目的，而至多只能是一种工具需求，其开始是为了反抗传统，后来随着民族主义的高涨，这种本来就不被作为终极价值的个人主义就随之受到了削弱。虽然这种分析有失偏颇，个人主义与反传统之间究竟是否一直存在着工具与价值之间的关系，以及谁为工具谁为价值这个问题并不是这个论断所能概括的，但却指出了五四自由主义在对待传统问题上存在的致命缺陷。

（二）对此困境的论述

　　五四自由主义在后来的分化以及分化后的衰败，既有理论自身的原因，也有时代环境的原因，也与理论倡导者的思维方式有极大关系。本书就是从这几个大

---

① 陈橹、杨勇：《近代中国自由主义的思想偏差及原因分析》，载《南京社会科学》2003 年第 8 期。
② 林毓生：《中国传统的创造性转化》，生活·读书·新知三联书店 1988 年版，第 163—164 页。

的方面来分析五四自由主义的困境。

1. 五四自由主义与中国反帝任务等中国政治现实的背离是其失败的主要原因

民族主义是近代以来民族在其生存与发展过程中产生的，是建立在对本民族历史和文化的强烈认同、归属、忠诚的情感与意识之上的，旨在维护本民族权益、实现本民族和民族国家的发展要求的思想观念或意识形态，而这种思想观念和意识形态往往会演化为民族主义运动。如卡尔顿·海斯认为："民族主义是两种极其古老的现象——民族性和爱国主义的现代情感的融合和夸大。"[①]汉斯·科恩认为，民族主义是一种思想状态，它要求对民族国家怀有至高无上的忠诚。[②]安东尼·吉登斯说："'民族主义'这个词主要指一种心理学的现象，即个人在心理上从属于那些强调政治秩序中人们的共同性的符号和信仰。"[③]《布莱克维尔政治学百科全书》是这样解释的：民族主义是一种政治上的学说和情感，是一种迄今为止世界上最强有力的意识形态。[④]还有学者指出民族主义不仅是思想观念形态的东西，也是一种现实的运动。约翰·布勒依认为民族主义是一种政治形态，它指寻求和掌握国家权力的政治运动，并用民族主义为理由去证明这种行动的正当性。[⑤]安东尼·史密斯也认为民族主义是意识形态和政治运动的结合体，它包括特定的语言、意识和象征。[⑥]有的学者把民族主义的涵义归纳为三重：心理状态或思想观念；思想体系或意识形态；社会实践或群众运动。

近代中国民族主义是在外国列强的侵扰下，由于民族危机而逐渐形成的。民族主义形成的这种背景对于中国自由主义者和中国的其他社会力量产生了很大影响。一方面，当时中国救亡图存的民族主义者都需要对外国列强有一种合理的认识，对帝国主义者的反抗是民族主义的应有之义。另一方面，很多的杰出之士是从外国留学回来的，在他们看来，当时解救民族危亡就是要向西方学习。因此如何对待帝国主义就成为他们需要思考的问题。

毫无疑问，当代中国的许多自由主义者都是具有鲜明的民族主义感的，但在

---

① 周平：《民族政治学导论》，中国社会科学出版社 2001 年版，第 166 页。

② Hans Kohn: Nationalism: *Its Meaning and History*, D. Van Nostrand Company. Incl955,9th.

③ 安东尼·吉登斯：《民族国家与暴力》，生活·读书·新知三联书店 1998 年版，第 141 页。

④ 《布莱克维尔政治学百科全书》，中国政法大学出版社 2002 年版，第 530—531 页。

⑤ John Breuilly: *Nationalism and the State*, Mancheste University press. 1985,3rd.

⑥ Anthony D Smith: *National Identity* , University of Newada Press,1993,the preface.

对待帝国主义问题上，却存在一定的认识误区。就拿胡适来说，它也是那个时代坚定的爱国主义者和民族主义者，他指出，现代中国的根本问题是救国与建国——建立现代民族国家的问题。"我们的问题是救国，救这衰病的民族，救这半死的文化。"① "现代化是为什么？岂不是为了要是这个国家能站在这个世界里？——这一切工作，本来都只是为了建立一个更满人意的国家。"②

但胡适的民族主义和爱国主义有其自己的特点，张汝伦先生将其概括为"批判的民族主义立场"③。具体来说表现为两方面：在对待帝国主义与国内问题的关系上，虽然承认帝国主义对中国的欺凌和压迫，但认为中国积贫积弱的首要原因在国内自身，中国自身的问题解决了，外国列强的侵扰也就自动不可能了。在对待传统文化和民族认同问题上，追求世界主义和普遍主义的立场，认为中国自身的传统文化不能成为民族自信心的基点，合理的途径就是通过反省自身的民族文化的弊端，通过西化亦即引进西方的观念、技术重建中国的民族认同。

胡适指出，"我们的真正敌人是贫穷，是疾病，是愚昧，是贪污，是扰乱。这五大恶魔是我们革命的真正对象，而他们都不是用暴力的革命所能打倒的。"这五大敌人中不包括帝国主义，"因为帝国主义不能侵害那五鬼不如之国。帝国主义为什么不能侵害美国和日本？为什么偏爱光顾我们的国家？岂不是因为我们受了这五大恶魔的毁坏，虽没有抵抗的能力吗？"在胡适看来，"这些病根不除掉，什么打倒帝国主义，什么民族复兴，都是废话。"④

胡适对待中国问题的态度是责己不责人，帝国主义虽然存在，但国内问题才是民族危机的根本原因，这有道理。但认为帝国主义者在本质上还是希望中国能富强起来，只要中国自己问题解决了，帝国主义的问题就不会存在了，这就难免低估了帝国主义对中国事务的控制与干预目的与程度，以为列强会听任中国人把自己的问题处理好，这难免有些天真了。既没有认清问题所在，也没能很好地调动国人的民族主义与反帝激情。

民族主义的另一个特点是有意识地建构一个光荣伟大的传统和过去，以增强人们的民族自豪感和自信心。胡适在此问题上却指出了另一种民族主义的道路：我们的民族自信心不应该站在祖宗光荣的基础上。他说："我们的民族自信心必须

① 罗志田：《胡适与社会主义的离合》，载《学人》第四辑，第 515 页。
② 胡适：《建国问题论》，《胡适文集》第 11 册，第 356 页。
③ 张汝伦：《现代中国思想研究》，上海人民出版社 2001 年版，第 220 页。
④ 胡适：《我们走哪条路》，《胡适文集》第 5 册，第 361、362、353 页。

站在'反省'的唯一基础之上。反省就是要闭门思过，要诚心诚意的想，我们祖宗的罪孽深重，我们自己的罪孽深重；要认清了罪孽所在，然后我们可以用全副精力去消灾灭罪。"①中国只有西化，引进西方的观念、文化、技术及自由理念、实用主义等来改变中国传统文化的深重弊端，在新文化的基础上重建中国的民族自信心与自豪感。这种民族虚无主义本身就与建立民族的自豪感相背离。中国的自由主义者，在相当大程度上没有足够的政治现实感，虽然有改革现实、建立美好社会的愿景，但他们在主观上或者不愿参与到政治的泥潭中，如一个时期内的胡适，投入到学术考据中，企图通过思想文化层面的变革，为政治变革造成一个思想和社会的基础，这就表现为对时代要求和社会现实的漠视；或者参与政治，但只是主张改革现实，反对激烈的革命，试图通过与政治上层的合作进行一点一滴的改良，逐步改革现存政治的弊端，这就要求他们能与现实政治妥协。这样造成的一个困境就是，或者接受现实政治的安排，成为当权政治的一员，这就会危及到他们自身的自由要求；另一种可能性就是，受传统中国士大夫的行为准则的影响，他们在现存政权之外针砭时弊。实际上，这两种情况是中国自由主义者在相当长时期的行为方式，他们既要求通过现存政权实现自己的改革愿望，又批判现存政权。而其后果只能是：既不能反映下层社会人民的政治要求，不能理解时代的激烈革命任务，不能争得革命者的长期同情与合作；也不能争得现存政权的认可，因此其改革诉求只能是一种存在于政治之外的批判，或者融进政权成为非自由主义者。

虽然自由主义运动总是由自由主义知识分子所发动的，但它的成败与否，并不完全取决于知识分子，而有赖于社会结构的深刻变迁，特别是中产阶级的崛起。尽管辛亥革命之后，中国社会阶层呈逐渐分化之势，市民社会有初步发展，但并没有完全形成一个自由主义能够依属的中产阶级。中国自由主义者主要是少数城市知识分子，而中国人口占绝大多数的还是自然经济条件下的农民和地主，以及少量的无产阶级和大资产阶级，这就注定了自由主义是缺乏阶级依属的无根之萍。虽然在一定的历史时期，自由主义在舆论上声势浩大，却并不意味着其社会层面的力量雄厚。而且，自由主义者往往过高估计自己，以为国共两党分别代表社会左右两头的小势力，而自己才代表占人口大多数的中间阶层，它不愿正视社会中利益集团的分化，找准自己的依靠力量，而只是抽象地宣称自己代表广大的中间阶级，但由于缺乏体制上的保障和可以具体实行的措施，这种代表和被代

① 胡适：《信心与反省》，《胡适文集》第5册，第389页。

表者之间根本无法建立起利益的固定联系。因此所谓"代表"，只不过是一相情愿的书生气想象，既未实现真正自由的选举，也完全无法拥有深厚的阶级基础，他们至多是一个自由知识分子的联谊团体。

中国的自由主义者，其所关心的往往都是知识分子感受最深刻的政治不自由，而对社会底层更关注的社会公正和经济平等问题漠然无视。从 1914 年到 1936 年，中国资本主义的发展深刻地颠覆了传统中国的社会秩序和城乡一体化结构，造成了都市与乡村、沿海与内地的严重二元结构。随着资本原始积累的增加，财产和收入的巨大不平等也出现了，而且以传统中国从未有过的尖锐方式出现，社会呈现严重的对立局面：一极是在资本主义发展中得到巨大利益的政治、军事统治集团和具有垄断性质的金融资产阶级；另一极是随着内地和乡村日益凋敝而生活每况愈下的底层农民和城市贫民。到了 20 世纪 40 年代，由于战争而引起的资源空前短缺和由于通货膨胀而触发的经济恶化，使得包括知识分子和普通民众在内的绝大部分人民的生活陷于普遍贫困化。与此同时，在这普遍的贫困中，上层利益集团却借助垄断权力，大发国难财。严重的结构性腐败，令少数权贵占据了社会绝大部分的稀缺资源，这种背景下，中国自由主义者既不能回应社会发展过程中的社会公平要求，也远远游离于中国最底层的社会民众的要求之外。

胡适历来主张社会改革要从具体问题抓起，社会进步需日积月累，逐步实现。他认为改良容易为当政者所接受，并可以防止大的社会动荡，收到预期的社会效果，真正化解中国社会内部的诸种矛盾。然而，中国的政治环境却远离着他的个人设想。解决具体问题自然是渐进改良，但正因为它具体，往往涉及具体的人与事，反而容易触犯执政者。旧中国的政治是专制、独裁、暴政集于一身，它不可能虚怀若谷、礼贤下士，接受胡适等反对派的意见，更不能容忍异己势力的存在。这就注定了当政者与在野的自由知识分子之间的日益疏离，难以建立起真正的合作关系，更不可能就自由主义所刻意追求的自由、民主、人权、法治等基本原则达成共识，难怪汤尔和对胡适说："我劝你不要谈政治了罢。从前我读了你们的时评，也未尝不觉得有点道理；乃至我到了政府里面去看看，原来不是那么一回事！你们说的话几乎没有一句搔着痛处的。你们说的是一个世界，我们走的又另是一个世界。所以我劝你还是不谈政治了罢。"[1]这是朋友给胡适总结的"谈政治"处处碰壁的原因。

---

① 胡适：《这一周》，《胡适文集》第 3 册，北京大学出版社 1998 年版。

中国五四时期自由主义

在半殖民地半封建的旧中国，整体危机的解决，需要一场根本性的革命。而胡适却仿照西方自由主义的主张，企盼用思想的启蒙、理性的拓展和科学的增长来消除社会危机，推动社会进步。这对于一个受封建势力长期浸泡，传统势力根深蒂固，现代意识空前缺乏的国家来说，岂不是异想天开！胡适想借助舆论的力量，通过创办报纸杂志，参与社会政治、发挥舆论监督作用、宣传自由主义、改良主义的主张。然而批判的武器毕竟代替不了武器的批判，胡适的努力自然是遭受着一个接一个的挫折。

实际上自由主义者所依赖的"舆论"，既没有强制性，也不够清晰明了，以至于根本不足以来完成他们对舆论所赋予的管理监督功能的期望，加之胡适从西方搬来的自由主义理论缺乏与之配套的实际运用于中国的操作运行规则，因而他的自由主义主张对中国社会随时出现的各种偶然性干扰因素，诸如暴力、扰乱等都无法作出适当的反应，对于政治生活中的非程序操作更是无力加以制止。所以在中国，自由主义对中国人所愈来愈关切的中国整体问题并没有清楚的指示，也没有提供解决问题的真正有效的办法，它所展示的共和国的蓝图、现代化的未来也只能成为纸上的痕迹，失去了应有的光彩。

胡适的自由主义理想，弥漫着一股乌托邦式的超然气息，必然陷入了孤军奋战的窘境。胡适的自由主义主张，胡适的热望，都表明他误读了中国国情，使他对普通民众的社会需求和个人生活的现实条件缺乏真实了解和深切的关注。在旧中国，对绝大多数民众而言，"自由"首先不是指他们持有自由意见的平等自由，而是免除饥饿、剥削，改善和争得衣食住行等人身需求的基本生存自由，对于众多农民来说，他们所关切的是土地问题。胡适似乎超然于民众所饱受的苦难之外，一味地倡言思想自由、信仰自由、言论自由的权利和政治参与权利，而这些都是和社会文明走向工业化、城市化、市场化、世俗化联系在一起，是和一大批中产阶级的利益联系在一起的。可见，胡适自由主义主张中的重心离开了中国人民的最大多数——普通的民众，也就不能组织起一支有实际影响的、独立的政治力量，自由主义运动必然遭致流产。

胡适所热心的自由主义运动，不以解除民众的痛苦为己任，相反，高居于民众之上，缺乏对民众的信任。胡适并不真正懂得中国的民众，也没有与民众息息相通，他很少甚至藐视参与群众性的政治运动，与轰轰烈烈的大众生活总是相隔太远，他喜欢坐而论道，一副学院派的处世方式，结果是与广大民众之间画了一道无形的难以逾越的鸿沟，产生了隔阂与疏离，因而无法把自己的思想理论变成现实的物质力量，无法找到民主政治与普通群众的结合点，故其张扬的"自由"、"民主"观点除了在自由知识分子中产生共鸣外，缺乏应有的社会基础。一种失去民众支持与响应的理论，纵使有其合理性、超前性，也必然导致其理论生命的枯竭，政治实践的失败。

综观近代中国自由主义的历史，不难发现在政治上它夹在革命与暴政之间；在文化上它夹在激进主义和保守主义之间。对于前者，格里德曾经指出："自由主义在中国的失败并不是因为自由主义者本身没有抓住为他们提供了的机会，而是因为他们不能创造他们所需要的机会。自由主义之所以失败，是因为中国那时正处在混乱之中，而自由主义所需要的是秩序，自由主义之所以会在中国失败，乃因为中国人的生活是淹没在暴力和革命之中，而自由主义则不能为暴力与革命的重大问题提供什么答案。"①

中国自由主义虽然具有鲜明的工具论特征，但它并不是政治投机主义，因为富强之道在中国的自由主义理念中已经成为一种终极性价值，即属于中国哲学本体意义上的"道"。西方意义上的自由主义尽管被误读，但它毕竟内涵了真正的自由主义理念。尽管物质决定意识，尽管现实是观念产生的基础，但思想一旦成型，又按照自己特有的规律运动。以下通过中国自由主义的政治形态（即近代中国自由主义运动史）与其理念形态的比较，试图阐明自由主义理论上的混乱如何导致其在现实中的顿挫和失败。

第一，理念与行动的冲突。尽管中国自由主义者是在工具意义上引进西方式自由主义的，但他们一旦接受自由主义，并赋予其实践的品质时，后者就转化为指导前者行动的信念。于是，自由主义观念在近代中国历史条件下的现实运动中，工具理性与价值理性的冲突就难以兼顾，由此导致了近代中国自由主义的困境之一——理念与行动的背离，要么无法在近代中国加以贯彻，因而无法达到改造世界目标的自由主义原则，要么为了获致国家富强的目标而不得不讲究策略的运用和对自由主义思想观念的突破。近代中国的自由主义者一方面受儒家思想影响，对现实政治表现出一种深切的关怀，并希望参与、影响实际的政治生活；但另一方面，由于接受西方自由主义的洗礼，他们又能够清楚地意识到传统知识分子介入政治的弱点：即使不为名利，一旦步入官场（政治）就无法逃脱官僚身份的约束而超然独立地表达其政治见解，甚至成为官场政治的附庸。所以中国自由主义

---

① ［美］格里德著,鲁奇译:《胡适与中国的文艺复兴》,江苏人民出版社 2005 年版,第 377—378 页。

者要求革新政治。他们公开标榜不做官，只以社会良心与社会舆论的代言人发表政见，对政府政策的形成和实施形成监督与压力，从而避免政治腐败。这种介入政治的方式也符合自由主义关于思想、言论自由的理想，体现了现代民主政治要求。在他们看来，反映民意、制造舆论远比到政府部门担任公职发挥的政治作用大。由此我们可以想象从 20 世纪 20 年代至 40 年代为什么自由主义一直要占据舆论宣传阵地。

但是，通过舆论影响政治当局的设想在缺乏言论、出版、集会自由等公民基本权利自由的社会里极易变为泡沫，"忠诚的反对者"也很容易被视为"异端"。这迫使他们调整策略从而介入政治活动，方式之一是直接进入政府部门促使自由主义思想的实施，但这样一来，不仅与代表民意与社会舆论的原则设想相违背，而与他们最初注重思想启蒙、不谈政治的初衷相背离。如果说 1919 年之前，中国自由主义者对一些重大政治事件（如袁世凯复辟帝制）还只是停留在政治评论上，那么 1919 年之后中国自由主义者逐渐有不得不谈政治的倾向。1921 年，胡适在《晨报》副刊上发表《好政府主义》一文，"既不把政府看作神权的，亦不把政府看作绝对的有利无害的，只是把政府看作工具，故亦谓之工具的政府观"。文章还提出实现"好政府主义"的几项基本原则：视政府为中性的"工具"以及现实政治与"好人"的结合。这标志着中国自由主义的重大转向：如何限制与防止政府对公民权利的侵犯这一自由主义核心，不再是中国自由主义关注的重点——为了实现自由主义政治主张，它需要与政治权力相结合。1922 年 5 月，蔡元培、王宠惠、罗文干、汤尔和、陶行知、张慰慈、高一涵、胡适、丁文江等发表《我们的政治主张》的宣言，提出"好政府"的消极原则、积极原则以及政治改革"一原则"。同年 9 月，几位宣言签名人（王宠惠、罗文干、汤尔和）被任命为内阁成员。但不到一个月，"好人政府"便狼狈下台。

总之，通过"从政"来贯彻自由主义政治理想、促进社会改革的设想是与其理念相矛盾的：坚持自由主义操守，按照自由主义理念行事，迟早会被排挤出政府部门；要长期通过在政府部门任职来改造社会又必须以放弃理念为代价，成为政府政策的应声虫。

第二，激进与保守之间的徘徊。中国的自由主义者一方面被称为"反传统主义者"，另一方面又被称为"改良主义者"。的确，近代中国的自由主义者具有折中调和的品质，这种品质既不为当局所欣赏，也不被革命者所同情，由此形成近代中国自由主义的困境之二——在激进与保守之间的徘徊。

在理论上，中国自由主义者是历史进化论者，相信人类历史是不断向前发展、进步的过程，而这一过程是通过逐步积累来完成的，因而他们提倡以和平、渐进的方式进行社会改造。但由于中国的自由主义者又是理性主义者，重视"理性"或"理智"的作用，视科学理性为万能，唯有使理性得到充分发挥，社会才会进步以至趋于完善。进化论景观中的"理性崇拜"反对暴力革命，崇尚社会改造，并认为社会改造应该通过人的理性设计来实现，人的主观能动性可以促进社会变化的速率。按照进化论思想，西方文明和西方自由是中国社会进化的方向，既然中西文明最大差别在于思想，那么思想文化的改造就是其他一切社会改造的先决条件，因此，对于西方文化的接受应该是"全盘性"的。不同于像鲁迅、陈独秀那样富于浪漫主义、人文主义气质的启蒙思想家，中国的自由主义者对传统文化的批判虽然也指向其价值观念，但这种批判不是基于中国文化违反人性，具有根本的不合理性，而是依据工具性的不合理，即它无益于中国社会与人生问题的解决。自严复开辟了"全盘西化"的先声，并经历了五四新文化运动，直到20世纪三四十年代的胡适们几乎都是"全盘反传统主义者"。

反传统主义在现实中却披着政治保守主义的外衣。严复在戊戌变法运动中，以"民智"低下为由反对康有为的全面政治改革主张。在《拟上皇帝书》中，他一再劝诫光绪皇帝对新政政纲"三思而后行"；在袁世凯企图复辟帝制前，严复是"筹安会"成员之一，他期望"强人"出来稳定辛亥革命后出现的混乱政局，而不论他是否为民主共和主义者。20世纪30年代初的"民主与专制"的论战，代表了一部分自由主义者放弃了自由理想而提出建立一个现代独裁政体的看法，在这一部分知识分子看来，中国当时的情况下"不革命没有出路，革命也没有出路"，他们担心革命会造成更大的混乱，因而提倡新式独裁来加强现政权的力量，以推进自由主义理想的实现；由理念困境所导致的现实困境终于使中国自由主义者的焦躁情绪达到"病急乱投医"的地步。对于自由主义来说，专制与民主水火不容，民主政治是不成为问题的问题，但由于自由主义在现实中的碰壁，作为工具理性的自由更关注现实的策略，于是就有自由主义者对专制政治向往的这一历史怪现象。

如果说自由主义在20世纪40年代之前表现为功利主义式的对具体问题的关注而忽视思想原则的话，那么到40年代末期，自由主义则表现为典型的折中调和主义——对于第三条道路的向往和对社会主义的广泛吸取。于是，除了像胡适这样的所谓"正统自由主义"，大多数自由主义者转向激进自由主义，民主代替了自由成为热门话题。自由主义理论上的混乱终于到了不可收拾的地步，而自由主义阵营的进一步分化则标志着自由主义在中国的最后命运。

从社会时局背景来看，自由主义倡导的渐进、改良理念与民族救亡的时代主题格格不入。近代中国在走向现代的过程中，由于古老大国的国力衰落，成为诸多新兴资本主义国家侵略掠夺的对象，几乎整整一个世纪中国都处于危机之中，留下许多惨痛的悲剧。内忧外患时代的主题就是民族救亡，因此在激烈与保守的选择中，激进主义往往占上风，因为从普通大众到知识分子都寄希望于与过去时代彻底决裂，用最快最彻底的手段和方式整合社会资源，重建一个大帝国，以恢复天朝大国的民族自尊心和自豪感。尽管中国很多的自由主义者后来都变成了激进主义者，从五四时期胡适的激进反传统到"民盟"诸君子的一揽子方案，无不有同样的倾向，但以崇尚秩序、主张社会渐进改良为政治核心理念的自由主义并不能为暴力与革命等重大问题提供答案。中国的自由主义者也回避革命，恐惧战争，从而不能正视现实、正确分析中国当时的国情，因而游离于时代主题之外。

2. 对待传统的态度与本身学理的缺陷是其失败的文化原因

中国的自由主义者既脱离传统，又受到传统思维模式的限制。为了实现个人自由，必然要求破除传统社会、文化的束缚。但他们对待传统的态度却又深受传统思维模式的影响，林毓生把这种影响概括为：五四自由主义者相信思想与文化的变迁必须优先于社会、政治、经济的变迁，他们的"借思想、文化以解决问题的方法"便极其明显地受到自孟子和荀子以降的儒家"强调人类意识的功能"的思维模式的影响。[①]

这里就涉及对传统的理解问题了。问题在于我们用以分析传统的思想方法。我们既要看到传统之特殊性、历史性的一面，又要看到传统之普遍性、超越性的一面。此即关于传统的辩证法：超越性体现在历史性之中。为此，我们的基本方法是对文化进行"二重分析"，这就是说对于任何民族任何时代的文化传统，我们都认定它包含至少两个层面的内容：一是特殊的形而下的历史的层面，它是"器"，是"变易"的；二是一般的形而上的超越的层面就是"道"，是"不易"的。否则我们就无法说明文化的继承性；然而我们都承认，文化是有继承性的。倘无"继承"的观念何来"发展"的观念？必有继承，始有发展。抛弃的只是特

---

① 林毓生：《五四时代的激烈反传统思想与中国自由主义的前途》，《中国传统的创造性转化》，生活·读书·新知三联书店 1988 年版，第 168 页。

定性的历史性的东西，继承的则是普遍性的超越性的东西。

可是中国的自由主义者们往往不是这样来看待我们的文化传统的。在他们看来，传统文化是自由的大敌，作为中国传统文化主流的儒家思想更是自由的枷锁、扼杀自由的罪魁祸首。

在反传统问题上，一向以和平改良著称的胡适也跟陈独秀一样是相当激进的。他引证以反传统著称的尼采，要"重估一切价值"。这种尼采式的"重估一切价值"的态度是五四时期自由主义者的基本态度，胡适称之为"评判的态度"亦即批判的态度。为此胡适激烈地批判了传统的贞操观、孝顺观，最后矛头直指封建的礼教、孔教。"这个道理最明显：何以那种种吃人的礼教制度都不挂别的招牌，偏爱挂孔老先生的招牌呢？正因为二千年吃人的礼教法制都挂着孔丘的招牌，故这块孔丘的招牌——无论是老店，是冒牌——不能不拿下来，捶碎、烧去！"①

一种外来的文化思想，在传入某一国度时必然要与该国原有的思想价值发生接触，在交互作用下两者都会产生某种变异。自由主义作为一种外来文化，在传入中国后受到了传统价值的改造，从而造成了中国自由主义对财产私有制度和市场经济机制的疏离和排斥。

中国的自由主义本身属舶来之物，非传统内生长出来，并与其他各色思潮杂合修正之物。而自由主义传入时，中国社会正面临剧烈的转型和动荡，中国自由主义者更多地关注工具层面的各种社会改革措施，而缺乏学理上的深入探讨，对自由主义思想体系内部的各种矛盾，如自由、平等、公正等之间的价值理念冲突缺乏足够的认知，加之对自由主义的原典如洛克、休谟、斯密、密尔等人的著作知之甚浅，对自由主义的一些基本原则也体会不深。因此，一到时局的紧要关头或面临错综复杂的矛盾时，要么鼓吹"新式独裁"，成为新保守主义，要么放弃理性立场，倒向激进的民粹主义。

这种学理积淀不足的明显标志便是自由的价值本身很大程度上是作为一种工具性需求存在，是为了解救民族危亡，是为了实现民族独立或者国家富强的。有学者鲜明地将此种情况概括为自由主义者的"工具理性"与"价值理性"的冲突。②

马克斯·韦伯在考察西欧资本主义文明的起源时，曾提出价值理性与工具理

---

① 胡适：《吴虞文录序》，《胡适文存》第一集第四卷。

② 杨成虎：《近代中国自由主义的困境》，载《江汉石油学报》（社科版）2002 年第 4 期。

性的概念。"价值理性"是一种基于某种特定的价值判断或意识形态而有意识地相信自身行为的价值,不算计其结果都要完成的态度;"工具理性"则是一种基于功利的目的而将各种可能采取的手段及其可能的后果一一纳入考虑、算计的态度。借助韦伯的这一对概念,我们不难发现:近代中国自由主义者对西方自由主义的接收与吸纳是基于工具理性的,亦即把西方的自由主义作为达到特定的合理目的——救亡图存、富强中国的工具和手段。在他们看来,解决近代中国面临的政治危机和各种社会问题,自由主义是最好的思想武器。

尽管中国自由主义者努力追求"西化",但无论在观念层面还是在现实层面上,他们都未达到"食洋不化"的地步。毋宁说,中、西自由主义的理念系统还存在着巨大的差异与分歧。这些差异和分歧既是近代中国自由主义者对西方自由主义"误读"所造成的"错置具体感的谬误,"①也是他们为适应近代中国社会发展的历史要求而作出的有意识变更与策略性调整。具有讽刺意味的是,正是这种实用主义心态及在此心态支配下的对西方自由主义的工具性解读,最终导致了其理论上的困惑与悖论。

鸦片战争后,中国人就始终处于以不足的思想资源和认知能力应对无尽的新变化的窘境中。以天下为己任的传统造就的救世热情,促使一代代中国知识分子不可能安心于思想的长期积淀,而是急于成就立竿见影之效。当外患日亟,而内部政治、社会、文化均面临解体危机时,以知识分子为代表的精英和社会大众对摆脱危机的渴望远胜过对长期性问题的权衡。在对源自西方的现代知识的引入和应用中,在价值排序上不可避免要急于解决急迫的文明共同体存亡问题,西方完整而精致的思想体系成为救不了近火的远水层。实现政治秩序、社会整合和文化认同以应对挑战,只能从现成的知识体系中挑出能很快见效的成分以解救危局。自由主义的精义在于尊重个人权利而不是集体安全,但置身于急迫时局中的中国自由主义者的现实关怀,不能不赋予自由主义难以承担的救世功能。即使仅从扩大社会影响考虑,由于自由主义价值与中国社会传统价值的冲突使之难以吸引民众,再加上缺乏现世功用会使其更加受人冷落。自由主义者本身所承继的历史惯性和现实需要都使他们不能不背上无力承担的救世重任,经济统制则是为承担救世责任进行的选择。

因此,在近代中国自由主义者看来,自由主义除了指个体自由外,还常常用

---

① [美]本杰明·史华兹著,叶凤美译:《寻求富强:严复与西方》,江苏人民出版社 1996 年版,第 6 页。

以指国家、民族的自由或"自治"。中国自由主义由于关心国家独立甚于个体主义自由，因而更为欣赏作为整体的国家、民族的独立或自治，反对"独善的个人主义"，提倡立志于社会改造的"非个人主义的新生活"[1]。在他们的学说中，个体自由与民族的独立、自治之间始终存在着一种需要协调的关系，但当时民族危机的加重，加上个人主义本身未成为一种系统化的理论体系，以及未能合理地把民族主义统辖进自己的理论中，就像殷海光指出的，自由主义者未能充分认识到，在民族危亡的形势下，需要的是"一个强有力的中枢政府，这个中枢政府必须对外能够抵御侵略；对内能够结束军豪混战，完成国帮的统一；并且从事大规模的现代化的建设工作，藉以将中国从列强的压迫、国家的内乱和人民的贫困与落后里拯救过来。"[2] 因此自由主义被民族主义所取代，并最终受到保守主义压制和被革命的社会主义思潮所取代，这是情理之中的。

3. 五四自由主义本质暴露使先进的中国人果断抛弃自由主义

当 1918 年 11 月 11 日，第一次世界大战结束，中国作为所谓的战胜国到处弥漫着"公理战胜强权"的情绪。当德国投降的消息传到北京的时候，北京各个学校放假三天庆祝胜利。尤其是胡适宣扬第一次世界大战的胜利是美国民主自由的胜利，大加宣扬美国总统威尔逊。胡适在演说中说："这一次协商国所以能大胜，全靠美国的帮助，美国所以加入战国，全是因为要寻一个'解决武力'的办法。""如今且说美大总统所主张，协商各国所同声赞成的'解决武力'的办法是什么？"即："把各国私有的武力变成了世界公有的武力，就是变成了世界公有的国际警察队了。这便是解决武力的办法。"[3] 1919 年 1 月，巴黎和会开始，社会各界舆论中就充满了更多不切实际的幻想，报纸杂志更多的是庆祝的文章，上海《民国日报》在 1919 年 1 月 5 日发表的一篇文章中，把欧战的胜利说成是"协约国及美国之大战成功"，说这次巴黎和会召开时，中国可以"挽百十年国际上之失败"，使中国能够"与英法美并驾齐驱"。一个作者在题为《欧战后中国所得之利益》的文中，不仅幻想在巴黎和会上中国关于废除不平等条约的提案会成功，而且除了和会讨论范围以外，中国还能够获得许多根本利益。

但是，巴黎和会上废除"二十一条"、归还山东主权等问题的失败很快传到

---

[1] 胡适：《非个人主义的新生活》，载《新潮》1920 年第 2 期。
[2] 殷海光：《中国文化的展望》，上海三联书店 2003 年版，第 185 页。
[3] 《北京大学日刊》1918 年 11 月。

国内，人们的悲愤情绪达到了极点，中国外交的失败很快使中国人民认识到了帝国主义的本来面目，也认清了中国自由主义的本来面目。列宁说："一九一四——一九一八年的帝国主义战争，在一切民族和全世界被压迫阶级面前，特别清楚地揭露了资产阶级民主词句的虚伪性，在事实上表明，标榜为'西方民主'的凡尔赛条约是比德国容克和德皇的布列斯特——里托夫斯克条约更加野蛮、更加卑劣地压在弱小民族头上的暴力。国际联盟和协约国战后的全部政策，到处加强先进国无产阶级和殖民地附属国的一切劳动群众的革命斗争，使所谓在资本主义制度下各民族能够和平共居和一律平等的市侩的民族虚幻更快地破产，从而更清楚更尖锐地揭露了这个真理。"[1] 然而中国先进的知识分子并没有止步，他们从俄国革命的胜利中看到了曙光，从此中国革命的面貌就焕然一新了。

三 中国选择马克思主义

纵观马克思主义在中国的传播史可以看出，马克思主义在中国传播速度之快、产生影响之迅猛是国际共产主义运动中罕见的。若以 1918 年 7 月李大钊发表《法俄革命之比较观》为真正意义上的马克思主义在中国开始传播为起点，那么其后的两年里中国各地纷纷出现了宣传马克思主义的"共产主义小组"，进而在一年后成立了以马克思主义为行动指南的中国统一的马克思主义政党——中国共产党。党的诞生，标志着马克思主义在中国的扎根。这一历史进程与马克思主义在俄国的传播史相比，整整缩短了 17 年，即俄国完成这一阶段用了 20 年时间，而中国只用了 3 年时间。为什么马克思主义能够如此迅速地在中国广泛传播并扎根，这是因为五四前后的中国迫切需要马克思主义的必然结果。正如毛泽东指出："是因为中国的社会条件有了这种需要。"[2]

（一）中国选择马克思主义是近代以降先进中国人向西方探索救国真理历史发展的必然结果

自 1840 年鸦片战争以后，在西方资本主义国家侵略掠夺和中国反动统治阶级剥削压迫双重作用下，中国逐步沦入半殖民地半封建社会的深渊，民族危机、阶级矛盾日益严重。为了民族的独立、国家的发展与人的自由，近代以降先进的

---

① 《民族和殖民地问题提纲初稿》，《列宁选集》第四卷，第 271—272 页。
② 毛泽东：《唯物历史观的破产》，《毛泽东选集》，人民出版社 1991 年版，第 1515 页。

中国人不断向西方寻求和探索救国救民的真理。以康有为、孙中山为代表的先进的中国人为此前赴后继几经坎坷。以康有为为代表的中国民族资产阶级上层在向西方学习的过程中找到了西方资产阶级的进化论并以此理论为指导，希望在中国建立代表民族资产阶级上层利益的"君主立宪制"国家；孙中山代表中国民族资产阶级中下层的利益在向西方学习的过程中找到了西方资产阶级"天赋人权"革命理论，进而创立三民主义学说，矢志在中国建立资产阶级民主共和国。但从这些理论及其产生的实践结果看，他们选择的这些先进理论武器软弱得很，均败下阵来，宣告破产了。由于完不成拯救中国和救亡图存的历史任务，中国依然是处于帝国主义侵略和封建主义压迫的半殖民地半封建社会，民族危机愈加严峻。然而只要近代社会两大主要矛盾存在，就必然决定中国革命的发生。而革命的产生又需要一定理论的指导，这就从根本上决定了近代先进的中国人探索救国救民真理的脚步一刻也不能停止，正是五四运动前爆发的十月革命给中国提供了寻找救国救民真理的良好机遇，特别是十月革命后建立的社会主义国家苏俄对中国的友好态度与西方帝国主义国家对中国主权的侵犯形成鲜明对比，使先进的中国人看到了运用指导苏俄十月革命的理论来解决中国问题的希望。从此，先进的中国人放弃了对西方资产阶级理论的追求，转而以苏俄为师为友，开始接触、宣传指导俄国十月革命的马克思主义。正如瞿秋白谈到五四运动时所说："当时爱国运动的意义断不能望文生义的去解释他。中国民族几十年剥削剧烈今日才感受殖民化的况味。帝国主义压迫的切骨的痛苦触醒了空泛的民主主义幻想。学生运动的引子山东问题本来就包括在这里。工业先进国的现代问题是资本主义，在殖民地就是帝国主义，所以，学生运动倏然一变而倾向社会主义，就是这个原因。"[①] 中国近代先进知识分子之所以能接触、宣传和传播马克思主义，并最终接受马克思主义来解决中国问题，是他们长期以来向西方探索救国救民真理屡屡碰壁而改弦更张的必然结果。

（二）五四前后工人阶级的壮大及其斗争为中国选择马克思主义提供了阶级基础和实践需求

马克思理论告诉我们，理论在一个国家的实现程度，决定于理论满足这个国家的需要的程度。从马克思主义理论的自身角度讲，它的出发点和落脚点都是为工人阶级及其斗争提供正确的理论指导服务的，这是由马克思主义的阶级性本质

---

① 瞿秋白：《五四前后中国社会思想的变动》，《五四运动回忆录》(上)，中国社会科学出版社 1979 年版，第 79 页。

所决定的。中国工人阶级自 19 世纪四五十年代产生后，随着外国资本帝国主义势力侵入的不断加强和本国近代化企业特别是民族资本主义的发展而成长起来。直到 20 世纪初期，由于第一次世界大战的爆发，欧美列强忙于战争而暂时放松了对中国的掠夺，从而使中国民族资本主义获得了较快的发展。中国民族资本主义工业企业的发展又促使了中国社会结构的发展变化，最突出的是中国工人阶级队伍的发展壮大。如在 1913 年至 1919 年间，中国产业工人人数由 60 万猛增到 260 余万人左右，在半殖民地半封建的中国社会中，这支先进的重要力量一直遭受着帝国主义、封建主义和官僚资本主义的三重压迫，而且其残酷性是举世罕见的，这就决定了中国工人阶级为维护本阶级利益而发动的革命斗争的坚定性、频繁性。而表现在斗争内容上由经济斗争向政治斗争的过渡也较其他国家的无产阶级完成同一过程要快。其中，中国社会半殖民地地位对中国工人阶级承担反帝的革命任务起了巨大的推动作用，如第二次鸦片战争中香港市政工人反对英军入侵广州的罢工斗争；1916 年 11 月，天津工人反对法国占领天津老西开的罢工斗争，就带有明显的政治性质；特别是五四运动中上海、天津工人阶级的罢工斗争更具有反帝政治性。事实上，欧洲工人阶级完成这一过程（1640—1848）用了两百多年的时间，而中国工人阶级由经济斗争向政治斗争的过渡只用了近八十年的时间。中国工人阶级的不断发展壮大为五四前后中国选择马克思主义提供了阶级基础。尤其在五四运动中，中国工人阶级在先进知识分子向他们灌输初步马克思主义理论的启发下发挥了决定性作用，表明其已作为一支独立的政治力量登上了历史舞台，并通过五四运动教育了自己，使中国工人阶级进一步认识到帝国主义和军阀反动派是中国人民和中华民族的凶恶敌人。尽管此时工人阶级还不可能从理论上完全认识到自己阶级的伟大历史使命，但是他们在五四运动的亲身实践中已感到自己在社会生产和社会生活中的重要地位，不再认为自己是注定任人奴役的牛马，已懂得为改善自身的生活和保障自身的权利而联合进行斗争的必要性，并且把这种必要性与国家命运和社会政治生活联系起来。所以当先进的中国知识分子向他们传播马克思主义理论时，立即受到他们的欢迎，这就说明：当时中国工人阶级及其斗争的确需要马克思主义来指导、来武装，这就为马克思主义在中国的迅速传播提供了客观的实践需求。总之，五四前后，中国工人阶级需要马克思主义的理论指导，马克思主义也离不开工人阶级这一物质力量，二者在其先锋和桥梁作用的先进知识分子的连接下实现了正确的有机结合，从而使中国选择了马克思主义。

（三）中国先进知识分子对第一次世界大战和十月革命的分析与传播促使中国选择马克思主义

西方资本主义发展到 19 世纪末 20 世纪初期的帝国主义阶段，其本身固有的矛盾和弊端已经有了显著暴露。这一时期，正在向西方寻找救国救民真理的中国先进分子中已有部分人开始敏锐地觉察到资本主义制度的弊端。1905 年孙中山在《〈民报〉发刊词》中指出："欧美强矣，其民实困，观大同盟罢工与无政府党、社会党之日炽，社会革命其将不远。"章太炎也在《代议然否论》中认为，西方的议会制度无非仍为少数有产者所支配。尤其是 1914 年开始的持续 4 年之久的第一次世界大战充分暴露了西方资本主义制度内部存在的尖锐矛盾和严重缺陷。事实上，经过第一次世界大战浩劫的欧洲，整个社会状况是"生产力之缺乏，经济界之恐慌，生活之窘困。"此种满目疮痍和萧条混乱的景象，使西方许多资产阶级的思想家对资本主义制度的信心发生了动摇，他们认为：人类从 16、17 世纪开始走错了路，现代文明把过去的精华都丢失了，现在应当以古典时代的衰落为借鉴。

西方的这种政治危机、社会危机使长期以来倡导向西方学习的先进知识分子感到震惊。特别是第一次世界大战结束后，中国外交在"巴黎和会"上的惨败，进一步打破了他们对于"威尔逊是世界最大的好人"的幻想，"公理战胜强权"的美好词句，变成了强权战胜公理的既成事实，现实从反面给了他们以深刻的教育。于是"怀疑产生了、增长了、发展了"，西方资产阶级的文明，资产阶级的民主，资产阶级共和国方案，在中国人民的心目中，一齐破了产。正在此时，列宁领导的俄国十月革命胜利的消息传到中国，使中国先进知识分子看到马克思主义已从书本上的学说变成为活生生的现实，看到苏俄的工人和农民破天荒地成为社会的主人。这些新情况与混乱衰败的欧洲资本主义世界相比，使正在黑暗中探索的中国先进分子看到了光明和希望，并使他们开始感到要解决中国问题，必须改变学习的方向，从而促使他们转向走俄国十月革命道路和选择马克思主义。事实上中国先进知识分子如李大钊在十月革命后就发表了一系列文章、讲演，如《法俄革命之比较观》（1918 年 7 月）、《庶民的胜利》（1918 年 12 月）、《布尔什维主义的胜利》（1919 年 1 月）、《我的马克思主义观》（1919 年 5 月）等，表明中国先进分子开始探索、认识及传播并最终接受马克思主义学说。正如吴玉章回忆自己在当时的情况时说："处在十月革命和五四运动的伟大时代，我的思想上不能不发生非常激烈的变化。当时我的感觉是：革命有希望，中国不会亡，要改变过去革命的办法。虽然这时候我对十月革命还不可能立即得出一个系统的完整的新见解，但是通过十月革命和五四运动的教育，必须依靠下层人民，必须走俄国人的道路，这种思想在我头脑中日益炽热，日益明确了。"吴玉章这一认识变化和思想经历，在五四时期的先进分子中是很具有的代表性的。因此，中国选择马克思主义，是中国思想界在第一次世界大战和十月革命的新形势下对西方资本主义制度进行反思后的正确抉择。

总之，五四前后中国那么快地选择马克思主义来解决中国问题，不仅是先进的中国人向西方不断探索救国救民真理的必然结果，也是近代中国工人阶级及其斗争客观历史发展的必然需要，更是当时先进的中国知识分子对马克思主义不断认识，努力宣传，并同非马克思主义错误思想作斗争直至取得胜利的最终选择。所以，"十月革命一声炮响，给我们送来了马克思列宁主义。十月革命帮助了全世界也帮助了中国的先进分子，用无产阶级的宇宙观作为观察国家命运的工具，重新考虑自己的问题。走俄国人的路——这就是结论。"[1]

---

① 《毛泽东选集》第四卷，人民出版社 1991 年版，第 1360 页。

参 考 文 献

资料汇编类

1.《马克思恩格斯选集》,中共中央编译局,人民出版社 1995 年版。

2.《列宁选集》,中共中央编译局,人民出版社 1995 年版。

3.《毛泽东选集》,人民出版社 1991 年版。

4.《独秀文存》,安徽人民出版社 1988 年版。

5.《陈独秀文章选编》,上海人民出版社 1988 年版。

6.《胡适文存》,黄山书社 1996 年版。

7.《胡适留学日记》,海南出版让 1993 年版。

8.《李大钊文集》,人民出版社 1984 年版。

9.《鲁迅全集》,人民文学出版社 1956 年版。

10.《杜亚泉文选》,华东师范大学出版社 1993 年版。

11.《梁漱溟全集》,山东人民出版社 1990 年版。

12.《蔡元培选集》,浙江教育出版社 1993 年版。

13.《梁启超哲学思想论文选》,北京大学出版社 1984 年版。

14.《钱玄同五四时期言论集》,东方出版中心 1998 年版。

15.《杜威五大讲演》,安徽教育出版社 1999 年版。

16.《毛泽东早期文稿》,湖南出版社 1990 年版。

17.《陶行知文集》,江苏人民出版社 1981 年版。

18.《梁启超选集》,上海人民出版社 1984 年版。

19.《蒋梦麟教育论著选》,人民出版社 1995 年版。

20.《五四时期期刊介绍》,生活·读书·新知三联书店 1979 年版。

21. 蔡尚思:《中国现代思想史资料简编》,浙江人民出版社 1982 年版。

22. 袁刚等编:《中国到自由之路——罗素在华讲演集》,北京大学出版社 2004

年版。

23. 袁刚等编：《民治主义与现代社会——杜威在华讲演集》，北京大学出版社 2004 年版。

本论文研究的背景资料

1. 泊恩斯等著，罗经国等译：《世界文明史》1—4 册，商务印书馆 1987–1988 年版。

2. 黄仁宇：《中国大历史》，生活·读书·新知三联书店 1997 年版。

3. 白寿彝总主编：《中国通史》第 11—12 卷，上海人民出版社 1999 年版。

4. 韦政通：《中国思想史》，学林出版社 1979—1980 年版。

5. 葛照光：《中国思想史》，复旦大学出版社 2001 年版。

6. 章开沅、罗福惠主编：《比较中的审视：中国早期现代化研究》，浙江人民出版社 1993 年版。

7. 沙健孙主编：《中国共产党通史》，湖南教育出版社 1996 年版。

8. 王尔敏：《中国近代思想史论》，台北商务印书馆 1995 年版。

9. 李泽厚：《中国近代思想史论》，人民出版社 1979 年版。

10. 李泽厚：《中国现代思想史论》，东方出版社 1987 年版。

11. 徐复观：《中国思想史论》，台北学生书局 1988 年版。

12. 唐德刚：《晚清七十年》，岳麓书社 1999 年版。

论著类

1. 徐大同总主编：《西方政治思想史》，天津人民出版社 1985 年版。

2. 徐大同总主编：《西方政治思想史》（五卷本），天津人民出版社 2005 年版。

3. 徐大同总主编、吴春华主编：《当代西方政治思潮》，天津人民出版社 2001 年版。

4. 刘军宁：《北大传统与近代中国——自由主义的先声》，中国人事出版社 1998 年版。

5. 萧延中：《启蒙的价值与局限——台港学者论五四》，山西人民出版社 1989 年版。

6. 胡伟希：《十字街头与塔——中国近代自由主义思潮研究》，上海人民出版社 1991 年版。

7. 刘桂生：《台港及海外五四研究论著撷要》，教育科学出版社 1989 年版。

8. 刘桂生：《时代的错位与理论的选择——西方近代思潮与中国五四启蒙思想》，清华大学出版社 1989 年版。

9. 高立克：《五四的思想世界》，上海学林出版社 2003 年版。

10. 李龙牧：《五四时期思想史论》，复旦大学出版社 1990 年版。

11. 彭明：《五四运动史》，人民出版社 1984 年版。

12. 舒芜：《回归五四》，辽宁教育出版社 1999 年版。

13. 张艳国：《破与立的文化激流：五四时期孔子及其学说的历史命运》，花城出版社 2003 年版。

14. 李世涛：《知识分子立场》，长春，时代文艺出版社 1999 年版。

15. 李强：《自由主义》，中国社会科学出版社 1998 年版。

16. 章清：《"胡适派学人群"与现代中国自由主义》，世纪出版集团与上海古籍出版社 2004 年版。

17. 章清：《自由主义与"反帝"意识的紧张》，载《二十一世纪》总第 13 期，香港中文大学中国文化研究所 1993 年版。

18. 张育仁：《自由的历险——中国自由主义新闻思想史》，云南人民出版社 2002 年版。

19. 张光芒：《启蒙论》，上海三联书店 2002 年版。

20. 黄克武：《自由的所以然——严复对约翰弥尔自由思想的认识与批判》，世纪出版集团与上海书店出版社 2000 年版。

21. 罗荣渠：《从"西化"到现代化——五四以来有关中国的文化趋向和发展道路论争文选》，北京大学出版社 1990 年版。

22. 姜义华：《理性缺位的启蒙》，生活·读书·新知三联书店 2000 年版。

23. 陈万雄：《五四新文化的源流》，生活·读书·新知三联书店 1997 年版。

24. 陈万雄：《新文化运动前的陈独秀》，香港中文大学出版社 1982 年版。

25. 任建树：《陈独秀大传》，上海人民出版社 1999 年版。

26. 唐宝林、林茂生：《陈独秀年谱》，上海人民出版社 1988 年版。

27. 黄克武：《一个被放弃的选择——梁启超调适思想研究》，台湾中央研究院近代史研究所 1994 年版。

28. 金观涛、刘青峰：《中国现代思想的起源》（第一卷），香港中文大学出版社 2000 年版。

29. 金观涛、刘青峰 :《开放中的变迁》，香港中文大学出版社 1993 年版。

30. 顾昕 :《中国启蒙的历史图景》，香港牛津大学出版社 1992 年版。

31. 刘小枫 :《现代性社会理论绪论》，上海三联书店 1998 年版。

32. 谢泳编 :《胡适还是鲁迅》，中国工人出版社 2003 年版。

33.《儒家与自由主义》，哈佛燕京学社、生活·读书·新知三联书店 2001 年版。

34. 殷海光 :《中国文化的展望》，上海三联书店 2002 年版。

35. 钱穆 :《中国思想史》，台湾学生书局 1995 年版。

36. 黄仁宁 :《中国大历史》，生活·读书·新知三联书店 2001 年版。

37. 石元康 :《当代自由主义理论》，台湾联经出版事业公司 1998 年版。

38. 石元康 :《从中国文化到现代性 : 典范转移 ?》，生活·读书·新知三联书店 2000 年版。

39. 郭湛波 :《中国近五十年思想史》，山东人民出版社 1997 年版。

40. 朱学勤 :《道德理想国的覆灭》，上海三联书店 1994 年版。

41. 汪晖 :《无地彷徨——"五四"及其回声》，浙江文艺出版社 1994 年版。

42. 冯崇义 :《罗素与中国——西方思想的一次经历》，生活·读书·新知三联书店 1994 年版。

43. 钱满素 :《爱默生和中国——对个人主义的反思》，生活·读书·新知三联书店 1996 年版。

44. 郑大华 :《张君劢传》，中华书局 1997 年版。

45. 胡建 :《启蒙的价值目标与人类解放》，学林出版社 2000 年版。

46. 殷克琪 :《尼采与中国现代文学》，南京大学出版社 2000 年版。

47. 刘小枫 :《多元的抑或政治的现代性》，载《二十一世纪》2001 年 8 月。

48. 朱高正:《自由主义与社会主义的对立与互动》，载《中国社会科学》1999 年第 6 期。

49. 汪晖 :《个人观念的起源与中国的现代认同》，载《中国社会科学季刊》1994 年秋季号，香港社会科学研究中心 1994 年版。

50.［美］墨子刻:《二十世纪中国知识分子的自觉问题》，载贺照田主编:《学术思想评论》第三辑，辽宁大学出版社 1998 年版。

51. 微拉·舒衡哲著，李国英等译:《中国的启蒙运动——知识分子与五四遗产》，山西人民出版社 1989 年版。

52. 白吉尔著,张富强、许世芬译:《中国资产阶级的黄金时代（1911—1937）》,上海人民出版社 1994 年版。

53. [美]余英时:《重寻胡适历程——胡适生平与思想再认识》,广西师范大学出版社 2004 年版。

54. 张灏:《危机中的中国知识分子》,山西人民出版社 1989 年版。

55. 张灏:《思想与时代》,上海文艺出版社 2002 年版。

56. [美]余英时、张灏等:《五四新论》,台湾联经出版公司 1989 年版。

57. [美]余英时:《中国思想传统的现代诠释》,江苏人民出版社 1989 年版。

58. [美]巴林顿·摩尔:《民主和专制的社会起源》,华夏出版社 1987 年版。

59. [美]本杰明·史华慈:《寻求富强:严复与西方》,江苏人民出版社 1989 年版。

60. [美]莫里斯·迈斯纳:《李大钊与中国马克思主义的起源》,中央党校出版社 1989 年版。

61. [美]余英时:《现代危机与思想人物》,生活·读书·新知三联书店 2005 年版。

62. [美]余英时:《中国近代思想史上的胡适》,台湾联经出版公司 1984 年版。

63. [美]史华兹:《近代中国思想人物论——自由主义》,台北:时报文化出版公司 1980 年版。

64. 张灏:《中国近代思想史的转型时代》,载《二十一世纪》1999 年 4 月。

65. 狄百瑞著,李弘祺译:《中国的自由传统》,香港中文大学出版社 1989 年版。

66. 林毓生:《中国意识的危机》,贵州人民出版社 1986 年版。

67. 林毓生:《中国传统的现代转化》,生活·读书·新知三联书店 1988 年版。

68. 林毓生:《五四:多元的反思》,香港三联书店 1989 年版。

69. [美]格里德著,鲁奇译:《胡适与中国的文艺复兴——中国革命中的自由主义（1917—1937）》,江苏人民出版社 1996 年版。

70. [美]周策纵著,周子平译:《五四运动——现代中国的思想革命》,江苏人民出版社 1996 年版。

71. [日]近藤帮康著,于晓强译:《救亡与传统——五四思想形成的内在逻辑》,山东人民出版社 1988 年版。

72. [美]费正清:《伟大的中国革命》,世界知识出版社 2000 年版。

73. 欧阳哲生:《新文化的传统——五四人物与思想研究》,广东人民出版社

2004 年版。

74. 欧阳哲生：《自由主义之累——胡适思想的现代阐释》，上海人民出版社 1993 年版。

75. 欧阳哲生编：《再读胡适》，大众文艺出版社 2001 年版。

76. 陈平原：《触摸历史与进入五四》，北京大学出版社 2005 年版。

77. 杨琥编：《民国时期名人谈五四》，福建教育出版社 2011 年版。

78. 胡绳武，金冲及：《从辛亥革命到五四运动》，山西人民出版社 2011 年版。

79. 张鸣：《北洋裂变：军阀与五四》，广西师范大学出版社 2011 年版。

报纸杂志类

1.《不忍》

2.《孔教会杂志》

3.《孔社杂志》

4.《晨报》副刊

5.《大中华》

6.《东方杂志》

7.《国故月刊》

8.《甲寅》周刊

9.《科学》月刊

10.《每周评论》

11.《四存月刊》

12.《少年中国》

13.《新潮》

14.《学灯》

15.《学衡》

16.《学艺》

17.《新青年》

18.《星期评论》周刊

19.《中国学报》

20.《先驱》

21.《向导》

后 记

本书杀青之际，感怀良多。

在湖北大学政治与行政学院读研期间，受到业师田子渝的教诲，开始对"一大"期间的陈独秀研究产生兴趣，毕业论文就选取《近代自由观的传播与陈独秀的贡献》。想起那时，顿觉汗颜，自己对"自由"、"陈独秀"只是一知半解，竟做起了此论文。业师以严厉著称，要求查看第一手资料。于是，我就在湖北大学图书馆珍藏室呆了颇有些时日，终成毕业论文。毕业答辩，俞良早、田子渝等教授对此文评价较高。

进入天津师范大学政治与行政学院读博士研究生，师从高建教授。业师在了解我的学业后，认为研究中国的自由主义应该是一个学术增长点，毕业论文就选取了"中国'五四'时期自由主义"。虽然业师当时还担任一定的行政职务和从事全国政治学会工作，但业师仍详加指导。徐大同先生对我更是厚爱有加，多次把我叫到家中，一谈就是几个小时。谈中国自由主义的发展史，谈自己对自由主义的看法等。马德普教授、吴春华教授等皆给予详尽指导。在博士论文答辩会上，答辩委员会主席周平教授对此文评价较高。

2010年，我申请了国家社科基金项目"中国'五四'时期自由主义研究"并获准立项。于是，我又对此进行了一段时间的研究。

在本书成书之际，特向业师高建教授、徐大同先生、田子渝教授、俞良早教授表示诚挚的谢意，向河南大学阎宪章教授、人民出版社王平编辑表示感谢。河南大学姜捷、邱胜利、周志刚、马福贞等参与查找资料，课题组徐宗华、高勇、汪华余等更是做了辛苦的工作。我的学生张耀帮助复印资料、陈明媛在后期订正了标点符号、错别字等，对他们一并感谢。

妻子张现云女士多年来更是默默无闻的支持我，除了圆满完成她的本职工作外，做大部分家务、教育一双儿女更是不辞辛劳。当自己有什么烦恼时，儿女的笑容是我精神的调节剂。感谢上苍，给予了我幸福的家庭。

　　按照业师的意见，对此课题的研究应该更深入一些。也是我的性格使然，急于成书，问题肯定不少，有待于方家指正。